CSSCI 来源期刊（集刊类）　　2025・上

中国现象学与哲学评论

第三十六辑

现象学与近代哲学

上海译文出版社

《中国现象学与哲学评论》

目　　录

〖现象学与近代哲学〗

〖现象学研究〗

〖硕博论坛〗

(本辑助理编辑:高嘉蔚、马玥、邵学斌、王梦婷、周林浩)

现象学与近代哲学

自我意识与时间性：费希特和胡塞尔*

加思·W.格林
（波士顿大学宗教学系）

在这篇论文中，我试图证明费希特的自我意识理论预示了胡塞尔本人的理论。我还进一步论证了费希特和胡塞尔之间的这种关系，在“时间性在自我意识的建构中的作用”这个显然对他们而言都是核心的问题上，只有通过辨明他们先前共同从康德那继承的一个成问题的思想遗产才能得到充分的理解。我认为费希特对康德作为内感官形式的时间理论的批判性继承预示了胡塞尔本人对康德的批判，并因此提供了一把钥匙来理解胡塞尔关于内时间意识结构的现象学研究内容和背景。在先前对费希特的研究中，我已经分析了康德的作为内感官形式的时间理论、它在康德对认识及自我认识行动的形式和动力学的描绘中扮演的成问题的角色，以及费希特在《略论》(*Grundriss*)① 中对它的辨明和批判②。在本文中我将1)归纳康德该理论的最基本特征，以便 2)为对以下内容的诠释提供问题背景：a)在《对基本哲学的沉思》(*Meditationen über Elementarphilosophie*)中，费希特对这一理论的早期批判的重要一例，以及 b)胡塞尔对这一理论的一些重要批判，尤其是在《内时间意识现象学》(*Zur Phänomenologie des inneren Zeit-bewußtseins*)中。

一、一个无意的悖论:康德的内直观理论

在《第一批判》的第一版序言中,康德声称他意在攻克"一切任务中最困难的一个",即"纯粹理性的自我批判"("人类理性的自我认识"③,KrV Axi)。这种自我批判,作为一个"**法庭**",将"**判决**认识的根源、范围和界限"(KrV Axii)。在第二版序言中,康德区分了判决人类知识范围的尝试的"积极"和"消极"层面。康德对理性的自我批判将划定可能的或有效的知识的"界限",并且"因此区分理性的合法的断言和它的无根据的非分要求"(KrV Bxxiv-xxv)④。

---

* 本文译自 W. Green, Garth. "Self-Consciousness and Temporality: Fichte and Husserl". In *Fichte and the phenomenological Tradition*, eds. Violetta L. Waibel, J. Daniel Breazeale and TomRockmore. Berlin: De Gruyter. 2010. p. 167—189.

① *Grundriss* 一书全称为 *Grundriss des Eigenthümlichen der Wissenschaftslehre in Rücksicht auf das theoretische Vermögen*, 1795。在《费希特著作选集·第二卷》中(梁志学主编,商务印书馆,1994)译为《略论知识学的特征》(沈真译),简称《略论》。——译者注

② 见:Green, Garth, "Fichte's Critique of Kant's Doctrine of Inner Sense", in: *Idealistic Studies* 37: 3 (December 2007), pp. 157—178。

③ 本文出自《纯粹理性批判》,引文译文均从如下译本:康德:《纯粹理性批判》,邓晓芒译,杨祖陶校,北京:人民出版社,2004 年。——译者注

④ 关于这一标准区分,请参见,如,Reuter(*Kants Theorie der Reflexionsbegriffe*, Konigshausen & Neumann, Wurzburg, 1989, pp. 12, 82)在一种积极的功能规定和一种论战意图之间的区分。尤文(Ewing)在他的《评论》(Commentary)中指出,这个批判被认为有两个主要的目标:1)在感性论和分析论中,在外感官方面"为自然科学提供哲学根基"以及 2)在辩证论中,在内感官方面,通过否认理性心理学的"科学"和作为灵魂论的理性神学的一个哲学根基来"否认知识"。尤文认为第一个目标是"建设性的",第二个则是"批判性的"。尤文指出,这两者都是建立在感性论的直观理论上的。见他的《评论》(London, Methuen, 1950)的第 9 页。

因此，康德开始了一种“人类知识的建筑术”(KrV A61, B86; KrV A268, B324)或认知能力的、“我们知识的内部结构”的“特征学”(ars characteristica)。康德从最基本的对直观或感性与理智或知性在功能上的区分开始。我们是通过感性被动地或接受性地与对象相联系的。“通过感性对象被给予我们。”而只有“通过知性它们才被思维”(KrV B30)。康德继续写道，只有“当直观与理智，或者感性与知性统一时，一个对象才能被思维”，或被综合地规定从而产生一个经验对象。

在先验感性论——这个“我们知识的内在结构”的首要要素以及康德理论哲学的“工具论”——中，康德对直观理论的阐明所包含的三个论点对于本文的观点是最为重要的。首先也是最重要的，康德提出了**观念性论点**(KrV Bxxvi)：“我们对任何对象都不会有知识，除非它与我们感性直观的特性一致，即作为现象。”第二，康德提出了**优先性论点**：“人类知识的对象唯一在其之下才被给予的那些条件是**先行于**这些对象在其下被思维的那些条件的”(KrV A16, B30)。康德认为：“**对直观来说杂多必定是还在知性的综合之前，且不依赖知性综合就被给予了**。”(KrV B145)康德在 KrV A78/B103 继续写道，这种直观性杂多，必须“以某种方式**贯通**、**接受**和**结合**起来，以便从中构成知识”。① 我们后面将会回到这一点。

① 这一“优先性论点”可以看作是康德发展直观理论而提出的两个补充性论点的基础。首先，**个体性论点**，经常跟“直接性论点”一并，甚至就作为**直接性论点**提出：“直观是知识借以和对象发生直接(unmittelbar)关系的手段”(KrV A19, B33)，具体地(直接地，作为个体)而不是抽象地(派生地，间接地，作为普遍物)。根据这个论点，仅仅是形式性的“知性概念”在认识的秩序(ordo cognoscendi)中是派生的，并且被理解为“关于一个直接的(直观的)呈现的间接的(智性的)表象”(ibid)。**被动性论点**可以视为是随着这个个体性或直接性论点而来的：根据这个论点，我们“没有任何知性概念，并因此没有任何能够得到客观知识的要素，除非一个根据这些概念的直观被给予了”——通过接受的方式(per modum recipientis)作为这个概念的材料或内容(ibid)。

但在这篇论文的语境中，我想给第三个基本论点以特别的重视，即**异质性论点**。康德区分了两种直观形式，以及“外直观”和“内直观”。康德认为空间是“外感官的形式”，时间则是“内感官的形式”。本文余下部分的注意力将全部集中在直观理论的这最后一个区分上，首先是康德对它的阐释，其次是费希特的批判，最后是胡塞尔的批判。

康德首先将空间阐释为外感官的形式，在其中“我们把对象表象为在我们之外并全都在空间之中”。通过空间形式的特性(Merkmale)——界线、限度以及位置(Grenzen, Schränken, Position)——空间成为一个清晰的坐标系：“只有在空间中，我才能将对象的关系表象为相互外在、相互并列的(‘阐明’)，以及是各不相同和在不同地点的。”(KrV A23, B37)康德第一次引出时间和空间的区分时，说时间“既不属于形状，又不属于位置”(KrV A33, B50)。时间“不能在外部被直观到，正如空间也不能被直观为我们之内的东西一样”(KrV A23, B38)。事实上，**只有**“在空间之中，对象的形状(Gestalt)、大小以及相互之间的关系是确定的，或者是可以被确定的”(KrV A22, B37)。重要的是，“虽然空间是所有外部现象的纯粹形式，但也仅仅限于外部现象”。

康德继续写道，通过**内感官**，“心灵直观到它自己，它的内部状态”。但是康德对作为内感官形式的时间的特性和能力的阐释并不像他对空间形式的阐释那样清楚不含糊。在感性论中，康德认为时间有两种样态：相继性(Folge)和同时并存(Zugleichsein)。然而在分析论中，康德试图证明一种“扩展了的”作为内感官形式的时间理论，并将三种“样态”划归为时间：持存性(Beharrlichkeit)、相继性和同时并存(KrV B219)。但是，在“驳斥唯心论”这一反面论证文本中，康德声称在内感官的时间中，仅仅有一个“单纯**流变**、**杂乱**”，获得了一种不断变化而不持久的，或者说总是在“消失又开始”（KrV B291）的时间性的相继或序列。[①] 作为内感官形式的时间，相对于它是持久还是不持久的这一点上的模糊不清，其非空间性被认为是更重要的（就康德的论证文本以及人们对他的论证的接受情况而言都是如此），但这两者都显示出了康德的感官理论中明显未能解决的问题。

通过断言作为内感官形式的时间的非空间性，康德意在明确**外直观**显然**的能力**以及**内感官**显然**的不能**。就算内感官的非空间性论点最终比内感官的流变性论点更重要，但主张这两点是为了一个共同的目标，即内直观所缺乏的能力。康德反复提及的 a）流变性——在内感官中，只有一个“永远的相继”的“单纯流变，杂乱”能出现（KrV A33，B49—50；KrV B291），与 b）非空间性，一起产生了一个论断，即 c）**不确定性**，而不是确定性。例如，在反面论证文本“谬误推理”中，时间“作为我们内部直观的惟一形式，不拥有任何常驻的东西，因而只提供对诸规定的更替的知识”，从而显然“没有任何对象能被确定”（KrV A381）。

康德以这样的方式将这一“明显的事实”，即“仅仅从范畴出发”而没有一个可能的与直观的关系，“没有任何综合命题

---

① 德·弗莱施霍伊尔（De Vleeschauwer）同样也担心“康德在我们必须归给时间多少个维度的问题上不是自相一致的”。他注意到“时间有时（R 4071），但并不总是被断言是一维性的。事实上，康德偶尔也认为时间拥有两个维度（R 3797），并且更经常地说它有三个维度”。在批判性或反面论证文本中，“康德断言的唯一样态是相继”，而在建设性的或正面论证的文本中，“有三个：相继性同时并存，以及持存性或持久性”（211 页注释）。由于作为内感官形式的时间理论的核心性，以及在分析论中和辨证论中对它的截然不同的运用，德·弗莱施霍伊尔断定，**“毫无疑问，这一矛盾不是一个空把戏，而是批判哲学的最一般面貌所要求的一个必然”**（*La déduction transcendentale dans l'œuvre de Kant*, v. 3, p. 212）。另见盖耶尔（Guyer）在《知识的断言》（译者注：指 *Kant and the Claims of Knowledge*）中关于康德在时间样态上的模棱两可的讨论：如前，第 209—212 页。

能够形成”，奠定在一般**直观理论**的基础上。而根据更为具体的、作为不持存的和非空间性的**内直观理论**，康德说明了一个“甚至更为明显的事实”，即“我们不仅需要直观，而且事实上总是需要外直观”来形成综合命题。因为“为了将某种持存的东西作为[一个对象]给出”，我们要求外感官杂多的稳定性和空间位置性，而这些条件被康德否认为内直观及其时间性所具有，亦不被作为“灵魂论者”的理性心理学主义者和理性神学论者对它们所作的“毫无根据”的综合应用所具有(KrV B291)。

但是，康德也需要另一种对内直观的特性和能力的显然有所不同的解释。他曾经也断言过，“只有通过这种**内**直观”，作为一个“普遍表象”，作为“所有表象的总括(Inbegriff aller Vorstellungen)”，我们才能将所有外直观“包纳进”或接受进“我们的表象能力中”(KrV A34, B51)。在先验分析论中，尤其是在第一版先验演绎中，内直观作为“表象的整体”，起到了一种将空间性及其条件纳入自身之中的积极作用。① 因此，康德认为在形式上，“一切表象，不管它们是否有外物作为对象，毕竟本身是内心的规定，属于内部状态，而这个内部状态却隶属在

① 在感性论中，关于内直观之作为表象的整体见：“时间是所有一般现象的先天形式条件”，并且“知觉的每一步扩展，无论它的对象是现象还是纯粹直观”，都要被看作“只不过是内感官的规定的某种扩展”(KrV A34 和 KrV A210, B255)。在第一版演绎中，三重综合继续“扩展”内感官以便它产生一个总括；这要求异质性通过直观的形式消解于**统一性**之中，内感官中时间的不持存的序列消解于**连续性**中，以及内直观给出了概念性或范畴性综合规定或者说**可规定性**的条件。这三重综合转变了内直观的特点和能力：1)从排除空间性变为在第一重综合中包含空间性以便“领会(apprehension)”的条件能归因内感官(KrV A99—100)，2)在内感官的时间性中从不持存变为持存或连续的序列以便在内感官中得到“再生(reproduction)”的条件(KrV A101—102)，以及在此基础上，3)从不确定的杂多变为在概念上可规定的直观形式以便得到“认定(recognition)”的条件(KrV A103—110)。

内直观的形式条件之下，因而隶属在时间之下”(KrV B50)。[①]

然而，这种内外知觉的之间必要的统一和相互依赖，必须又是在内感官中获得的。因为像前面所说的那样，“无论我们的表象有什么样的发源地——无论它们是由于外部事物的影响还是由于内部刺激而产生的——作为心灵的样态，它们都属于内感官”。因此，“因为它们属于内感官，所有知识最终都必须隶属于内感官的形式条件，隶属于时间”。虽然外直观的条件和内容必须被包括进内感官的形式中是毋庸置疑的，但这一点却并非是自明地可能的，用康德自己用来反对莱布尼茨的话来说，异质性论点所规定的至少没有“违背我们的感性的特点并超越它的限度”。[②]

在上文解释——直观对于智性在认识的秩序中的——“优

---

① 鲍曼斯(Baumanns)将这里称为相互依赖性的论点叫做“协调性(Koordination)”论点，将独立性和异质性论点叫做“分离性(Disjunktion)”论点，并把依赖性论点叫做“从属性(Subsumption)”论点。鲍曼斯批评了在内感官与“外感官之间是协调还是从属关系上的不明确性”——甚至在康德将它称为“分离性”的观点加入“驳斥唯心论”之前就是如此。见：Baumanns, Peter: *Kants Philosophie der Erkenntnis: Durchgehender Kommentar zu den Hauptkapiteln der "Kritik der reinen Vernunft"*, Würzburg 1997, pp. 178—182。鲍曼斯(同前)在第 182 页以降研究了康德对以下内容的处理：内感官作为普遍表象，以及“一切综合判断的媒介”作为一个“总括”“把我们的一切表象都包括在其中”(KrV A155, B194)。

② 拉希耶兹-雷伊(Lachièze-Rey)在《康德的观念论》(*L'idéalisme kantien*, Paris, Vrin, 1972)中，将康德关于内直观的可规定性的肯定性和否定性观点放到一起考察。有记载康德曾断定 1)一种“外感官对象和内感官对象的平行”(第 155 页)。康德还(第 2 页)“经常把他的批判作为一种证明呈现我们，这种证明是把‘我思’表象转化为直观或者通过一个直观而使‘我思’表象完整的不可能性的证明”(第 189 页)。(拉希耶兹-雷伊在第 96 页回顾了“谬误推理”中与异质性论点相关的观点，并将它们与康德在“分析论”中的相反观点一起考察。)拉希耶兹-雷伊认为，这一“不可能性”必须被保留，因为由此能够在一种灵魂论中得到对内感官进行范畴性规定所要求的条件。事实上，基于在这两种同样必要的解释之间的不可判定性，赖宁格(Reininger)认定康德的理论中存在一个“悖谬”。见：Reininger, *Kants Lehre vom inneren Sinn und seine Theorie der Erfahrung*, 1900, p. 150。

但这样的纳入看起来却可能有问题，因为康德曾声称时间作为内感官形式，原则上不能包括而是要在它的杂多中排除空间形式及其特性和能力。① 这一对立的"排斥性"或异质性论点——即在先验辨证论中的理性心理学之谬误推理那康德对灵魂学说的批判中持有的观点，在与内时间性相关的两处主张中都能清晰地看到：首先，关于它的非空间性，出自 KrV A381（译者：应为 A387）："在我们之内，没有任何位置关系、运动、形状或一般空间规定发生"；第二，关于它的不持久、不确定的时间性相继，出自 KrV B413："我们在内直观中根本没有什么持久性的东西。"因此，在该处康德断言，内直观"根本不产生任何知识"，因为如果"一个对象要被给予，我们必须以一个持存的直观为基础"。

康德关于内直观的能力的另一竞争性观点——其在分析论中的重要地位如异质性论点在辨证论中一样——则能同样清晰地在 KrV A210/B255 处看到："时间是所有一般现象的先天形式条件"，并且"知觉的每一步扩展，无论它的对象是现象还是纯粹直观"，都要被看作"只不过是内感官的规定的某种扩

（接上页）"第一批判"的内感官理论中最具批判性的或否定性的观点是："在'辩证论'中"，关于内感官的杂多，康德会"反对……各种形而上学的，即本体论的运用"。只有这种对内感官的否定性的解释可以为康德"对灵魂概念的彻底批判"奠基，这一概念因而就被"降为形而上学的基本幻象"，而这正是"那个主体作为被给予的主体的观念"（第 93 页）。

① 施图尔玛（Dieter Sturma）在《康德论自我意识：认识批判和自我意识理论的关系》（*Kant über Selbstbewußtsein: Zum Zusammenhang von Erkenntniskritik und Theorie des Selbstbewußtseins*, Hildesheim, Georg Olms Verlag, 1985）这本书中，首先根据"普遍性"论点考察了内直观以及"它的先天形式，时间"："所有的精神活动……都是作为内感官中心灵的样态"（第 79 页）。但施图尔玛还发现，异质性论点也具有同样突出的地位，并导致内直观对包纳空间形式和空间性内容的无能。这种"理论的困境"源于内感官非空间性的时间性："这样的构成或形成是外部反思的对象被认知地理解的一个可能性条件"（第 81 页；另见第 90—92 页，第 94—95 页）。施图尔玛并不否认这种张力也涉及"错综复杂的概念性问题"。

展”。内感官这个难点存在于这两种关于我们的自我认识之特性的观点的张力之中。我现在则要转向费希特的①以及在其后胡塞尔与其惊人相似的对这一张力的辨明和解决的尝试。

二、费希特：从内直观到智性直观

在费希特的第一本出版物《评〈埃奈西德穆〉》(*Aenesidemus Rezension*)中，他认为有必要为康德辩护使其不受怀疑论的批判的声明是广为人知的。②但是在那里，费希特是通过一种让步来为康德哲学作辩护的："康德没有像对范畴那样，将空间与时间这两个直观的纯粹形式归结于一个唯一的原理"，以一个综合的或被直观到的认识的统一所要求的那种方式。③ 因此，费希特只能承认——胡塞尔也说过一样的话——"为了将[先验哲学]的要素带入一个紧密结合的不可动摇的整体中，还有许多工作要做"。④ 费希特认为，"按照他那个单纯给[自

---

① 鲍曼斯(同前)将"时间被规定为直观形式"(第148页)这个"主要问题"作为以下问题的问题背景：a)康德的第二版"驳斥唯心论"，b)《遗稿》的过渡(Übergang)和自我设定学说(第147页)，和c)费希特在1795年的《略论》(第148页)中对康德"时间理论"的批判。见同前，IV. 4. Transzendentaler Raum-Zeit-Idealismus und Evolutionstheorie der Erkenntnis"。鲍曼斯通过(成问题的)"分离性"论点("自我在世界之中"和"世界在自我之中"，见第152页)——前面说过在本文称为异质性论点(第150页)，推进了他对"时间结构"的所有复杂之处的分析。

② 在这个问题上，见布里泽尔的一些重要文章："Fichte's 'Aenesidemus Review' and the Transformation of German Idealism," *Review of Metaphysics* 35, 1982, pp. 785—821，以及"Fichte on Skepticism," *Journal of the History of Philosophy* 29, pp. 427—453, 1991。另见：Michael Baur, "The Role of Skepticism in the Emergence of Geman Idealism" *The Emergence of German Idealism*, Baur and Dahlstrom, eds., Washington, D. C.: Catholic University of America Press, 1999, pp. 62—91。

③ SW I, p. 19.

④ SW I, p. 25.

然]科学找出[可能性条件]的计划”——自然科学亦即外感官的“物体学说(Körperlehre)”,通过直观的相互依赖性,康德无法保证这样的唯一原理的必要条件,而只是断言作为“灵魂论”的理性心理学和理性神学的理性科学的不可能。① 因此,费希特说“怀疑论的问题只是一个过渡的问题,即从外感官到内感官,并相应地从内感官到外感官。”②费希特的意图——如果不论这一意图的意义或重要性的话——就很清楚了:“如果内直观成为可能的了,那么[怀疑主义]就能被驳斥”,批判哲学的核心意图也就得到了确保。③ 因此,费希特认为,“感性形式这一问题是最难理解的”也是最重要的。

费希特在早期的《从理论能力略论知识学的特征》(*Grundriss des Eigenthümlichen der Wissenschaftslehre in Rücksicht das theoretische Vermögen*)④的开篇也表明了,他打算着手解决自我“被非我规定”的方式,以及与之被动地相关的:“怎样和以何种方式”这种关系的意向相关项,即外感官的对象——通过外感官,[具体之物(des Besonderen)]在直观中被个体化——“能被设想为在理性存在物中存在”。⑤ 费希特认为,康德预设了外感官的杂多[ein Mannigfaltiges]和它的对象“被纳入意识的统一”的[可能性]。⑥ 而他自己则“必须要**证明**”——通过一个“演绎”——杂多及直观的确定对象,是

---

① SW I, p. 19.

② SW I, p. 15.

③ 费希特已经在《评〈埃奈西德穆〉》的第二自然段中明确了“决定性的战役”:它最终不是关于赖因霍尔德的基本哲学以及它的完整性,而是关于“那种举世公认的现代哲学证书,即**纯粹理性批判**本身”。

④ SW I, pp. 331—411.

⑤ SW I, p. 331.

⑥ SW I, pp. 332—333.

被具体地(in concreto)给予可能的(内部)经验的。① 因此费希特认为将外感官对象"纳入"认识能力是有问题的,为此他提出了一种"中介直观"。这种中介直观最初是作为一个"过渡":它"被假定在我们内部",但又"与我们之外的东西一致"。对费希特来说,对这种相即性的演绎是"最重要的"。② 实际上,它是我们在思想和世界之间,"在事物和我们对它们的表象之间的所设想的所有和谐一致的基础"。③

---

① SW I, pp. 334—335.

② SW I, pp. 375, 392.

③ 《评〈埃奈西德穆〉》,第 377 页。但是如费希特在《评〈埃奈西德穆〉》中所承认的,康德并没有得到"这种[事先的]仅仅是假定的和谐的基础"。只有修正内直观的特征和能力,费希特才能"展示对立的双方是如何被综合地统一从而与自我联系起来"(SW I, p. 348),并且它们是在内感官的领域中被统一,"如同在我之中被设定了一样"(SW I,第 344,350,352,355 页)。以这种方式,"内直观(对感知者的直观)和外直观(对被感觉到的东西的直观)"被证明是"同一回事",并且一方"离开了另一方是不可能的"(SW I,第 355 页)。只有这样,非我或外直观领域及其确定的对象才能"**为了**自我而**在**自我之中"。也只有这样,这些要素中的每一个才能在一个综合认识的整体中,在为了得到综合认识而能同时包含进行规定的主体和被规定的客体的所有表象的总括中,获得了"在一个统一的状态中被内在地结合起来的主动性及被动性"(SW I,第 369 页)。这样的相互依赖性可以说是"如果任何关系和综合统一性[被证明]是可能的和必然的,那么事物必须所是的样子"。鲍曼斯在他对《沉思》(*J. G. Fichte, Kritische Gesamtdarstellung seiner Philosophie*, Karl Alber Verlag, München, 1990)的讨论中,在第 43 页以降处理了这种"自我的自我限定"。鲍曼斯还处理了"相继性(Nacheinandersein)"和"同时性"的特征以及它们与"空间和时间直观形式"的兼容性(见第 45 页各处)。然而,鲍曼斯(同前,2. 2. 3)认为"实在性范畴"(第 73 页)、"否定性范畴"(第 74 页)以及"限定性范畴(Begrenzung, Bestimmung)"与"自我中非我的对抗"相关。但对于费希特的批判,鲍曼斯并没有处理直观性的而仅仅处理了智性的问题背景。这限制了他分析的效力,甚至当他论及"自我的辩证法……在自我设定和非我的对抗中的张力中"的根本特征时也是如此。即使在这个背景下,鲍曼斯仍然认为在这种"自我设定和非我设定之间的原始对抗"中的"限定"不是直观性的而是智性的,这意味着"否定性、限定性、交互作用"是作为"范畴"的而非内直观和外直观的可能特征(第 60 页)。鲍曼斯将我们带到费希特最早期的哲学著作中的一个核心概念面前,这是有益的,但《沉思》以及《略论》的问题背景首先都不是"概念性的"、智性的对"限制性"的范畴规定,而是对它的一种直观性规定以及它在康德理论哲学中的作用。

我在其他地方曾讨论过费希特《略论》的结构和它内部的展开。[1]在本文，我则只谈及费希特自己对这本书的任务和成就的理解："在《纯粹理性批判》中，康德从时间、空间和一个[单个的、统一的]直观杂多[被设想为]已经在我之中为我存在了这一点上开始他的反思。"而在《略论》中，于它们的普遍性和必然性中，"现在我们先天地**演绎**了它们"。因此，"它们现在是[合法地]在我之中被表象"。这一演绎使得费希特可以声称"我们现在确立了知识学(Wissenshcaftslehre)的理论部分的清楚的特征"。而通过这一"清楚的特征"我们或许也能够建立起费希特的"知识学"与康德的直观理论及这一理论在他的理论哲学中的地位的关系。因为费希特承诺过要捍卫康德哲学免受怀疑论的批判，所以现在他可以"与我们的读者别过——他们发现自己正是在康德"在(现已修订过的)先验感性论中开始他作为直观形式的时间和空间理论的地方。[2]因此我们看到，费希特"知识学"的神话被康德先在他著名的1799年的《公开信》(*Open Letter*)后又在《遗稿》提及知识学的地方称为一种虽然在修辞上很成功但却是错误的"纯粹逻辑学"。[3]费希特的预备性的《略论》的任务是要捍卫而不是摈弃康德的直观理论以及它的接受性，但同时修正他的"异质性"论点。

但这个主题贯穿了费希特的早期著作，无论是出版的还是未出版的。例如，费希特写于1793年冬季的《对基本哲学的沉思》，既未打算出版也不是为了教学，而只是为了私人的

① "Fichte's Critique of Kant's Doctrine of Inner Sense"，见上文注1。

② SW I, p. 411.

③ 这条不那么有名的引用来自《遗稿》，见Ak, XXI第207页："一种在其中人们抽离了它的质料(即知识的对象)的一般知识学就是纯粹逻辑，并且……会概念性地追求自己的反面。"

使用。《沉思》表明了这一问题背景在费希特早期哲学中的首要性和中心性。①《沉思》在第一页就称自己是一种"基本哲学",这种哲学就本文所局限的目的而言可以被简单地理解为是有关于根据"那些一个人在思想中能发现的最基础、最普遍的规律"②来清晰地阐述"我们思想中的确定的过程"的。在这种实践中,基本哲学的"每个命题"都将作为"在内直观中根据它的确定的法则所完成的试验"的结果,同时这种"试验"也反对迈蒙(Maimon)的指控的谬误,或者使这样的怀疑论的批判被认作是无关紧要的。因此,费希特的第一条律则就是:"审视你自己!"

费希特的目的,以及"基本哲学的目标"本身,就在于推论内直观"与外部对象存在的信念相容"的方式,一如《埃奈西德穆》中曾指出的。事实上对于费希特而言,这个问题还涉及"《埃奈西德穆》的紧要之处"③,费希特声称"我们的目标在于对我们接受性的本质的理解",以及在从康德那继承的认识的动力学的基础上,探讨什么可以被认为是"时间和空间共同所有的"。④这个仍然是最重要,以便能向怀疑论者表明综

---

① *Meditationen über Elementarphilosophie*, GA II/3, pp. 21—177。相较本文为了诠释而呈现的论理顺序,在费希特对其哲学的成熟的阐明中,他遵从的是他自己的发现顺序以及这一发现的问题背景。《沉思》是预备性的、批判性的,以获得有待实现的明确的理论知识学的可能性条件为任务。重要的是,费希特在1800年指出《沉思》相比《基础》(译者:《全部知识学的基础》)更具权威性,并且事实上他认为自己后期思想的背景是在前者而非后者之中(见:GA III/4,第357页;1800年11月15日的信)。关于康德、赖因霍尔德和《沉思》中的费希特之间的关系,比本文阐述得更连续详细的,见 Isabelle Thomas-Fogiel, *Critique de larepresentation: Étude sur Fichte*(Paris: Vrin, 2000)。我在本文允许自己以在其第一章第19页到33页中的尤为清楚的分析为根据。

② GA II/3, p. 21, 23.

③ GA II/3, p. 30.

④ GA II/3, p. 72—73.

合认识行动的确定的认识秩序的可能性条件："基本要素的哲学的任务因此必须是回答'这如何可能'，或者'这如何能被理解'？这正是基本哲学所要理解的东西。"事实上，"这种基本哲学只关注于证明没有这样的直观所有认识活动的不可能性"。

在《沉思》的第二个主要部分，费希特反复问道："什么是内直观？"[①]他担心"到目前为止"，根据关于异质性论点的那封信，作为从康德那继承的观点："内直观和外直观"已经被"演绎"为是"互相矛盾的"，或是互相"否定"的。[②]在《沉思》的第二个主要部分，费希特坚持认为他自己的"演绎"将"仍然涉及直观，并且在这里尤其是关于内直观"，以便"能够通过一个第三者来规定内感官和外感官之间的必然联系"。[③]这一演绎——用费希特自己的话来说，似乎有被认为是"无用的顾虑"和"学究"的危险，然而完整的背景以及该书的内容无法在这篇简短的文章中阐述清楚，我们也无需耽搁在这个"演绎"的极度复杂性上。[④]不过，费希特的演绎的任务能够因此也应当在此明确，以说明"内直观在它的时间性中整合外直观——亦即空间"的方式。因为只有"以这种方式，对内直观的演绎才是有效的"。[⑤]只有以这种方式，"作为一个结果"，人们才能"发现感性的这两种形式之间的必然联系"。[⑥]因为"如果要存在一种综合，这种转写(Übertragung)所必然具有的特征就必须被阐明。"人们必须阐明的正是这种相互依赖性，既然"只有

---

① GA II/3, p. 74.

② GA II/3, p. 82—83；康德的一个类似的批判见：GA II/3, p. 91。

③ GA II/3, p. 75.

④ GA II/3, p. 74 and 157.

⑤ GA II/3, p. 83.

⑥ GA II/3, p. 84；另见 pp. 100—101。

通过它知识才得以可能”。①

费希特的第三个主要部分②以对综合认识行动的动力学的回顾为开端。在这一动力学中，“外感官”的对象——对于它们我们是“被动的”，要被“内感官所激动”或纳入它的时间性杂多中：“通过这种[转写]，这样的直观就生成了”。这些直观只有在这时才“被概念根据统觉的综合统一来整理”。这便是“施加于外感官的对象上的作用。”这一“中间项（medius terminus）”就是内感官，它作为一个“联系者（nexus）”尤其在根据它自己的形式特性来“整理”这些直观和“规定这些直观的实在性”上起了作用。③

因此，内感官为任何可能的综合认识“在我之中规定了允入”的条件。任何根据先验的统一性原则被规定的对象根据我们的感性法则“必须已经并首先被直观到”。④这种认识的秩序要求我们在直观理论中“不是从一个纯粹意识”——作为逻辑的意识，“而是从经验性的意识的可能性”开始。因此，内感官和外感官之间的差异或区分“必须被统一进[同一个]意识”。⑤解决它们之间的“不一致”是所要尝试的“哲学的最高任务”。因为在这种对认识的动力学的解释中，“自我给予它自身一个在自我之中的非我”。至于外感官对内感官的优先性论点，费希特评论道：“这就是如果没有非我的表象就没有任何对自我的意识可能的证据。”由于这个证据，在统觉的综合的统一性对分析的统一性的必然的优先性上“我们来到了康德所来到的同样的位置”，但是是通过一个证明而不是一个

---

① GA II/3, p. 98—99.

② GA II/3, pp. 129—177.

③ GA II/3, pp. 129, 134.

④ GA II/3, p. 130.

⑤ GA II/3, p. 131.

成问题的断言。①

尽管费希特如前所述向人们告诫了他自己的“学究”或谨小慎微，这些没发表的沉思即使从我们粗略的回顾来看重要性也不低。无论是由于他明确了康德关于内外感官的关系及特性的“有问题的综合”，还是由于他自己对直观理论的扩展（一个胡塞尔在同样的方面开展的课题），《沉思》都值得充分的注意，但学者们还没有对它投以这样的注意而在本文也是才开始这么做。②费希特在那里不仅提出了对康德批判哲学的明确的先验的（而不是怀疑论的或独断论的）批判，同时还建设性地提出了他自己后期理论哲学中的阻碍（Anstoss）和

---

① 《沉思》，第142页。出于感性直观的这些要求，费希特才提出了智性直观的概念。为了规定综合认识的可能性，费希特提出作为全部表象的总括的内直观的可规定性的必要性（作为持久的、有限制的，以及在其自身中包含空间形式等等；见第122页）。只有这样，认识的秩序才能被先验地规定。并且，通过内直观杂多的这种确定性，“自我将它自己向它自身表象为被智性地直观到的”。智性直观是直观的一种，但它的意向不是感性的而是智性的，属于内感官而非外感官的领域。智性直观是为了两个紧要问题而被提出：费希特注意到“康德断言概念无直观则空”，他自己则评论道：“直观和概念都属于表象”，而这要求“我必须被规定为不仅是直观着的而且是思维着的”（第144页）。这就要求一种直观不仅是感性的而且是智性的。重要的是，费希特评论说，“严格而言，不是这个如此这般的自我而是非我对于表象着的自我的关系”才是通过一个智性直观必须被思考的。首先要实现的不是“思自我的我”——这个被思的自我是作为内感官对象的，而是“思非我的我”——这个“非我”乃是作为外感官对象并“在直观中被认识”的（第151页）。在此之后，才获得这个既作为主体又作为客体，并根据同一律、否定律、排中律等智性（而不是直观性的）法则组织起来的自我与其自身的关系，并用于先验分析。费希特并没有忽略这种改进对理解康德的建筑术以及他对这样的后期宗教哲学的控诉的影响：正是“在这一点上，人们为康德在对理性心理学和神学的批判中反对纯粹思想形式的超验使用找到了理由”（第151页，注释）。根据费希特，“在我们的体系中，这些[要素]不像在《纯粹理性批判》中那样是互相矛盾的空洞的假想体，并且必须不是那样”。关于这个主题，可以参见蒂利特（Tilliette）在《智性直观：从康德到黑格尔》（*L'intuition intellectuelle de Kant à Hegel*, Paris, Vrin, 1995）中的权威分析。

② GA II/3, p. 103.

后期实践哲学中的要求(Aufforderung)的原则。[①] 但是,就我们现在的目的而言,评价这些课题不如明确费希特的早期哲学著作的基本问题背景和内容重要。费希特第一个洞见和哲学贡献是在《埃奈西德穆》中由怀疑论的挑战所引发的,在《沉思》中它被提示出来,并在《略论》中得到延续。但是如果我们未澄清费希特想要解决的这个难题,这些书的任何一本都会难以理解,就好像它们仅仅只是形式代数一样。内感官的这个难题为这些早期的预备性作品的特点提供了背景,一如这些早期著作为后期的《知识学》以及 1800 年后的那些著作提供了背景。

三、胡塞尔:从内直观到本质直观

现在我要通过一段必要的简短诠释来论证,胡塞尔一系列的对内时间意识结构的研究,通过刚刚详述过的费希特对康德的内直观理论的批判,在问题背景和内容方面都能因此被理解。在此基础上,我会说明对康德的内感官理论的辨析和澄清不仅阐明了康德与费希特从而与德国观念论之间的关系,同时也阐明了康德与胡塞尔之间的关系,因此对于我们理解 19 和 20 世纪欧洲哲学的发展以及我们对它的继承有重要帮助。

在 1905 年他早期的《内时间意识现象学》中,胡塞尔就已经试图提供"本原的时间意识理论的根本根据"。[②] 这不仅要求对如此这般的"感性的结构"的研究,更要求一种更为持续和"深远的对时间意识"自身的研究。例如,§44 以"内感知和外感知"为标题,胡塞尔将他分析的次序分为三个阶段:

---

① 见:《沉思》,第 151 页以降费希特本人对此的观点。

② HUA, X, p.95.

(1)“外显现”(译者:“显现”即 appearance,在本文关于康德的部分译为“现象”),(2)“构造意识,在其中外显现作为内在客体构造其自身”,以及(3)“朝向,它既可以是对显现及其组元的朝向,也可以是对显现者的朝向”,这意味着一种“外部对象的内在显现”。

在《被动和主动综合分析》中,尤其在“体验的结构”被诠释为不仅是直观的也是意向的这一点上,胡塞尔的研究的问题背景——也是其重要性——体现得更为清楚。① 正如康德在 KrV A120—121 处承诺“从下往上开始”来规定综合认识行动的次序,亦如费希特在《略论》中对综合认识行动的从被动接受性到自发规定性的动力学的研究,胡塞尔的《综合分析》(译者:即《被动和主动综合分析》)讲座同样也是“从下开始往上”(导论,第九部分)。为了完成“先验现象学的感性论”的任务,胡塞尔将这一点贯彻始终(当然,是在“现象学演绎的框架内”,如在 § 26 中所说明的),而“先验现象学的感性论”本身又是为“先验现象学的逻辑”所做的预备性工作。②

胡塞尔请他的读者“从任意的外感知开始”。正常来说,

---

① Husserl Edmund: *Analysen zur passive Synthesis*, in: Fleischer (ed.): *Husserliana* vol. XI, 1966; *Analyses Concerning Passive and Active Synthesis*, Collected Works IX, trans. By Anthony J. Steinbock, Kluwer 2001。见导论,第五部分。为了读者的方便,此处的引文注明了出自哪个部分、德语的页码标注,然后是同版本的英语页码标注。

② 胡塞尔在那“从通过被动的联想性综合来探索感官的构造渐进到通过知性行动来探索如此这般的对象的构造”。这种“渐进”暗示了一种从感知的过渡到概念的或判断的,从一种感性论过渡到一种关于综合的理论的变化。这种过渡,因此将带领我们从预先被给予性(Vorgegebenheit)到达对象性(Gegenständlichkeit)。在这一过渡或这一**过程**中,我们本原的被动性被认识到并且作为一个“经验的基础”、生活的“底土”被保留,并提供“主体性自身基本的和根本的可能性条件”(同前,第 163 页以降)。相关的讨论、手稿的引用以及讨论胡塞尔现象学地修正先验感性论的意图的二手文献,见英译版的译者“导言”第 xli-xliii 页以及第 xxiii 页,同前。

在一种“自然态度”或“主题化态度”中，我们被“引导向外部对象”，或“转向外部事物”（导论，第10部分）。如果我们“转向我们的外部经验这一面”，我们就可以理解“通过外感知世界本原地被给予我们”的方式（§§22—23），而外感知处于被称为“获得的过程”之中。然而，这种“外部经验”在统握的行动中内在地包含了“出现于意识和它的活动的连结中的一种复合的意识结构”（§23）。然后，在这一基础上，“让我们转向内在的这一面”来弄清楚使关于外部对象的这种经验得以可能的被隐藏的或不可见的内在结构（§24）。外部经验以这种方式“作为一个为了对我们意识到的体验有新的发现而必须离开的出发点”（导论，第10部分）。即使是外感知也“是一种意向性的体验并且在它自身之中内在地”有一个在“内在存在”这一领域中作为不可分离的意义的意向对象（同前）。

因此胡塞尔要通过一个三重的过程将我们从“1. 感知的具体的体验引导到 2. 显现”，根据一种反思性的视角变换——我通过这一视角把握并主题性地判断它，它在内在领域中是明见的，以及引导到作为一个智性的行动（导论，第10部分）的“3. 如此这般的意向对象”。当然，内感官的难题还只是一个较小的谜题（the mysterium minorum）——由1和2之间的关系所展示出来的**直观**的问题，这对于更大的谜题（the mysterium maiorum）只是预备性的，亦即3中所展示出来的纯粹**智性**的问题。尽管对此十分清楚，但胡塞尔并没有说“现象学已经有如此大的进展以致于它可能已经巧妙地解决了这里存在的遗留问题”。[①] 但是，他认为，既然已经有了清楚的问题背景，现象学“已经足以明确这些问题并给出大致的解决方法”（同前）。

① 见§26；第119，164页。

现象学已发展到足以认识这些问题的发端或根源，它们在“第一版《批判》的先验演绎中康德的先验综合体系”中最为明确，其中的三重综合使得作为内感官形式的时间被描述为一个包罗性的总括（§27，125—126，171）。但是，在为解决方案明确问题时，胡塞尔首先明确了，康德“不幸地只是在头脑中……有这个关于空间性的、物质性对象的构成的问题”，就像费希特在《评〈埃奈西德穆〉》中对“一个超越意识的对象”的忧虑那样。[①] 对胡塞尔而言，康德的“疑问仅仅只是这个：哪种综合必须被主观地实行以使**自然界**的事物从而一个一般的**自然**能够显现”（同前）？

然而，对于胡塞尔，“更深层次的以及本质上在这之前的是内部世界的纯粹内在的对象性及对象构造的问题”——作为一个内在的、可理解的世界（§27，125，170）。胡塞尔推断——在此只能是一个仅在这几个段落也能尝试的对胡塞尔的阐明的概述——既然“空间性的世界是通过意识而构造出来的”，那么它“对于我们而言只能是在那存在着的，并且只能根据内在执行的特定的综合而被设想”。[②] 因此，对一个世界

① 关于这一点，见同前，第275—276页，第410页。胡塞尔认为“在这里回顾康德的卓越洞见，即第一版先验演绎中深刻而模糊的生产的想象力的综合这一理论，关乎的是一种历史的旨趣”。因此，我们可以断定对康德的作为内感官形式的时间理论的继承和批判使现象学处在一个已经被费希特所占据的位置。对内直观的时间性的关注是早期费希特和胡塞尔的核心，而对于异质性观点他们则是疏远的。胡塞尔写了几百页与这个主题相关的文字，大意是“外感知必须在内部意识流中产生，且必须是连续地产生”以使“内时间不仅为意识据有了位置性并且还据有了持续性”（HUA XI，第234页；以及同前，第292页）。只有在康德作为内感官形式的时间理论及其“异质性”论点的背景中，我们才能确切地理解胡塞尔所致力于的问题。然而拒斥异质性观点的后果还未被胡塞尔的后继者普遍地理解，费希特的后期哲学也是如此。

② 但是，对“构造的分层结构”作为“渐进的层级过程”的追溯只是一个开端”（*Analysen*，§48，第219页）。这个开端揭示了内直观的真正特征以及它在“认识的秩序”中的必要的作用。一旦确保了内直观的可规定性，随之 （转下页）

的经验“预设了”一种更为基本的“内在构造的普遍综合形式……的学说”(同前,126,170)。

因此,胡塞尔定义为先验现象学分析中的一个特殊问题的那种内在综合,就尤指那些关于**外在于时间性之[内在]先验综合的东西的内容**的综合(同前,126,170)。事实上,对胡塞尔来说,这个问题具有最为一般的而非部分的或派生性的意义:“因此,现象学的任务将是确切地探寻这些综合。”(同前)因为不仅在外感知中,而且也通过一种“进程”而“在内在的时间意识中,一个时空世界的世界”作为“被包含在内在时间意识之中的”而被给予了(同前,105,155)。[①] 在这个“总括”

(接上页)而来的课题就是关于这种必要的作用的实现,但这一课题我们还未处理。第一个有问题的地方就是过渡:“什么是本质上属于物理性的自然这类东西的?”从而才能知道这类东西如何将自身给予于意识。接下来有问题的是方式:“它如何在意识中[被构造起来并]合法化的……在关于它的所有本质性的特征的方面……(译者:这些特征)根据意向活动(noesis)和意识相关项(noema)而形成”(同前,第222页)。后者是“先验逻辑的最根本的问题,它要去理解在流动的自我生活——也就是意识生活中,其自身如何能够被构造为真的东西,被构造为可能被证明的观念相关项以及一个观念性的规范,这种规范根据本质性的规律是存在于意识中的,更确切地说,是在属于它的自身给予之中的”(同前,第255页以降)。但是这一感性论课题是一个逻辑课题的预备性课题;以便在上面所预示的第三个步骤中“自我随后能在它的自由中抓住它并且使它清楚明白”。这个问题将胡塞尔带到一个进一步的问题,即“理性的纯粹科学,作为理性的理性之本质的科学,即关于知识的知识”(HUA XXXI,第256,390页)。但是这个智性的问题只有在预备性的(直观的)分析已经完成的时候才能得到恰当的处理。“纯粹逻辑必须给出关于以下问题的根本性的洞见:如此这般的意识如何包含感官,它如何在自身之中使对象被表象给意识,以及然后它如何必然地将它们作为一个对象性表象给意识”(§48,第222页)。

① *Erste Philosophie*, (HUA VII, Erster Teil, [Haag: Nijhoff, 1956]), p. 276。由于篇幅的缘故,我将延后对胡塞尔的《第一哲学》(如HUA VII,第232—272页)以及《经验与判断:逻辑谱系学研究》(*Erfahrung und Urteil: Untersuchen zur Genealogie der Logik*, Meiner, Hamburg, 1972)——英译为*Experience and Judgment*(Northwestern University Press, Evanston, 1997)——的充分讨论,以及它们对这一课题的清晰的和延伸的阐述。在后者中我发现了一系列重要的反思:从§36(以“知觉之被动(时间性)统一”为标题)到§38(“在作为 (转下页)

即内时间意识中，“被外在地构成”的外感官对象必须作为可规定的而“被内在地构成”（同前，111，156）以便为知识和认识给出“同一的被给予物”（同前，110，155）。

不过，胡塞尔建议我们“在先验感性论的界限内工作”。[1]在其中“可能的知觉对象必然具有时间性的感性形式（Sinnesform）”，而“可能的外感知的对象同样要具有空间性的感性构造（Sinnesgestalt）”。但胡塞尔认为，这个关于我们直观形式的康德的基本观点只需被表达出来，以进一步表明“寻求描绘时间形式和空间形式之间的平行性的动机”。这种平行性需要被描绘出来，为了“先验性之完成在体验的内在性中实际地发生”（同前，303，590），为了——如胡塞尔反复说过的——“存在物与意向物的一致”，以及为了我们能“将内在之物与实在的世界连接起来”。[2]在这最后一点中，更为熟悉和明显的胡塞尔用语和主题开始显现，只是缺乏了那种我们不那么熟悉但却显然至关重要的先验性的语境。

但是我必须指出一点虚张之处。胡塞尔在同一文本中声称这个“切入点”将使他“打开一片全新的意识的领域”，这是

（接上页）感性形式的时间的基础之上一切知觉的意向性对象与对一个自我的定向性回想的必然关联”），再到§41（“在一个自我的知觉对象和想象对象之间的直观统一性的可能性问题”）。它们与§42一道（A部分“一个自我的一切体验之时间统一性”与C部分“知觉直观和想象直观基于联想之上的直观联合，以及直观统一性的最广义的概念”）实际上再现了康德第一版“演绎”中一系列的逐步规定，通过逐步地将时间规定为(1)一种空间-时间性的统一（§36），(2)一种相对于它的纯粹地相继流逝的持存（§37），以及(3)它的杂多的可规定性（§38—39，§§41—44，结束于§64），在这些杂多中内直观彻底被规定为一个总括。另见§64，A部分（“作为一切对象性之一般被给予性形式的内在时间”）。在此我只能指出，这一问题背景提供了“时间意识现象学要进一步讨论的重要课题”（§38）。

① HUA XI, p. 295, 581.

② 前一种用语，见：如《被动和主动综合分析》第24节。后一种用词，见：如《关于内时间意识的讲座》（*Lectures on Inner Time-Consciousness*），附录，第136页。

由于“先前的研究的不完善之处”“之前从未被思考过”，而他后来做了这样的工作，并且在一个重要的方面是以费希特所做过的同样的方式(同前，283)。这一预期，或预示，在关于内直观的“较小的谜题”上和在意识的自我异化的“更大的谜题”中都能看到。胡塞尔将他的分析从内直观及其时间形式这个预备性问题拓展到意识中的智性意识这个最终的问题。当胡塞尔将他的分析提升到被更为广泛关注的“理性作为理性的本质，即关于知识的知识”这个问题时，他再次跟随了费希特。当胡塞尔在这后一背景下将“智性意识返回到它自身[Ein sich zurueckbiegen]”时产生的“自我分化”(Ich-Spaltung)认作是一个问题时，他又是处在费希特——虽然不是第一次——打开的问题视域中。换句话说，在胡塞尔发现自我分化时，他是重新发现了费希特自己的“原创洞见”。

所以，我认为，根据我们对康德的成问题的内直观理论以及费希特所预示的胡塞尔的批判的分析，胡塞尔“打开了一个之前从未被思考过的世界”的声称是需要修正的。并且，在这一基础上，我认为费希特对于现象学的特点和发展的还未得到认可的重要性应得到关注。或许可以说，费希特对现象学的创立和发展的影响是一个事实，尽管不是我们没有认识到，而只是我们没有在这种程度上认识到这一点，鉴于胡塞尔是在费希特已经走过的思想道路上前进。这一先驱地位，虽然只有在回顾时才是明显的，但从史学上来说至少延续至费希特的晚期宗教哲学为止，而这为理解胡塞尔之后现象学的发展意想不到地提供了一种胡塞尔自己不能提供的方式。因为在当代现象学中的“宗教转向”重述晚期费希特著作主题的方式与胡塞尔重述早期费希特著作主题的方式是同样的。在这个基础上，人们可以说现象学一个世纪来的进展，至少在这个主导问题上，是在重复费希特这近二十年的著作。出于这些原因——无论是出于其目的的终点(terminus ad quem of its telos)还是其起源的起点(terminus a quo of its origin)——现象学都可以返回费希特和胡塞尔,以指引其进一步的研究。

(译者:徐秋实/安徽大学哲学系)

存在与给予

钱　捷
（华南师范大学行知书院、
中山大学哲学系[珠海]）

一

众所周知，康德将自己的超绝哲学（die Transzendentalphilosophie）定位为“**超绝观念论＝经验实在论**”。这个定位真正要表明的，是康德对于自己哲学的这样一种自信，即它是“内在的”，也就是说，不依赖于任何**超越的**东西的，但同时又不会因此而成为“唯我论的”。正是在这个意义上，康德也承认自己是一个“二元论者”：“他可以承认物质的实存，而并不超出单纯的自我意识，也不假定除了我里面的表象的确定性，因而除了 cogito，ergo sum 以外的更多的东西。因为，既然他承认这种物质甚至物质的内部的可能性都只是现象，这现象离开了我们的感性就什么也不是：那么物质在他那里就只是一种表象方式（直观方式），这些表象叫作外部的，不是说它们似乎与**自在的外部对象本身**有什么关系，而是由于它们把知觉

(Wahrnehmungen)与空间联系起来，在空间中一切都是相互外在的，但它本身，即空间，却是在我们里面的。”[1]然而我们知道，在《纯粹理性批判》的“超绝感性论”中，康德的确只将空间(以及时间)当作现象的形式，同时承认现象并不只是这种形式，它还有其内容，即“现象的**质料**”。按照康德，这质料与感觉(Empfindung)是相应的，而感觉则是“我们被一个对象所激动时，它在表象能力上所产生的结果”。[2]这个“对象”在康德的体系中却在事实上是无论如何也不可能被“消化”为“我里面的表象”的。这构成了康德哲学的一个深刻的**困难**，这个困难可以形式地表达为，康德无法实现“超绝观念论 ＝ 经验实在论”这个公式中的那个等号。也就是说，如果康德希望自己的体系是内在的(它意味着这个体系是彻底的)，那么他就难免会陷于唯我论。《纯粹理性批判》甫一出版，就有不少人将康德理解为一种贝克莱主义者，这不能说不与此相关。康德在《未来形而上学导论》中所以明确表示“这些现象的可能性是建筑在某些未知的自在之物对另一个东西，即我们的感性的关系之上的”，大概也是为了避免唯我论之嫌疑。[3]但这样一来，就很难将质料看作纯粹内在的或“并不超出单纯的自我意识”了。换言之，在康德那里，**为了经验的实在性，终究要牺牲其观念论的彻底性**。[4]其实，这个困难已经蕴含在康德批判哲学的“哥白尼革命”纲领之中：“由于表象自己本身……

① 康德：《纯粹理性批判》，邓晓芒、杨祖陶译，北京：人民出版社，2004年，第324—325页(A370)。

② 康德：《纯粹理性批判》，第25页(A20/B34)。

③ 康德：《未来形而上学导论》，庞景仁译，北京：商务印书馆，1978年，第47页。

④ 我们在文章的开始便引用的康德表达那种彻底的观念论的文字在第二版中被删除，这与其说是康德最终为了经验的实在性而放弃了观念论的彻底性，倒不如说是体现了康德构建其超绝哲学所面对着的这一深刻的困难。

就存有而言并不产生自己的对象，所以仅当唯有通过表象某物才能**作为一个对象被认识**的情况之下，表象对于对象倒还具有验前的规定性。"①也就是说，对象的"存有"是另有其根据的，这个根据恰恰是不能被归结为我们的"表象"的。显然，这个根据正是那个"某物"，而它不过是康德以含糊其辞的方式说出的自在之物罢了。由此可见，康德通过其超绝观念论而进行的"哥白尼革命"并不彻底，除非它能够将自在之物也纳入到这个观念论之中，从而使之成为一种我们可以称为"内在实在论"的体系。

这种不彻底性进一步引出两个彼此密切相关的问题，即"**对象的二(多)重性问题**"与"**共同根基问题**"。**前一个问题**在于，依照康德"哥白尼革命"的纲领，这样一个超绝观念论不应该将自在之物视为对象，而只能说明我们是如何通过自在之物的显现构成某个对象(即将某物认识为一个对象)的。但这样的对象就只能是派生的，它无疑不能充当其自身**实在性**的根据。这个根据看来只能在现象中求得，这至少是因为，如我们在"超绝感性论"中所看到的，它本源地具有某种无法还原为"我思"的因素。这也是为什么在《纯粹理性批判》中"对象"常常或者意指现象，或者意指被构成的(经验)对象，甚至有时还隐晦地或曲折地意指自在之物的道理。② 因此这个问题的实质是，在一个超绝观念论体系中，对象的实在性究竟如何保证。**后一个问题**则是，"哥白尼革命"为了实现一种内在实在论，其基本策略便是将传统的不可克服的主体与客体的对立转化为本质上是主体内部的感性与知性这两种不同认识能力

---

① 康德:《未来形而上学导论》,第 84 页(B125)。

② 与"对象"一词使用上的歧义性多少相关地，康德的"现象"(Erscheinung)一词也常常意指经验对象，例如在《纯粹理性批判》的"把所有一般对象区分为现象和本体的理由"一章中便是如此。

之间的关系，而要实现这种转化，就必须揭示这两种能力的"**共同根基**"。但正如我们在"超绝演绎"和"超绝图型法"中都可以看到的，康德实际上所做的恰恰是要在保持对于这个共同根基的无知的前提下阐明感性与知性的关系。我们有充分的理由认为，他这样做是不可能成功的。①

毫无疑问，这两个问题——确切地说是两个困难——之存在于康德的超绝哲学中，本身就是这种超绝哲学不彻底的表现。

二

同样众所周知，正是康德的影响促成了胡塞尔现象学的"超绝转向"。如果说康德在构建其超绝观念论的时候还缺乏一种彻底的内在论的**完全**自觉，那么胡塞尔的超绝现象学却因为其**奠基**的动机而注定自觉地是彻底的内在论的。这个动机有两重含义，其一，它的全部目的在于通过悬置"自然态度"而获得一种单纯的内在经验，并以此为在自然态度下的科学认识奠基；其二，这种内在经验也许在构成论的意义上是分有层次结构的，但它最终将达到一种**无前提性**。如果确如亨利所概括的，胡塞尔的现象学有三条原理，即"有多少显现，就有多少存在"，"[一切]原理的原理"和"朝向实事本身！"，那么这三条原则显然都体现了上述动机。②然而这三条原理在现象

---

① 对此的具体论证见拙著《超绝发生学原理》第1卷，中国社会科学出版社，2012年；第十二章。

② 见 Herry, Michel. *Phénoménologie de la Vie, tom.* 1: *De la Phénoménologie*. Paris: PUF. 2003. p77。在此书的"现象学的四条原理"一章中，除了胡塞尔的这三条原理之外，亨利概括出的现象学原理中还有第四条原理，即我们在后面将提到的马里翁的"还原越多，给予就越多"。

学研究实践中的作用并不相同，就此来说，其中第二条最为重要，因为它规定了胡塞尔超绝现象学的基本方法，即**还原—直观**的方法。看来胡塞尔将它表述为"一切原理的原理"并非随意之举。个中道理胡塞尔已经说得很清楚：**"每一种本源给予的直观都是认识的合法源泉，在直观中本源地……给予我们的东西，只应按如其被给予的那样**，而且也**只在它在此被给予的限度内被理解**。应当看到，每一理论只能从本源的被给予物中引出其真理。"而这"实际上要求一个作为其基础的**绝对开端**"。[①]这就在超绝的态度上与康德有了不同，前者企图在对于那被称为"自在之物"的真正前提被存而不论的情况下为认识奠基而后者则要通过还原达到那**自身无前提者，而它事实上就是自在之物**。

遗憾的是，在胡塞尔的体系中也同样存在着未能解决的"对象的二(多)重性问题"与"共同根基问题"。这意味着他实际上**并未**获得那个自身无前提的、本源的直观或明见性，无法

---

① 胡塞尔：《纯粹现象学通论》，李幼蒸译，北京：商务印书馆，1992年，第84页。这里所引胡塞尔的第一段话的原文为：daß jede originär gebende Anschauung eine Rechtsquelle der Erkenntnis sei, daß alles, was sich uns in der „Intuition" originär, ... darbietet, einfach hinzunehmen sei, als was es sich gibt, aber auch nur in den Schranken, in denen es sich da gibt, kann uns keine erdenkliche Theorie irre machen. Sehen wir doch ein, daß eine jede ihre Wahrheit selbst wieder nur aus den originären Gegebenheiten schöpfen könnte.（Husserl, Edmund. *Ideen zu einer reinen Phänomenologie und phänomenologischen Philosophie. Erstes Buch: Allemeine Einführung in die reine Phänomenologie.* Text der 1-3. Hrsg. K. Schuhmann. Den Hagg: Martinus Nijhoff. 1976. S. 51.）。短短的一段话中，"给予"以多种形式出现（gebend, sich gibt, Gegebenheit），既有给予的意思，也有被给予的意思，还有自给予的意思。这充分地显示了，这种"本源给予的直观"乃是如此地将此三重含义集于一身的。这种多重含义的特征也为，甚至更为马里翁的 donation 一词所具有，因此我们接下来一般只将这个法文词译作"给予(性)"，只在需要强调其多重含义的某一种时才会也使用"被给予(性)"或"自给予"的译法。

达到那个作为基础的“绝对开端”。在这一点上，胡塞尔与康德所遭受的是同一种命运，即由于无法达到“绝对开端”或无前提的本源明见性，“对象”概念便不可避免地处于**不确定**之中。

为什么胡塞尔无法达到“绝对开端”？这说到底还是因为他的还原是不彻底的。胡塞尔的还原方法可概括为本质还原、现象学还原和超绝还原这样三类，因为在我们看来，另一些还原是可以归并到这几类的，例如“认识论还原”和“原初还原”就可分别归入“现象学还原”和“超绝还原”。最初在《逻辑研究》阶段，胡塞尔专注的是本质还原，通过这种还原得到的是概念的普遍本质或本质直观，以及与判断的结构直接相关的范畴直观。从1907年标志着胡塞尔的“超绝转向”的《现象学的观念》起，胡塞尔开始将还原的方法扩展到现象学还原进而超绝还原。现象学还原方法的核心是对于“自然态度”的“悬置”。① 这种悬置的结果便是以感觉材料为真实(reell)内容的体验流。体验流本质地与时间意识相关联。于是通过时间意识这个契机，胡塞尔的还原必然推进到作为超绝还原的结果的**纯粹的或超绝的自我**，并由此而确立了超绝现象学作为“一门唯我论的科学”的开端。② 因此，胡塞尔的还原工作整体说来主要涉及了这样几个结果：1)类概念和基于类概念的判断活动的纯粹结构，例如“红”的概念(作为本质直观的本质的“红”)以及主谓结构(范畴直观)；2)体验流的真实内容，例如在特定时刻从某一角度知觉到的桌子的某一个侧面(侧显)，以及本身无侧显的情感体验③；3)纯粹自我或超绝自我，它是体验流的内容的变化中的不变项(“作为在体验的每一实

---

① 胡塞尔：《纯粹现象学通论：纯粹现象学和现象学哲学的观念》，第40页。

② 见胡塞尔：《笛卡尔沉思与巴黎讲演》，张宪译，北京：人民出版社，2008年，第66页。

③ 胡塞尔：《纯粹现象学通论：纯粹现象学和现象学哲学的观念》，第123页。

际的或可能的变化中某种绝对同一的东西”[1])。这些在胡塞尔现象学发展的不同阶段得到的结果应该并且事实上具有某种统一性。这种统一性正在于**意向性**这个现象学诞生的原始契机,即上述结果完备地给出了一种**意向运作-意向对象**的基本结构,更确切地说,给出了这一结构中作为构成性运作的基础的真实内容的意向运作和感觉材料,并且通过对这一运作主体的纯粹自我的确立使得这一结构中的结果项,即意向对象的构成成为可能。显然,这让我们看到了胡塞尔现象学还原(在广义上)的**系统性**。同时,这种理论也是深刻的,因为上述所有结果也都可以纳入某种直观或明见性之下。首先,不仅体验流中的真实内容,即感觉材料,是直观的被给予物,而且通过本质变换得到的本质直观,无论是类概念的本质还是基于它的判断结构(这些结构显然属于意向运作的实际内容)也是这样的给予的直观。其次,更为根本地,无论是感觉材料还是运作的结构最终都属于纯粹的或超绝的自我。这个自我,胡塞尔也自信能够通过还原而获得其直观。[2]

在这里,我们可以看到康德与胡塞尔之间高度的相似性,即他们都将我们的认识,首先是关于外部世界的经验性认识,从而也就是对于我们来说的经验对象本身,理解为基于感觉材料并通过根源于超绝自我的**认知性运作**而构成的结果。这显然也是它们的哲学都被**自觉地**冠之以“超绝”之名的理由所在。既然如此,如果前面所揭露的在康德体系中存在的“对象的二(多)重性”以及与之密切相关的“共同根基问题”同样地存在于胡塞尔的超绝现象学之中,那将是可以理解的。胡塞

---

① 胡塞尔:《纯粹现象学通论:纯粹现象学和现象学哲学的观念》,第151页。

② “如果我们还忠诚于彻底的自身思义以及纯粹直观或明见性的原则,那么,……我们只接受在通过悬置而向我们敞开的我思之我(ego cogito)领域中,真正首先整个地直接给予的东西”(《笛卡尔沉思与巴黎讲演》,第61页)。

尔在贯彻其“一切原理的原理”，即通过诸种还原以达到给予的直观，并因此获得认识的合法性基础这一点上是始终如一的。这样，还原方式以及它们所达到的诸多直观的类型——在胡塞尔持续不断的思考中，这种直观的种类也随之而不断增加——之间的关系，或者说，这些还原及其结果的统一根据，就变得越发重要了。然而，恰恰在对于这种统一性的探究与阐明上，胡塞尔鲜有作为。首先，感觉材料（例如那些真实的侧显）——胡塞尔也称其为“质料”（Stoff）或“质素”（Hyle）——的来源并没有真正作为一个问题被提出来，而只是在个别地方，特别是在胡塞尔的后期手稿中以并不明确的方式对之做出过一些描述。虽然在这些描述中的确存在着对它与自我的某种本源的关联的提示，然而仅仅是提示而已，还远远算不上构成性的阐明。① 其次，胡塞尔固然懂得意向运作的主体正是纯粹自我，但对于自我与其运作的关系，他同样未能提供一种构成性的阐明。这一点无疑与关于意向运作本身的种类和结构在他那里也缺乏相关的系统理论有着直接的关系。② 最后，

---

① 例如，在《现象学的构成研究——纯粹现象学和现象学哲学的观念（第 2 卷）》（李幼蒸译，北京：中国人民大学出版社，2013 年）中，胡塞尔说道：“与醒着的自我相对比，睡着的自我完全淹没在自我质料中，淹没在质素中，作为未分化的自我存在……”（第 211 页）；在《关于时间构成的晚期文本》（即“C—手稿”）中他也说道：“伴随着本源动觉的本源质素。比方说，一种统一的和无目的的，整个地伴随着质素的未分化的整体性的‘行动’。最初，苏醒的自我被引导——以“纯粹”动觉的形式朝向整体的和未分化的质素，这不是别的而正是自我朝向，我们后来称为动觉混沌中的活动的统一的活动……”（Husserl, Edmund. *Späte Texte über Zeitkonstitution (1929—1934). Die C-manuskripte*. Hrsg. D. Lohmar. Dordrecht: Springer. 2006. S. 225—226.）。

② 在《纯粹现象学通论》中，胡塞尔肯定纯粹自我是构成意向对象的运作的主体，例如：“我们说，一种综合的整个对象是在综合意识中被构成的。……综合意识或‘在’其‘内’的纯粹自我，沿很多射线指向该对象物，而简单的设定意识则沿一条射线指向对象。”（第 292—293 页）但他却从未能说明自我何以能够如此。同样地，在《笛卡尔沉思与巴黎讲演》中，他指出“内在的我，即超绝 （转下页）

关于纯粹的或超绝的自我本身，虽然胡塞尔像康德一样地认识到它伴随着意识中的“一切表象”，也就是说，它对于体验流来说乃是同一的东西，但它究竟是什么，以至于能够与体验流或者质料有如此这般的关系，这一切仍然被浓厚的迷雾所遮蔽。一句话，所谓“共同根基问题”对于胡塞尔来说也一样地存在。这将使得胡塞尔的哲学也将为另一个问题，即“对象的二(多)重性问题”所困扰。正如马里翁所指出的：

> 胡塞尔因此——以将现象性提交给对象性的未加考问的范式的方式——抵押了其本质的战果：通过还原，给予性决定了现象性。在担保它们的等价性时，他从来没有对它们本质的对比关系产生过疑问：一种给予性的现象性能使现象自身并通过自身得以呈现，因为它**自**给予，但一种对象性的现象性却只能基于某个意识中的自我构成这个现象，这个意识指向此现象，将之作为它的意向对象。①

马里翁还具体地举出了胡塞尔文本中势必引出这种对象的二重性困难的实例：“**达成不同样式的真正的被给予性**，也就是说，**不同的对象性样式的构成**”与“对象性能够显现出来，能够在显现中具有某种被给予性”。他指出，这里显然“混淆

(接上页)自我——它在其构成性的生命活动中构成对我来说是客观的一切东西”(《笛卡尔沉思与巴黎讲演》，第136页)，但亦未见到他关于这种构成是如何实现的具体机制的说明。当然，我们可以将关于主动甚至被动综合的分析理解为对这种机制的揭示，然而必须说，这些分析虽然细致、繁杂，但却(甚至与康德在《纯粹理性批判》中关于范畴对于可能经验的构成机制的阐明相比都更加)缺乏明晰性与系统性。

① Marion, Jean-Luc. *Étant Donné — Essai d'une Phénoménologie de la Donation*. Paris: PUF. 1998. p. 50.

了被给予性和对象性”。[1]而这种对于被给予性和对象性的混淆，便是对象的二重性困难在胡塞尔的超绝现象学中的具体体现。于是，这个被给予性概念自身中就已经包含了给予者的存在，然而，这个给予者是基于现象的构成物（这相当于康德那里的经验对象）还是现象背后的绝对物（这相当于康德那里的自在之物）？马里翁在这里看到了某种悖论性：现象之为明见的本应对于意识是内在的，但它作为被给予物又来自于对于意识来说是自身不可见的东西。[2]之所以如此，原因与我们在康德那里所看到的一样，在胡塞尔这里，由于共同根基问题的存在，**现象的真正根据从来没有得到澄清**。换言之，在超绝现象学的整个构成性的内在论体系中，基于（出自于纯粹自我的）意向运作和感觉材料对于对象的构成从来没有清楚地和系统地得到阐述：意向运作-意向对象这个对子并没有被构成性地奠基于那种自身无前提的明见性之上。这就看上去在胡塞尔的“一切原理的原理”与那个著名的口号“朝向实事本身”之间产生了不一致。因为前者并没有能够将我们引导至那个“实事本身”，以至于**现象的显现**对于我们来说仍然是一个谜。这种情况不仅实际上曾经迫使海德格尔背离胡塞尔而另辟蹊径，走上了通过此在探究存在者背后的存在的道路，而且，也使得马里翁在确认海德格尔的改弦更张亦未获得成功之后提出既不同于胡塞尔的认识论还原亦不同于海德格尔的实存论还原的“第三条道路”，即**给予性的还原**，其原则

---

① Ibid., p.49. 马里翁在这里所引胡塞尔的原文分别见 *Die Idee der Phänomenologie*（Hua. II），p.74，p.55（中译本《现象学的观念》，倪梁康译，上海：上海译文出版社，1986年，第63、48页）。并且，与我们在康德那里已经看到过的情况相似（见第31页注释2），在胡塞尔这里，这种对象的二重性也是现象的二重性（即被给予的现象和作为意向对象的现象）。

② 见 *Etant Donné — Essai d'une Phénoménologie de la Donation*. p.32。

是:“还原越多,给予就越多”。①

三

在这里,给予性之所以得到突出,正是因为在马里翁看来,被给予的现象远远地超出了胡塞尔的作为“一切原理的原理”的直观方法所能够达到的范围。马里翁将这种现象称为“充溢现象”,同时还将胡塞尔的直观所达到的现象称为“贫乏现象”和“普遍法现象(phénomènes de droit commun)”。

马里翁在《已然自给予:论给予性的现象学》(*Étant Donné — Essai d'une Phénoménologie de la Donation*)中其实是对他在《还原与给予:胡塞尔、海德格尔与现象学研究》中对于胡塞尔的直观原则的三个追问在“现象的常谈”名下做了展开。尤其是第一个追问,在这里被具体化为“贫乏的现象”和“普遍法现象”。对于后一种现象,他举了伽里略自由落体定律为例。认为这个定律按照其抽象化原理而忽略了实际存在的摩擦、环境的阻力等方面。因此,总的看来,马里翁是将实际的、康德意义上的现象当成了讨论的中心,并以为胡塞尔的直观至少就(其为形式的直观和自然科学规律的直观)这两方面来说,并不能与相应的现象相匹配。如果将这些直观的对象理解为意向对象,则它们的意向性便总是不能满足于

---

① 亨利将马里翁提供的这个原理(作为现象学的第四条原理)表达为“还原越多,给予就越多”(d'autant plus de réduction, d'autant plus de donnation),但马里翁的原话却是“有多少还原,就有多少给予”(autant de réduction, autant de donnation, 见 Marion, Jean-Luc. *Réduction et Donation. Recherches sur Husserl, Heidegger et la Phénoménologie*, Paris: PUF, 1989. p. 303;中译本《还原与给予:胡塞尔、海德格尔与现象学研究》,方向红译,上海:上海译文出版社,2009年,第348页),只是他在 *Etant Donné — Essai d'une Phénoménologie de la Donation* 中也认可了亨利的表达(p. 7—8, 23—24)。

真实的情况的。换言之，相比于真实的现象，这些意向对象从它们所体现出的意向性与实际应该指向的现象是不匹配的——实际的现象要比这两种对象丰富得多，而这便从否定的方面表明了现象要比体现在概念中的胡塞尔的直观丰富得多。与此相应地，现象更多地却是从肯定方面体现出对于概念或其表现出的意向性的超出的，这种情况被称作为"充溢现象"或"悖论性现象"。马里翁比附康德对于判断的四分法——这显然是牵强的——将这种充溢现象分为四种情况。第一种是"事件(l'événement)"："(因为历史性而充溢的)事件的解释学足以造就一种历史的共同体，并且甚至由于它的不可完成性，便使得在其中交流传播成为可能。"①马里翁举了滑铁卢之战为例。这样一个历史事件被当作发生过的事实，但这事实却从来没有澄清过，也不可能真正得到澄清。因为即便是在当时，不同的参与者眼中所见也是不同的。历史事件的这种不确定性自身还将在历史中被一再从各种不同角度加以解释与"澄清"，这便造成一种"解释学的循环"。第二种是"偶像(l'idole)"。这里指的是画作，甚至可一般地说是艺术作品。任何概念都无法让我们真正理解一幅画作。"画作将自己'无概念地'给出——康德曾完全理解这一点，——也无理念——黑格尔在这一点上失误了。"②在画作的可见性下面隐藏的，因此是不可见性。第三种是"灵肉(la chair)"："灵肉其实被定义为触摸者与这触摸发生的中心的同一性(亚里士多德)，因此也就是被感知者与感知者的同一性(胡塞尔)，而同样是被看与看的或被听与听的同一，总之是被刺激与刺激者的同

---

① J. -L. Marion. *Réduction et Donation. Recherches sur Husserl, Heidegger et la Phénoménologie*. p. 319.

② J. -L. Marion. *Réduction et Donation. Recherches sur Husserl, Heidegger et la Phénoménologie*. p. 320.

一性(亨利)。"[①]这种自我刺激(或自-感)作为灵肉的专属现象具有一种独特的属我性(la mienneté)。[②]并且它显然超出了"交互客体性(interobjectivité)"的因果关系,成为一种**自因**或自由因。最后是所谓"圣像(l'icône)":"我们称这最后一种类型的充溢现象为圣像,因为它不再有任何景象可观看,亦不容许任何观众的观看,但却反过来将其目光注视于面对他者。看视者站到了被看者的位置上,被呈现的现象反过来成为一种不仅自身的而且由自身的呈现,但严格地说,是通过或基于自身的呈现(自我—呈现)——通过主动呈现而非承受呈现,给出呈现而非被(向什么)给出呈现,这悖论[指充溢现象——引者注]翻转了呈现的极性。"[③]至此,显然,关于给予的研究已经到达了神学的层面。[④]

所有这些,都被马里翁,其实还有亨利,理解为胡塞尔的直观原理本身——这个原理虽然包含了感觉材料,但由于意向性概念的影响,它更体现在通过意向运作对于意向对象的构成上——的局限性。对于马里翁来说,正如我们刚刚所看到的,这种局限性体现在胡塞尔的直观无法覆盖所有的现象(现象溢出了直观),而对于亨利,它则体现在无法跨越那种方法通过意向性所给予的显现者(ce qui appaît)与显现本身之间的距离。亨利认为:"对于现象的分析在现象中区分出,一

---

① J. -L. Marion. *Réduction et Donation. Recherches sur Husserl, Heidegger et la Phénoménologie*. p.321. 在关于灵肉方面,多少有些让人感到奇怪的是,马里翁没有提到梅洛-庞蒂。也许,这种对于后者的忽视恰恰表明了一种未能达到后者深度的不及。

② J. -L. Marion. *Réduction et donation. Recherches sur Husserl, Heidegger et la Phénoménologie*. p.322.

③ J. -L. Marion. *Réduction et donation. Recherches sur Husserl, Heidegger et la Phénoménologie*. p.323.

④ 在这种被称为"现象学的神学转向"的特征方面,马里翁与亨利可算得上是亲兄弟了,甚至可以看到他们的观点常常有相互的重叠。在探究"自我-呈现"方面,亨利以其生命现象学显示了比马里翁更大的系统性。

方面是显现者，另一方面是显现这个事实。换一种说法，现象的概念是双重的，同时既是本体的又是现象学的。从本体的观点看，现象表示显现着的东西，这张桌子，这个命题，这种记忆。然而现象的本体性内容，常识在这个名称下所意指的东西，绝没有穷尽它的概念，这概念除了这种特殊的内容还蕴涵着它的现象性，即它自身显现出来并且以此方为现象这一事实。”①这种理解使得他与马里翁一样地抛弃了胡塞尔的“一切原理的原理”，并开始强调给予性，将这种给予性理解为——看来只有这样才能够满足**内在性**的要求——作为事实的显现本身（le fait d'apparaître）或现象性。亨利由此看到了海德格尔的“存在”的终极性，并像后者那样将它理解为“朝向实事本身”中的那个“实事”。②但在胡塞尔那里，

> 显现与存在的联系远未在直观中被建立，而是在这一点——即在出自于显现的现象中，尤其是在明见性中，存在既未呈现亦未被给予，而是相反被排除或不如说取消了——上完全中断了。因为要求存在在直观中，并且如果可能的话，在它作为明见性的完成了的形式之下，给出自身，这事实上就是否定存在不被直观或不是可直观的可能性，就显现从而存在由生命之中汲取的原本的本质来说，这最终是否定其单纯的“实存”。第二条原理，其实是第一条，乃是一种谋杀。③

---

① M. Henry. *Phénoménologie de la Vie, tom. 1: De la Phénoménologie*. p. 83.

② 所以在这句引文的最后，亨利也按照海德格尔对于 Erscheinung 和 Phänomen 的区分将“显现”这一事实说成是“现象”。

③ M. Henry. *Phénoménologie de la Vie, tom. 1: De la Phénoménologie*. p. 87. 引文中的“第一个原理”与“第二个原理”分别指“有多少显现，就有多少存在”和“[一切]原理的原理”（见前面注释 7）。

在亨利看来，这是必然的结局，因为明见性的内容本身的根据并不明见。而且，就这一根据意味着，如我们在前面便已经指出的，阐明上述三种还原的结果的"共同根基"——在胡塞尔那里，这个根基如果是可能的话，那只能是超绝自我——来说，亨利认为，胡塞尔已经遭受到了失败："如果将所有本体论都归属于超绝自我，胡塞尔的现象学当其要对这个'自我'的'存在'或那能够替代它的东西加以限定时，就表现出完全失效了，这并非偶然的。"[①]这不是偶然的，正是因为要探究的东西本身并不明见。但这并不是放弃现象学的而是需要一种不同的现象学的理由。这种不同的现象学就是亨利的生命现象学。它要探究本原的显现或**显现本身**，也就是显现的根据，则这个根据只能是自我显现，如果不想陷于无限倒退的困境的话。但自我显现在惯常的逻辑中是悖谬的，就如"自因"一样。对于这样一个东西的探求的困难性，从亨利、马里翁不断地给它以不同的名称就多少可以体会出来："**自-给予**(auto-donnation)""自-显现(auto-apparaître)""自-呈现(auto-manifestation)""自-激动(auto-affection)"以及"自-产生(auto-génération)""自-印象性(auto-impressionnalité)"，直到"自-启示(auto-révélation)"，等等。有趣的是，这个有着众多名称的东西其实却是"无名的"[②]。这就迫使亨利(以及马里翁)从《圣经》中去寻找对于它的启示，例如："道成肉身(le Verbe s'est fait chair)"，从而使得现象学有了"神学的转

---

① M. Henry. *Phénoménologie de la Vie, tom. 1: De la Phénoménologie*. p. 90.

② "这(大写的)名字——我们必须居于其中而不言，但却让我们自己在那里言说它，给它命名和称呼它。"(Marion, Jean-Luc. *De Surcroît — Etudes sur les Phénomènes Saturés*. Paris: PUF. 2014. p. 195)。这不禁让我们想起了老子的"名可名，非常名"。

向”。[1]换言之,这种“新现象学”以不同于海德格尔的另一种方式,同样地背离了**超绝哲学的构成性路线**。以这种方式虽然对于因为自身的有限而怀着挥之不去的“理性恨”的我们的心灵有着某种抚慰的作用,但却无法达到超绝哲学,因此也是哲学自身的理想境界,那就是如康德、胡塞尔所追求的那样,构成性地理解世界从而人本身。

四

因此,因为给予性而抛弃“一切原理的原理”并非明智的做法。马里翁等看到的胡塞尔直观方法或原则的诸多困难只能说明这个“一切原理的原理”在胡塞尔那里未能达到其本来可以也应该达到的效果,即胡塞尔的真正问题并非出自直观对现象来说是贫乏的,而是没有能够获得真正本源的直观。这种直观,这种自身无前提的本源的明见性不可能是别的而只能是康德所设想的感性与知性的“共同的根基”。基于它方能实现的超绝构成论,将使“对象的二(多)重性问题”迎刃而解,从而**构成性地说明显现与显现者之间的关系**。只有在这种时候,“超绝观念论=经验实在论”这个公式也才获得其真正的解。

我们这样说,绝非是在出具一张空头支票。在这里,虽然无法将这个“真正的解”和盘托出,但我们还是乐于对此给出一点提示。让我们回过头来再看看一开始所引的康德在第一版《纯粹理性批判》中所说的那段话,特别是其中最后一句:“他可以承认物质的实存,而并不超出单纯的自我意识,也不

---

① 参见 Henry, Michel. *Incarnation. Une Philosophie de la Chair*. Paris: Seuil, 2000,《Conclusion (Par-delà Phénoménologie et théologie: l'Archi-intelligibilité johannique)》。

假定除了我里面的表象的确定性，因而除了 cogito, ergo sum 以外的更多的东西。因为，既然他承认这种物质甚至物质的内部的可能性都只是现象，这现象离开了我们的感性就什么也不是：那么物质在他那里就只是一种表象方式（直观方式），**这些表象叫作外部的，不是说它们似乎与自在的外部对象本身有什么关系，而是由于它们把知觉与空间联系起来，在空间中一切都是相互外在的，但它本身，即空间，却是在我们里面的**[着重是引者所加]。”这就提示我们，一个彻底的超绝观念论，也就是“超绝观念论＝经验实在论”这个公式在其中能够获得真正的解的观念论，其中物质的实存，或者说经验的实在性，完全在于作为直观形式的空间，虽然后者自身是“在我们里面的”，也就是属于灵魂的。将这个意思与笛卡尔当年在《第一哲学沉思集》的“第六沉思”中关于外部世界（不同于思维的广延实体）的证明相比较，不难看出它们内在的一致性。尤其是这种一致性是基于本身作为（纯粹）直观的**广延**（空间）的。因此，只要我们能够克服一个叫做“灵魂的广延悖论”的困难，一个彻底的超绝观念论就不仅可能而且是现实的了。①

① 参见 Marion, Jean-Luc. *Sur la Pensée Passive de Descartes*. Paris: PUF. 2013. p. 158.。事实上，这个困难以及它与一种彻底的观念论的对应，在 1643 年 6 月 28 日笛卡尔写给伊丽莎白公主的信中就已经谈到过（见 Descartes. *Œuvres de Descartes*, tom. III. publiées par Ch. Adam & P. Tannery. Paris: J. Vrin. 1996. p. 694.）。

真理与在场
——胡塞尔与笛卡尔的真理观

梁家荣
（香港中文大学哲学系）

一、现象学作为整个近代哲学的隐秘渴望

在现今的哲学史书写中，胡塞尔被视为当代思想之开端，要远多于被视为近代哲学之殿军。正如斯泰伊提所言："数十年来，人们惯于阅读胡塞尔以猎取后来的存在论诠释学与解构主义之潜藏种子。"[①]这种看法尽管无可厚非，但如果读者因此以为，胡塞尔本人与深受他所启发的当代哲学家例如海德格尔与德里达等人一样，以"克服"传统哲学的理想为职志，则不免便误解了胡塞尔的初衷。从胡塞尔本人看来，现象学与其说"克服"不如说"完成"了现代哲学自笛卡尔以来所欲达成但却一直未能达成的目标。从其在晚年作品《笛卡尔式的沉思》中，仍然认为现象学几乎能称为"一种新的笛卡尔主义"(Neu-Cartesianismus)[②]，已足见在胡塞尔眼中现象学与现代

哲学精神纽结之深。《纯粹现象学和现象学哲学的观念》第一卷下面这段有名的话，可供我们进一步领会胡塞尔的看法：

> 因而我们可以理解，现象学可以说是一切近代哲学的隐秘的憧憬。具有令人惊异的深刻性的笛卡尔的基本性思考已迫近现象学；然后它又出现在洛克学派的心理主义中；休谟几乎踏上了它的领域，但失之于盲目性。而第一位正确地瞥见它的人是康德，他的最伟大的直观，只有当我们通过艰苦努力对现象学领域的特殊性，获得其清晰认识以后才能充分理解。[3]

这段话的关键词是“隐秘的憧憬(die geheime Sehnsucht)”。何谓“隐秘的憧憬”？何以说现象学是“一切近代哲学的隐秘的憧憬”？倪梁康对上面引文第一句的翻译稍有不同：“因此可以理解，现象学仿佛是整个近代哲学的隐秘渴望。”[4]这个译法应该说是更贴合原义的。[5]“憧憬”一词通常指对将来的期盼，尤以美好愿望居多。但 Sehnsucht 却不单纯是盼望，而

---

① Staiti, Andrea. *Husserl's Transcendental Phenomenology: Nature, Spirit and Life*. Cambridge: Cambridge University Press. 2014. p. 1—2.

② Husserl, Edmund. *Cartesianische Meditationen und Pariser Vorträge*. *Husserliana* I. Hrsg. S. Strasser. Dordrecht: Kluwer Academic Publishers. 1991. S. 43.

③ Husserl, Edmund. *Ideen zu einer reinen Phänomenologie und phänomenologischen Philosophie*. Erstes Buch. *Husserliana* III/1. Hrsg. K. Schuhmann. The Hague: Martinus Nijhoff. 1976. S. 133. 胡塞尔：《纯粹现象学通论：纯粹现象学和现象学哲学的观念》第一卷，李幼蒸译，北京：商务印书馆，1992 年，第 160 页。

④ 倪梁康：《意识分析的两种基本形态——发生现象学的莱布尼茨道路》，载《学术月刊》，2021 年，第 8 期，第 10 页。

⑤ 胡塞尔此书至今共有三个英译本，三者对这句话的翻译都不一样。有关 Sehnsucht 一词之英语翻译，可参看 Cerbone, David R. （转下页）

更多是如饥似渴的欲求，甚至可以说是近乎病态的执着。① 胡塞尔采用 Sehnsucht 一词来表达近代哲学之渴求，虽不必以之为疾病，却也隐然暗示这绝非不痛不痒的期盼。

胡塞尔在《哲学作为严格的科学》一开始便指出："自最初的开端起，哲学便要求成为严格的科学。"②现代哲学固然亦继承了这个从胡塞尔看来可谓与哲学事业相始终的"对严格科学之意求（Wille zu strenger Wissenschaft）"或"科学趋求（Wissenschaftstrieb）"。③但与前现代哲学不同的是："它不愿幼稚地投身于哲学的趋求，而宁可通过批判性反思的手段，在对方法的日趋深入的研究中，将自己构建成一门严格的科学。"④重视方法上的反思，甚至将之看作通达严格科学之必

（接上页）"Phenomenological Method and the Achievement of Recognition: Who's Been Waiting for Phenomenology?" In *The Cambridge Companion to Philosophical Methodology*, eds. G. D'Oro & S. Overgaard. Cambridge: Cambridge University Press. 2017. p. 295—316.

① 其中 Sucht 这个字根原来就有"疾病（sickness）"之义，现在德语的一些复合词也仍然保留了其病态涵义，例如：Alkoholsucht（酒瘾）、Magersucht（厌食症）。在诺尔道（M. Nordau）1892—1893 年出版的两卷本著作《歪变》（*Entartung*）中，最重要的一章名为"自我狂（Ich-sucht）"，作者清楚表明他用此词来表达一种"病患（ein Kranker）"，参看 Nordau, M. *Entartung*. Band 2. Berlin: C. Duncker. 1893. S. 7. 此书的英译本在 1895 年出版，当时备受瞩目。译者将 Ich-sucht 翻译为 ego-mania，以 mania 来对应德语的 Sucht，亦凸显其病态涵义，参看 Nordau, M. Degeneration. trans. H. Fertig. London: W. Heinemann. 1895.

② 胡塞尔：《哲学作为严格科学》，倪梁康译，北京：商务印书馆，2010 年，第 2 页。

③ Husserl, Edmund. "Philosophie als strenge Wissenschaft". In *Aufsätze und Vorträge* (1911—1921). *Husserliana* XXV. Hrsg. T. Nenon & H. R. Sepp. Dordrecht: Martinus Nijhoff. 1987. S. 6—7. 胡塞尔的这些用词不难令人联想到尼采所谓"对知识之意求"（Wille zum Wissen）（例如：*Jenseits von Gut und Böse*. §24. Kritische Studienausgabe. ed. G. Colli & M. Montinari. Berlin: de Gruyter. 1999. S. 41）或"对认识之趋求"（Trieb zur Erkennniss）（例如：Ibid., S. 20）

④ 胡塞尔：《哲学作为严格的科学》，第 2 页（译文有改动）。

要手段，构成了近代哲学的一大特色。[1]不过，在胡塞尔看来，从笛卡尔到康德整个近代哲学的努力都徒劳无功，始终未能取得到其所汲汲渴求的、能使哲学得以成为严格科学的方法："但这些努力的唯一成熟结果是严格的自然科学和精神科学的建立与独立，以及各门新的纯粹数学学科的建立与独立。在这种现在才凸现出来的特殊意义上，哲学本身却仍然一如既往地缺乏严格科学的特征。"[2]胡塞尔对"严格科学"这个哲学的传统追求是完全认同的，同时他也承袭了近代哲学对方法论的高度重视。他声言"现象学仿佛是整个近代哲学的隐秘渴望"，无非是因为他自信自己所奠定的现象学乃实现整个近代哲学的理想之不二法门。换言之，"现象学"一词所代表的恰恰就是整个近代哲学所渴求寻觅而不得的、据以通达严格科学的方法。

二、《第六研究》对真理之界定

事实上，胡塞尔不但在哲学趋求上与近代哲学家契合无间，而且在概念使用上与之亦有千丝万缕之关系。"真理"概念便是其中一例。我们在下文将集中比较胡塞尔与笛卡尔两人的"真理"概念，并试图显示胡塞尔对笛卡尔的继承。在本节中，我们将首先展示胡塞尔对"真理"之理解。就现象学的奠基之作《逻辑研究》而言，最系统的阐释出现在《第六研究》第五章。在胡塞尔于此对"真理"之界定中，有三个概念最为关键：充实、相即与明见。他首先在第 37 节通过对充实增长

① 海德格尔也有相同的看法，参看 Heidegger, Martin. *Einführung in die phänomenologische Forschung*. GA17. Frankfurt/Main: Klostermann. 1994. S. 127.

② 胡塞尔：《哲学作为严格的科学》，第 2 页。

和最终的充实之讨论而引入“相即”概念：

> 所以，对可能的充实关系的考虑表明，充实增长的终极目标在于：完整的和全部的意向都达到了充实，也就是说，不是得到了中间的和局部的充实，而是得到了终极的和最终的充实。这个终结的表象之直观内涵就是可能充盈之绝对总和；直观的代现者就是对象自身，如其自己所是。代现着的内容与被代现的内容在这里是同一的。在一个表象意向通过这种理想的完满的感知而达到了最终的充实之处，于此真正的“事物与理智之相即（*adaequatio rei et intellectus*）”就得以产生：对象之物是恰如那个被意指的东西，现实上“当前的（gegenwärtig）”或“被给予的”；不再有任何缺乏充实的局部意向被含蕴。①

接着，胡塞尔在第38节通过“相即”来界定“明见”概念：“相即之理想交出明见。”②“明见”一词所翻译的德语是Evidenz，此词与英语evidence字形接近，但含义却很不相同，极为容易引起误解。对于两者的区别，赫费南有如下的扼要论述：“Evidence不同于Evidenz。英语evidence在认识论上的意义反映其法律含义，即能使某人看到某事为如此的事物。德语对此的用词是Beweismittel（按：以汉语来说即“证据”）。德语Evidenz指看到或显示某事为如此，不是指所予（given）而是指给予（giving），不是指存在者而是指活动，不是指成品

---

① Husserl, Edmund. *Logische Untersuchungen*. Zweiter Band. *Husserliana* XIX. The Hague: Martinus Nijhoff. 1984. S. 647.（此书以下简称Hua XIX）。本文中译皆基于以下译本，间有改动，下文不再一一注明：胡塞尔：《逻辑研究》第二卷，倪梁康译，北京：商务印书馆，2017年。

② Hua XIX. S. 651.

而是指过程。"[①]要真正掌握 Evidenz 在胡塞尔现象学中的意义，我们就必须时刻谨记 evidence 与 Evidenz 这种微妙的差别。换以中文的方式来表达，我们可以说，evidence 指证据，而 Evidenz 则指见证。

依从德语以 Evidenz 为"活动"之义，在胡塞尔的界定下，"明见"实际上是指一种特定的意识行为、一种特别的"见"。此外，我们也需要留意，即使就胡塞尔而言，"明见"也可有宽松与严格意义之分。他在第 38 节明白指出，在其严格的意义上，也就是"在认识批判的确切意义上"而言，"明见"指向"最终的完满性理想"，亦即"相即感知之理想""对象之完全自身显现之理想"。[②]在此严格意义下，"明见"乃指"这种最完满的充实综合行为，它给予意向（例如、判断意向）以绝对的内容充盈，即对象自身之绝对的内容充盈。对象不是仅仅被意指，而是在最严格的意义上被给予，就像它被意指那样，与意指合一。"[③]换言之，明见是一种复杂行为，它涉及两种不同类型的行为，由它们"综合"而成。在明见这种复杂行为中，我们看到或见证到其中所涉的两种行为各自所指向的对象是同一的："对象之物是恰如那个被意指的东西。"

到了这节末尾，胡塞尔则通过"明见"概念来带出"真理"。充实综合行为亦可称为"认同行为"，两者的分别在于，"充实"一词是从行为一面而言，而"认同"则是从对象一面而言："换言之，在现象学上，从行为方面来看被描述为充实的东西，从两边的客体即被直观的客体一边和被思维的客体一边来看，

---

① Heffernan, G. "Truth and evidence". In *The Routledge Handbook of Phenomenology and Phenomenological Philosophy*, eds. D. De Dantis, B. C. Hopkins & C. Majolino. London: Routledge. 2021. p. 412.

② Hua XIX. S. 651.

③ Hua XIX. S. 651.

则可以被表达为同一性体验、同一性意识、认同行为。"①认同行为也是客体化行为,有其自身之客观相关物。胡塞尔于此指出,真理便是明见这种认同行为之客观相关物:"像任何一种认同一样,明见是一种客体化的行为,它的客观相关物就叫作'真理意义上的存在',或者也叫作'真理'。"②简言之,真理就是明见行为之所见。

不过,在胡塞尔眼中,第 38 节之末所界定的真理,显然并不是"真理"一词的唯一意义。他接着在第 39 节区分了"真理"之四义:

(1)"真理"指"一种同一性:被意指之物和被给予之物本身之间的完全一致(Übereinstimmung)"。这意义上的"真理"是"一个相合的认同之相关物"。③据上第 38 节可知,这里所指的"相合的认同"行为即是在确切意义上的明见。换言之,在"同一性"或"一致"意义上的"真理"就是明见之相关物,因此胡塞尔在这里说:"就明见是相即认同之现时作成(Vollzug)来说,这种一致是在明见中被体验到。"④由此看来,这意义上的"真理"应该即等于第 38 节所界定的真理。然而,胡塞尔在第 39 节却没有将这意义上的"真理"等同于"存在","存在"这个标签反而被赋予下述第三个"真理"概念。

(2)"真理"指绝对相即本身之观念,亦即"经验上偶然的明见行为之认识的和被把握为观念的本质"。⑤简单来说,这意义上的"真理"就是从本质的维度来看的明见行为。这意义上的真理与第一意义的真理处于意向相关项之关系。用后来

---

① Hua XIX. S. 568.
② Hua XIX. S. 651.
③ Hua XIX. S. 651—652.
④ Hua XIX. S. 652.
⑤ Hua XIX. S. 652.

《观念》第一卷的术语来说，第一意义的真理是就其"所虑思的(noematisch)"方面而言，而第二意义的真理则就其"作虑思的(noetisch)"方面而言。正如图根哈特(E. Tugendhat)所指出："通过在所虑思上理解一致并在作虑思上理解相即，现在胡塞尔区分了'相即'与'一致'。"①其实，在《第六研究》较早的部分，胡塞尔已经显示他是以行为的意义来理解"相即"一词："我们之所以可以不仅将符号行为与直观行为，而且也可以将相即，即充实统一标示为一种行为，正是因为相即具有一种它所特有的意向相关项、一种它所'指向的'对象之物。"②据此，相即其实即一种充实统一行为。在这个意义上，"明见"与"相即"两词的外延是重叠的。不过，从第39节看来，"相即"似乎特别用来指在相合的认同行为中"相合的行为之认识本质之间"的关系。③

(3)"真理"指在上述充实综合行为中透过提供充盈的直观而"被给予的对象"。在终极的充实综合行为中，被意指之物和在直观中被给予之物完全一致，这时候被给予的对象即是"充盈自身"，它"也可以被称为存在、真理、真实之物"。④充盈是直观行为所特有的成分："'充盈'表明自己是一个直观行为所具有的相对于质性和质料而言新的、以补充的方式特别从属于质料的因素。"⑤因此，这意义上的"真理"不再指两种行为之相合，而是专指直观行为在相合中所带来的贡献。在最完满的充实综合行为中，它所提供的是"理想的充盈"，此

① Tugendhat, Ernst. *Der Wahrheitsbegriff bei Husserl und Heidegger*. Berlin: Walter de Gruyter. 1970. S. 91—92.

② Hua XIX. S. 568.

③ Hua XIX. S. 652.

④ Hua XIX. S. 652.

⑤ Hua XIX. S. 600—601.

时对象“完全自身显现”。尤其值得注意的是，胡塞尔于此提出，这意义上被称为真理者之所以被称为真理，是因为它“被体验为使之为真的(als wahrmachender)对象”。[①] 换言之，这意义上的真理之所以为真理，是因为它是真理之根据、基础或所依。

(4) “真理”指意向之正确性(Richtigkeit)，亦即“其相即于真实的对象”或“种类义(*in specie*)的意向之认识本质之正确性”。[②] 上一意义的真理以相即中直观行为一面而立言，而这个意义的真理则相反以相即中意指行为一面而立言。如果单限于判断意向行为(相对于称谓行为)而言，这意义上的真理就是指逻辑意义上的判断亦即命题(Satz)之正确性：“命题‘对正于’(‘richtet’ sich nach)事物自身。”[③]这意义上的真理奠基于上一意义的真理。胡塞尔将这意义上的真理表达为“相即于真实的对象”，已经表明这意义上的“真理”概念预设了第三个“真理”概念(等于“真实之物)。胡塞尔谓第三个意义的真理“被体验为使之为真的对象”，他所谓“使之为真”其实就是指使得第四个意义的真理成为真理：一个命题之所以是正确的、真的，乃由于它“对正于”自身显现的对象之物。

在第 39 节较后的部分胡塞尔又将上述“真理”的四义分为两组：(2)和(4)为一组，涉及“行为自身之一边”；(1)和(3)为另一组，涉及其“对象相关项”。[④] 在《第六研究》中，胡塞尔似乎更倾向于把“真理”一词用在前一组行为一边：“与此相符，根据(2)和(4)，我们将真理界定为相即之观念或者客体化的设定和含义之正确性。”至于后一组对象相关项一边，胡塞

① Hua XIX. S. 652.

② Hua XIX. S. 653.

③ Ibid.

④ Hua XIX. S. 655.

尔则更倾向称之为“存在”：“这样，在真理意义上的存在便可以根据(1)和(3)而被限定为在相即中同时被意指和被给予的对象之同一性但也可以(这更符合这个词的自然意义)被限定为可相即地被感知之物，这个被感知之物与任一借此而成为真的(相即地被充实的)意向有着不确定的联系。”①

三、笛卡尔的“真理”概念

笛卡尔也在多于一个意义上来使用“真理”一词。虽然笛卡尔没有像胡塞尔那样，曾对“真理”之歧义性提出明确的分析，但根据学者的研究，“真理”在笛卡尔的论述中至少可区别出三个不同的意义：②

(1) “真理”意即“存在”。这个意义下的“真理”可以称为形而上意义的真理。笛卡尔在一封写于1649年致克劳德·克莱尔色列(Claude Clerselier)的书信中说：

> 真理在于存在(l'être)，而虚假仅在于非存在(non-être)；因此，把握一切存在的无限观念便把握事物中所有的一切真理，而不能有任何虚假。③

(2) “真理”指“思想与对象之吻合”。这个意义下的“真理”，可以称为关系义的真理。笛卡尔在一封写于1639年致

---

① Hua XIX. S. 655.

② 参看 Nelson, A. "Early Modern Theories of Truth". In *Oxford Handbook of Truth*, ed. M. Glanzberg. Oxford: Oxford University of Press. 2018. p. 76—80。

③ Descartes, R. *Oeuvres de Descartes*. ed. C. Adam & P. Tannery. Vol. 5. Paris: Léopold Cerf. 1903. p. 356.

马林·梅森(Marin Mersenne)的书信中谓:

> 因此,人们能跟那些不懂得语言的人解说言词所指,跟他们说真理这个字在其本义上指思想与对象之吻合(la conformité de la pensée avec l'obiet),但当人们将之用于思想以外的事物时,它仅意谓这些事物能充当真的思想之对象,不论是我们的抑或是上帝的。①

(3) 真理指"真的思想",特别是"真的判断"。这个意义下的"真理"可称为观念义的真理。笛卡尔在《第四沉思》讨论错误之根源时,便将"真"用于判断:

> 因此,我理解到错误就其为错误而言并不是依赖于上帝的实在之物,而仅仅是缺失,因而我堕入错误也不需要有某个由上帝赋予以此为目的之机能,错误之发生乃由于我得自上帝的、判断真之机能在我而言不是无限的。②

从上面(2)的引文可见,笛卡尔认为"思想以外的事物"之被称为"真理",仅仅意味着它们是"真的思想之对象",这似乎表示形而上意义的真理是衍生,其意义为"真的思想"所界定。③然而,如果形而上意义的真理衍生自观念义的真理,那么关系义的真理又如何呢? 存在的事物之所以称为"真理"乃由于它

---

① Descartes, R. *Oeuvres de Descartes*. ed. C. Adam & P. Tannery. Vol. 2. Paris: Léopold Cerf. 1898. p. 597.

② Descartes, R. *Oeuvres de Descartes*. ed. C. Adam & P. Tannery. Vol. 7. Paris: Léopold Cerf. 1904. p. 54.

③ 参看 A. Nelson, "Early Modern Theories of Truth", p. 77。

们是真的思想之对象，而真的思想之所以称为“真理”，则由于它们与事物“吻合”。换言之，观念义的真理由“吻合”概念所界定。因此，尽管“真理”一词用法有歧义，笛卡尔仍然明确表明：“真理这个字在其本义上指思想与对象之吻合”。

比较上面所举三点与第二节所列的四义，不难发现笛卡尔与胡塞尔两人在对“真理”理解上之一致性。事实上，上面所区分的“真理”在笛卡尔那里的三个不同意义，大体上对应第二节所指出胡塞尔在《第六研究》所区分的“真理”四义中的三个意义：

(1)&(三)：笛卡尔与胡塞尔皆认为在这一个意义上“真理”等于“存在”。

(2)&(一)：以“相即”来界定“真理”，非胡塞尔之创见，其历史久远，最少可以追溯至阿奎那，胡塞尔只是对之提出了再诠释。如第二节所指出，若精细言之，则胡塞尔对于充实综合行为，又分开了从所虑思与作虑思两方面而言，前者它称为“一致”，后者才叫作“相即”。但若笼统言之，则胡塞尔亦把所虑思的一面叫作“相即”，例如，《第六研究》第37节便说：“于此真正的‘事物与理智之相即’就得以产生：对象之物是恰如那个被意指的东西。”以此义而言，则胡塞尔所谓“相即”恰恰对应笛卡尔所谓“吻合”。其实，“吻合”同样是一个历史悠久的术语。在阿奎那对真理之讨论中，“相即”与“吻合”两词恰恰一同被用来界定“真理”：“因此，这便是真加诸存在者之上的东西，即：事物与理智之吻合或相即(conformitatem sive adaequationem)；如前所述，对事物之认知跟随吻合而来。”①

(3)&(四)：胡塞尔所谓“意向”对应笛卡尔所谓“思想”。

---

① Aquinas, Thomas. *De Veritate*, q. 1, a. 1. resp. *Opera Omnia*, ed. Leonine, vol. 22.1, p. 6.

在此意义下，他们两人都将“真”用于判断之上。

然而，我们却不能单单因为胡塞尔与笛卡尔对“真理”之理解有上述的一致性，便匆匆断言胡塞尔的“真理”概念继承自笛卡尔。这是因为，这种大体上的一致性也出现在他们与其他哲学家之间。例如，阿奎那对“真理”之理解亦可说与上面三点一致。正如笛卡尔所指出，“思想与对象之吻合”原来就是“真理”一词的“本义”，此本义乃系于语言之使用，而非某位哲学家之思想。至于事物与思想，则是因为处于这种“吻合”关系之两端而亦称为“真理”，正如处于“兄弟”关系两端的人亦称为“兄弟”。如果胡塞尔的“真理”概念确实有继承自笛卡尔的地方，必须在他们更独特的思想中去寻觅。

四、《逻辑研究》中的“清楚性与分明性”

在笛卡尔对真理之论述中，最具特色者莫过于他在《第三沉思》就清楚和分明的知觉与真理之关系所提出的“规则”：

> 我确定的是：我是思维的事物(rem cogitantem)。……诚然，在此第一认识中，无非只有对我所肯断的东西之某一清楚的和分明的知觉(clara & distincta perceptio)；假如曾几何时能发生这样的事，即：我清楚地和分明地知觉的东西竟是假的，则诚然这样的知觉会不足以使我确定事物之真理。然而，我现在似乎能树立此一般规则：凡我所极清楚地和分明地知觉者，一切皆是真的。①

① Descartes, R. *Oeuvres de Descartes*. ed. C. Adam & P. Tannery. Vol. 7. Paris: Léopold Cerf. 1904. p. 35.

以清楚性与分明性为认识论之基本术语不必以笛卡尔为始，但论对近代和现代哲学之影响力，则当以笛卡尔为先。① 笛卡尔于此提出，清楚的和分明的知觉足以用为真理之判准。② 换言之，在笛卡尔看来，清楚的和分明的知觉与真理之间有某种必然的联系。诚然，从其提出以来此看法即不乏批评者（例如莱布尼茨）③，但仍无可否认它深刻地影响了近代哲学其后对真理之讨论。

胡塞尔显然亦在其影响范围之内。就在《逻辑研究》第二卷引论的第 1 节，也就是全书开端的部分，胡塞尔便已经运用到"清楚性与分明性"这一术语：

> 另一方面，现象学打开了"涌现出"纯粹逻辑学的基本概念和观念规律的"泉源"，只有在把握住这些基本概念和观念规律的来历的情况下，我们才能赋予它们以"清楚性与分明性（Klarheit und Deutlichkeit）"，这是认识批判地理解纯粹逻辑学的前提。④

---

① 参看 Nawar, T. "Clear and Distinct Perception in the Stoics, Augustine, and William of Ockham." *Aristotelian Society Supplementary* 96. 2022. p. 185—207; van de Pitte, F. "Intuition and Judgement in Descartes' Theory of Truth." *Journal of the History of Philosophy* 26. 1988. p. 458。

② 对于这段话除了提出真理之判准外，是否还包函其论证，学者是有争论的，参看 Bennett, J. "Truth and Stability in Descartes' Meditations." *Canadian Journal of Philosophy* 20. 1990. p. 91ff; Newman, L. "The Fourth Meditation." *Philosophy and Phenomenological Research* 59. 1999. p. 579ff。

③ 参看 Gewirth, A. "Clearness and Distinctness in Descartes." *Philosophy* 18. 1943. p. 17—36; LoLordo, A. "'Descartes's One Rule of Logic': Gassendi's Critique of the Doctrine of Clear and Dinstinct Perception." *British Journal for the History of Philosophy* 13. 2005. p. 51—72。

④ Hua XIX. S. 7.

胡塞尔在这段文字中尽管没有提到笛卡尔的名字，但他特别将“清楚性与分明性”一语置于引号之内，显然意有所指，熟悉近代哲学历史的读者不难马上便联想到其最著名的使用者笛卡尔。事实上，跟笛卡尔一样，“清楚性与分明性”在胡塞尔那里亦同样肩负着最基础的认识论批判功能。他在这里明确指出，基本概念和观念规律之“清楚性与分明性”是对纯粹逻辑学作认识论批判之前提。当然，如果唯有现象学才能打开一切基本概念与观念规律之泉源，而它们之“清楚性与分明性”又惟有在回溯至其泉源之情况下才能达成，则纵使笛卡尔已经认识到“清楚性与分明性”对认识论批判之根本重要性，他还是没法落实他的“一般规则”。由此我们亦可看到，何故胡塞尔会认为现象学是近代哲学的“隐秘渴望”。

如果说在上面的引文中，胡塞尔犹未明确谈到“清楚性与分明性”和真理之关系，那么在第二卷引论的余下部分，两者的关系便已经呼之欲出。胡塞尔在引论第 2 节指出：“任何逻辑之物，只要它应当作为研究客体而为我们所拥有，并且使建基于它之中的先天规律的明见得以可能．那么它们就必定是在具体的充盈中被给予的。”[①]然而，这里所描述的仅仅是其“应当”之情况，实际上逻辑之物最初并非如此被给予我们的：“逻辑之物起先是以一种不完善的形态被给予我们的：概念是作为或多或少动摇不定的语词含义被给予我们，规律则因由概念构成而作为同样动摇不定的论断被给予我们。”[②]在胡塞尔看来，对逻辑学从事认识批判之最终任务，正在于把逻辑之物从不完善的形态下被给予我们转而为“在具体的充盈中”被给予我们，而这恰恰就是现象学所能带来的贡献：

---

① Hua XIX. S. 9.

② Ibid.

> 因此逻辑观念的这种被给予状态以及在它们之中构造起来的纯粹规律的被给予状态是无法令人满意的。由此而产生出使逻辑的观念、概念和规律达到认识论上的清楚性与分明性的重大任务。而现象学的分析便起步于此。①

胡塞尔于此再度用上了"清楚性与分明性"一语。在当前的脉络中,最值得注意的是,"清楚性与分明性"一语与上面的"具体的充盈"一语遥相呼应。在上面,胡塞尔表示,在应当的或者理想的情况下,逻辑之物要成为我们的研究客体,则"必定是在具体的充盈中被给予的";而于此,胡塞尔则指出,对逻辑学从事认识批判之重大任务,在于把逻辑之物(即:"逻辑的观念、概念和规律")达到"认识论上的清楚性与分明性"。由此可推断,在胡塞尔看来,使逻辑之物达到"清楚性与分明性"其实就是使它们"在具体的充盈中"被给予。"清楚性与分明性"一语自笛卡尔使用以来,早已成为近代哲学的共法,而"充盈"则是胡塞尔现象学中的核心术语,属于他的一家之言。因此,此两语之前后呼应,可以视为胡塞尔对"清楚性与分明性"概念所提出的现象学解释。②

如果说在引论第 2 节中"清楚性与分明性"和"充盈"仍然只是遥相呼应,那么在引论第 7 节,也就是其最后一小节中,胡塞尔则可谓已将它们的关系和盘托出。他于此这样描述"形式的认识论"之性质:

> 它并不想在心理学或心理-物理学的意义上说明(erklären)认识、说明客观自然中的事实性(faktische)事

① Hua XIX. S. 9.

② 值得一提的是,"具体的充盈"一语在《逻辑研究》第二版才出现,代替了第一版中"主观的实现(subjektiver Realisation)"一词。

件，而是想根据其构造因素或规律阐明（aufklären）认识的观念；它并不想探究事实的认识行为所处于其中的那些并存和演替的实在关系．而是想理解认识的客观性在其中得到表明的那些特种关系的观念意义；它想通过向相即充实的（adäquat erfüllende）直观的回复而使纯粹的认识形式和规律提升至清楚性与分明性。①

上面引论第 2 节的段落，语境是对逻辑学从事认识批判，因此专就逻辑之物而言。而这里语境则是形式的认识论，笼统地论述一切"纯粹的认识形式和规律"。但无论语境之宽狭，胡塞尔对认识批判目标之陈述，前后是完全一致的，即：必须把批判对象提升至具有清楚性与分明性。于此，胡塞尔则同时明确提出如何能达成这个目标，即：通过向相即充实的直观的回复。如果说笛卡尔在《第三沉思》中透过"清楚的与分明的知觉"之概念来提供"真理之判准"，那么可以说胡塞尔在上引段落中透过"相即充实的直观"之概念来提供"清楚性与分明性"之判准。笛卡尔提出：凡我所极清楚地和分明地知觉者，一切皆是真的；而从胡塞尔看来则可以说：凡在相即充实的直观中被给予者，一切皆是清楚的与分明的。

我们在上文指出，在胡塞尔那里，"相即""充实"和"充盈"这些概念与"真理"有密切的关联。但毕竟，它们的关系要等到《第六研究》，胡塞尔才把清楚展现出来。因此，就《逻辑研究》第二卷的引论而言，即使"清楚性与分明性"跟"充盈"或"相即充实"之联系已彰明，但"清楚性与分明性"跟真理之关系却犹未朗现。这得等到《第一研究》第一章第 15 节。于此，胡塞尔在解答"表达意味什么"的时候说：

---

① Hua XIX. S. 27.

> 一个表达意味着什么，在这个问题上我们当然要回溯到这样一些案例上。在这些案例中，表达在行使着现时的认识作用，或者换言之，表达的含义意向借助直观而得到充实。以此方式，“概念表象”（即含义意向）获得其“清楚性与分明性”，它证实自己是“正确的（richtig）”，是“现实（wirklich）”可行的。①

在西方哲学史上，真理长久以来一直被界定为“正确性”。安塞尔姆（Anselm）在其著作《论真理》（*De veritate*）中便提出，以陈述而论“其真理无非是其正确性（rectitude）”。② 换之言，说一句陈述是真的，即无非说它是正确的。胡塞尔也承袭了这个传统界定。从上文可见，他在《第六研究》第 39 节所区分的“真理”四义，其一正是“意向之正确性”。③ 故此，在胡塞尔而言，说一个含义意向证实自己是正确的，即等于说它证实自己是真的。而据上面引文最后一句话文法上的平衡结构来看，这亦即相当于说它获得其清楚性与分明性。由此，清楚性与分明性跟真理在胡塞尔那里之关系便朗然可见。可以说，跟笛卡尔一样，在胡塞尔看来，获得其清楚性与分明性的表象（即笛卡尔所谓的观念）④，就是真的、正确的表象。此外，于此我们不但再次看到，在胡塞尔而言，概念表象是“借助”直观之充实而获得其清楚性与分明性的；我们同时亦可看到，概念表象也是“借助”直观之充实而证实自己是正确的，也就是真

---

① Hua XIX. S. 61.

② Anselm of Canterbury. *De veritate*, II. In *Patrologia Latina*, ed. Migne. vol. 158, col. 470.

③ Hua XIX. S. 653.

④ 汉语“表象”所翻译的德语词 Vorstellung，其实就是笛卡尔的拉丁术语 idea 之传统德语翻译。

的。跟“清楚性与分明性”概念一样，胡塞尔也是诉诸“充实”概念来说明“真理”概念。①

五、真理与在场

在对真理之刻画上，胡塞尔之强调“充盈”或“充实”和笛卡尔之强调“清楚性与分明性”，虽然着墨之处有异，但实则都出于同一个深层的理由：他们都认定，唯有对象是当下在场，亦即在我们现前的时候，我们才能经验到真理。换言之，他们都深信，真理与在场有某种必然的联系。因此在他们那里，对真理之探寻，就成了对在场者之探寻。这才是笛卡尔与胡塞尔之间在真理观上面更深层的一致性。

笛卡尔表明，他以“清楚的”一词来标示在心智现前的东西，就正如我们亦以“清楚的”一词来形容在眼睛现前的东西。他在《哲学原理》第一部分第45节说：

> 因为，确定的和无疑的判断所能依靠的知觉，不单须要是清楚的，并且也须要是分明的。那些对于专注的心智而言是现前的(praesens)和开放的(aperta)知觉，我便叫作清楚的；正如，对于直观的眼睛而言，那些现前的、足够强烈地和开放地推动之的东西，我们便说为我们所清楚看到的。②

---

① 在胡塞尔后期的作品中，“清楚性”和“分明性”仍然占有重要的位置，但其用法显然已经有所转化，例如：他在《形式的与超越论的逻辑学》中便区分了“清楚的明见性”与“分明的明见性”，参看张浩军：《笛卡尔与胡塞尔论 clear and distinct》，载《世界哲学》，2018年，第4期，第56—66页。

② Descartes, R. *Oeuvres de Descartes*. ed. C. Adam & P. Tannery. Vol. 8. Pars 1. Paris: Léopold Cerf. 1905. p. 22.

至于胡塞尔，从上面引自《第六研究》第37节的一段文字便已经看到，他认为在终极的充实中，也就是在真正意义的"事物与理智之相即"之情况下，"对象之物是恰如那个被意指的东西，现实上'当前的'或'被给予的'"。而在此之前，他在《第六研究》第16节已经指出，在充实综合中所给予的这个"当前的"对象之物，是由为含义意向带来"充实"或"充盈"的直观行为所"直接置于我们之前"的：

> 在每一个充实中都进行着一个或多或少完满的直观化(Veranschaulichung)。意向所诚然意指，然而以或多或少非本真的或不合适的方式所表象者，充实——也就是那个在充实综合中粘附的、给意向提供其"充盈"的行为——直接置于我们之前；或者至少是较意向相对地更直接。在充实中我们可以说是经历到一个"这是它自身"。①

一旦我们发现笛卡尔对清楚性的追求和胡塞尔对理想的充盈之追求，其实都是对在场者之追求，我们就能够理解到，"清楚性"与"充盈"无非只是对在场者的不同现象学描述：②对笛卡尔而言，在场者首先显现为清楚的东西(相当于暗晦的东西)；而对胡塞尔而言，在场者首先显现为充盈的东西(相当于空乏的东西)。我们在上一节已然展示，"清楚性与分明性"与"具体的充盈"两语在《逻辑研究》第二卷引论中如何遥相呼应。这表明纵使胡塞尔已经找到自己对在场者之现象学描

① Hua XIX. S. 597.

② 关于笛卡尔对"清楚性与分明性"的"现象学的(phenomenological)"的阐述，参看 A. Nelson. "Early Modern Theories of Truth". p. 78；另也有学者将"清楚性"称为"现象性质(phenomenal quality)"，参看 Paul, E. S. "Cartesian Intuition." *British Journal for the History of Philosophy* 31. 2023. p. 709。

述，他仍然肯定笛卡尔之描述，认同在场者是在清楚性与分明性中显现自身。

无论将之描绘为“清楚”还是“充盈”也好，笛卡尔与胡塞尔皆同意，在场者是在直观中显现自身的，因此唯有直观才是真理的最后根源。如上所言，在胡塞尔那里，“充盈”一词标示在充实综合中直观行为所带来的独特贡献。同样地，在笛卡尔那里，“清楚性与分明性”一语也标示直观行为之成就，他在早期作品《指导心智的规则》第 13 条规则中便提出：“对于心智之直观，我们要求有二，即：命题必须清楚地和分明地(clare et distincte)被理解；其次，整个命题必须同时地而非相续地被理解。”①有学者指出，在笛卡尔的认识论中，“直接的现象学视察提供信念的最后根据”，并因此将其对知识基础之看法，称为“终极理证之现象学现前模型(phenomenological presentation model)”。②换言之，对笛卡尔而言，一切知识最终都必须以现前显现于我们之视察中的东西为基础。这一论断其实亦同样适用于胡塞尔。对胡塞尔而言，真理也必然是我们所直接视察到或见证到的东西。由此，我们才能理解到“明见”这个术语在胡塞尔那里的真正意义：它既不是指证据，也不是指自明性③，而是指事物自身于兹显现在我们现前的察见行为。

---

① Descartes, R. *Oeuvres de Descartes*. ed. C. Adam & P. Tannery. Vol. 10. Paris: Léopold Cerf. 1908. p. 407.

② Pierris, G. "A Fundamental Ambiguity in the Cartesian Theory of Ideas." *Manuscrito* 25. 2002. p. 107.

③ 这是另一个经常因望文生义而来的误解。

“根据问题”的迷途与克服
——论海德格尔《根据律》对《论根据的本质》的自我批判*

张　柯　王露娇子
（贵州大学哲学学院）
（贵州医科大学医学人文学院）

1928年，海德格尔写下《论根据的本质》，翌年发表。这篇论文深究莱布尼茨“根据律”，追问历史上一直未被深思的“根据之本质”，最终指向作为根据律之本源的“自由”，亦即显隐一体的存在之真理。此文开启了海德格尔从追问“存在之意义”到坚决追问显隐一体的“存在之真理”的思想转变，在海德格尔思想道路上具有重要意义，堪称海德格尔思想从“第一开端”转入“另一开端”的关键路标之一。①

海德格尔既承认这篇文章的深远意义，也批判这篇文章的固有限度。他曾通过事后批注反思了《论根据的本质》的意义和限度：“这里已经踏上了**一条**克服‘存在论’本身的道路，但这种克服没有原本地从已经达到的地方出发来实行和建设。”②“借此只是从以往的东西出发指示出克服的方向，但不是根据其本己基础对一种克服的实行和建基。”③“在《论根据的本质》的第三节开始对第一节即存在论差异的解构;存在者状态上的和存在论的真理。在第三节,进入某个领域的步骤,这个领域迫使那种对以往之物的摧毁,并且使一种完全的翻转成为必要。"④"这里有对完全不同的开端的准备,但一切还被掺和、混淆了,被逼入那种现象学—实存论的和先验的研究之中了。"⑤这些是海德格尔在《论根据的本质》自用书上的事后批注,从语境看应是作于20世纪四十年代,因为它们的立场和海德格尔在《论根据的本质》1949年第三版序言中的下述表态是一致的:"《论根据的本质》一文作于1928年,是与讲座《形而上学是什么?》同时作的。后者是对无的思索,而前者说的是存在论差异。……二者诚然并非一个东西,但却是同一者——在那个在存在者之存在的本现中共属一体的东西意义上的同一者。这个同一者乃是值得思的东西;我的这两篇蓄意地分开作的文章,就试图把这个值得思的东西带到一种沉思近处,而又不能胜任这种沉思。"⑥

这些事后批注在一种统一性中道说着《论根据的本质》的伟大和限度:《论根据的本质》已经开始一种思想"转向",已经开始试图坚决地沉思显隐一体的存在之真理,但又还不能胜任这一任务。有鉴于这种伟大和限度的一体性,海德格尔在1930年之后通过多种方式对《论根据的本质》进行了反复批

---

* 本文系国家社科基金"德国古典哲学的现象学阐释研究"(22VRC022)的阶段性成果。

① 参见张柯:《论海德格尔"四重一体"思想的起源》,载《社会科学》,2017年,第6期,第126—136页。

② 海德格尔:《路标》,孙周兴译,北京:商务印书馆,2014年,第149页注释1。

③ 海德格尔:《路标》,第156页,注释1。

④ 海德格尔:《路标》,第193页,注释1,译文有改动。

⑤ 海德格尔:《路标》,第189页,注释2。

⑥ 参见海德格尔:《路标》,第144—145页,译文有改动。

注，其中最重要、最具代表性的是 1955/56 年冬季学期讲座《根据律》对《论根据的本质》的自我批判。

在《根据律》中，海德格尔回顾指出：《论根据的本质》虽然看出了莱布尼茨根据律是就什么而说的，“但探讨工作的所有随后的步伐却还是有可能误入歧途”，“该文对根据律的一些解释始终是正确的，尽管如此，它们仍然误入了歧途”。[①] 在正确中误入歧途，这是《根据律》对《论根据的本质》之迷误的断言。这一断言的作出同时意味着，《根据律》对《论根据的本质》的迷误已经有所克服。

为了理解海德格尔在根据问题上的这种迷误和克服，我们有必要结合上述两个文本来追问海德格尔的自我批判，并按下述环节来贯彻这种追问：1）梳理《论根据的本质》的思路和立场；2）澄清《根据律》的思路和立场；3）阐明《根据律》对《论根据的本质》之批判的实质；4）沉思这种自我批判的意义。由这四个环节构成的追问工作，可使我们更为确切地观察海德格尔思想中的根据问题，进而可使我们洞见海德格尔思想道路的一种内在变化。

一、《论根据的本质》的思路和立场

为了理解海德格尔对《论根据的本质》的自我批判，我们应首先梳理《论根据的本质》的思路与立场。

《论根据的本质》原系为胡塞尔七十寿辰而作，1929 年发表在《哲学和现象学研究年鉴》增刊中，同年由尼迈耶出版社出单行本。《论根据的本质》第二版于 1931 年继续在尼迈耶

① 参见海德格尔：《根据律》，张柯译，北京：商务印书馆，2016 年，第 96—97 页。

出版社出版。第三版（1949 年）起改由克劳斯特曼出版社出版（海德格尔为第三版特意撰写了一篇前言）。

通过深思熟虑，海德格尔把《论根据的本质》划分为三个环节：1)“根据问题”；2)“超越之为根据之本质问题的区域”；3)“论根据的本质”。

这种划分植根于三个环环相扣的洞见：1)根据律并没有道说根据之本质，但对根据之本质的追问仍然需要从思想传统（尤其莱布尼茨）对根据律的论述出发，因为后者“能引起对根据问题的唤醒而且给予最初的指示”；①2)从莱布尼茨论述根据律之起源的文章（《第一真理》）来看，根据问题与真理问题密切相关，而真理之本质的追问不能仅仅停留在谓词性规定，而是必然指向对存在者层面的真理和存在论真理的区分，这两种真理的区分植根于存在论差异，而存在论差异又奠基于此在之超越，因此，超越乃是真理之本质问题的区域，同时亦即根据之本质问题的区域，“于是，根据之本质问题就变成了超越问题”；②3)超越之所以是根据之本质问题，是因为海德格尔语境中的“超越”具有独特含义：超越乃是决定性的、先行于一切行为的关联活动，超越是此在“在世界中存在”，而世界的实质含义则是“存在与人之关联”（海德格尔通过对世界概念的哲学史考察尤其是通过对康德世界概念的阐释而论证了这一点），超越因此意味着此在在本源关联中存在，超越是此在对存在论的奠基，但却是为了使存在论降解并与之一道转入源始基础（本源关联），因此可以说，超越是归属于本源关联问题的“解构性奠基”，是向着根据（基础）的自由的超越，根据之本质乃是作为渊基的自由。③

---

① 参见海德格尔：《路标》，第 148 页。

② 参见海德格尔：《路标》，第 159 页。

③ 参见海德格尔：《路标》，第 205—207 页。

这三个洞见使得《论根据的本质》有非常严密的论证思路，它从莱布尼茨道说根据律之起源的《第一真理》出发，一路追踪更源始的规定性和基础性，通过对超越问题的澄清，直至将显隐一体的自由思为根据律的本源。

受这些洞见的支配，在《论根据的本质》正文开篇处，海德格尔通过对哲学史上的诸多原因思想的分析而指出：亚里士多德的四因说并未揭示根据之本质，直至莱布尼茨的根据律，情形仍然如此。根据律（"没有什么是没有根据的"）并未道出根据之本质，根据律"是关于存在者的陈述，而且是着眼于诸如'根据'之类的东西所作的陈述。不过，什么是根据之本质，**在**这个定律**中**并没有得到规定。**对**此定律**来说**，根据之本质被预先假定为一个不言自明的'观念'。"[①]因此就有必要超越作为思想传统的"根据律"，去追问迄今尚未被沉思的"根据之本质"。但这种超越又必须首先植根于"根据律"，以之为起跳基地，因为"根据问题首先就需要一种唤醒，而这并不排除：一种对'根据律'的探讨能够引起这种唤醒而且给予最初的指示"[②]。据此，第一环节的任务就是从作为思想传统的根据律出发，亦即重新关注莱布尼茨本人对根据律的论述，以便从中获得对根据问题（根据之本质）的唤醒和最初指示。

为此海德格尔重新深思了莱布尼茨的《第一真理》。通常认为，莱布尼茨正是通过《第一真理》这个逻辑学文本阐述了根据律的起源：根据律源出于作为同一性（主词与谓词之连接）的真理之本质。但海德格尔却认为这种理解还是表面的，还未进入本质领域。他写道："莱布尼茨究竟是把根据律看作一个'逻辑学'的原理，还是把它看作一个'形而上学'的原理，

① 海德格尔：《路标》，第149页。

② 海德格尔：《路标》，第148页。

抑或是两者，这一点还是有争议的。然而，只要我们承认，无论是对于'逻辑学'的概念，还是对于'形而上学'的概念，甚至对于两者的'关系'，我们都不具有某种正当的知识，那么，历史上有关莱布尼茨解释的无休无止的争吵就还没有可靠的引线，因而在哲学上是不会有结果的。"①

海德格尔这番话意在表明，要真切理解莱布尼茨思想，我们需要看清莱布尼茨对"逻辑学与形而上学"二重结构的沉思。在海德格尔看来，莱布尼茨在西方思想史上首次构造了"逻辑学与形而上学"的二重结构（这个二重结构不仅承接着亚里士多德的"存在者之存在"问题，而且对康德哲学乃至德国观念论影响深远②），逻辑学与形而上学二者之间并非非此即彼的关系，而是亦此亦彼的分承结构，尽管二者之间始终有派生和本源的定性区别。唯有始终着眼于这个二重结构，我们才能看出，"莱布尼茨《第一真理》最鲜明地**反对**根据律起源于逻辑的看法，一般而言就是**反对**那种问题提法：在莱布尼茨那里具有优先地位的是逻辑学还是形而上学。这样一种问题可能性恰恰通过莱布尼茨而受到了动摇，通过康德而经受了第一次震撼——尽管影响并不深远"。③

通过对根据问题与真理问题之内在关联性的洞见，并且着眼于"逻辑学与形而上学"二重结构，海德格尔看出莱布尼茨的根据律思想暗含着真理问题的二重结构，即存在者层面的真理和存在论的真理（或者说"存在者之真理"和"存在之真

---

① 海德格尔：《路标》，第150页，译文有改动。

② 参见张柯、张荣：《德国古典哲学的奠基之路》，载《哲学研究》，2016年，第8期，第73—82页。该文梳理和沉思了海德格尔在撰写《论根据的本质》之前的"莱布尼茨阐释"，尤其重点考察了海德格尔在《逻辑学：真理问题》(GA 21)和《以莱布尼茨为开端的逻辑学的形而上学始基》(GA 26)中对莱布尼茨哲学的阐释。

③ 海德格尔：《路标》，第151页，注释1。

理”），并且真理的区分只有与存在论差异（存在与存在者之区分）的出现相一致才是可能的，而存在论差异植根于此在之超越（此在领会着存在并与存在者相对待）①，“超越”因此是真理之本质问题的区域，同时这也就意味着，“超越”乃是根据之本质问题的区域。

紧接着，海德格尔指出他所谓的“超越”不同于传统哲学的理解（超越作为关系或作为超越所实现的东西即超越者）。他所理解的“超越”意指人之此在所特有的东西，即此在的“在世界中存在”。对“超越”的解释因而取决于对“世界”之含义的澄清。而通过对哲学史上的“世界”概念的考察，尤其通过对康德的世界概念的阐释（世界概念具有二重结构，即“存在者之存在”和“人”，康德在亚里士多德之后首次自觉地论证了此二重结构的内在关联，亦即，康德通过其对世界概念的沉思在实质意义上论证了“世界乃是存在与人之关联”），海德格尔实现了一种对“主体之主体性”的具有决定性意义的存在论阐释，据此，“超越”之含义——此在在世界中存在——就可被解释为：“此在”在本源关联（存在与人之关联）中存在，此在在本源关联中获得本质界定。海德格尔因此写道：“在上面这种对源始的超越问题的依然被遮蔽的历史的匆匆回忆中，我们必定会形成这样一种洞见：超越是不能通过一种向客观之物的逃遁而获得揭示和把捉的，而唯一地只能通过一种必须不断地更新的对主体之主体性的存在论阐释而得到揭示和把捉；这种阐释与‘主观主义’相违抗，同样也必定不能与‘客观主义’亦步亦趋。”②

通过对“超越”含义的解释，“根据之本质”也由此得到暗

① 参见海德格尔：《路标》，第159页。

② 海德格尔：《路标》，第192页。

示：根据之本质的问题就是存在之真理（存在与人之关联）的问题。海德格尔虽未明言，但事实上已经把根据律思为一种具有二重形态的根据律：作为认知真理的根据律和作为存在真理的根据律，因此，《论根据的本质》所思考的"超越"（作为"在世界中存在"的超越）和"自由"（"超越着源起的根据返回到自由本身，而且自由作为本源本身变成根据，自由乃是根据之根据"[①]）就是在道说根据律的内在转变：从命题真理（认知真理）向显隐一体的存在论真理（存在真理）的转变："根据律的诞生地既不在陈述的本质中，也不在陈述真理中，而是在存在论上的真理中，亦即在超越本身中。**自由是根据律的本源**；因为作为存在论上的真理而自行构成的论证就建基于自由中，建基于超溢和回隐的统一性中。"[②]也正是由于发生了这种内在转变，海德格尔才会在回顾中指出，《论根据的本质》已经标志着思想从"第一开端"向"第二开端"（即"另一开端"）的关键转变："《论根据之本质》的第三节是通向第二开端的决定性的一步，并且真正说来乃是最本己的第一步。"[③]

最终我们可以确认，尽管其内容表述深奥晦涩，但事实上，《论根据的本质》乃是力求沉思存在者之真理与存在本身之真理的二重结构并且致力于道说从存在者之真理转入存在本身之真理的必要性。这种沉思和道说显然是海德格尔思想的恒久主题，也贯彻支配了海德格尔后期思想，但为何海德格尔在50年代讲座《根据律》中要对《论根据的本质》展开一种严厉批判呢？

---

① 海德格尔：《路标》，第151页，注释1。

② 海德格尔：《路标》，第203页，译文有改动。

③ Heidegger, Martin. *Zum Ereignis-Denken*. GA 73. 2. Frankfurt: Vittorio Klostermann. 2013. S. 1068.

二、《根据律》的思路与立场

《根据律》单行本出版于1957年，现编为全集第十卷。它展现了海德格尔晚年对根据律和根据之本质问题的成熟思考，堪称海德格尔晚年的代表作之一。

在《根据律》中，在正式展开对根据律的阐释之前，海德格尔指出了一个特别的"三岔路口"，交代了海德格尔思想阐释工作的道路取向：我们不能贬斥性地评判现代的公理性思想（表象之思），这样做是短视的而且是狂妄；但我们也不能认为通过返回到希腊思想的本源中去就可解决一切问题，这样想"始终只是一种天真动人的想法而已"；"唯一富有生机的道路"乃是这样一条道路，它经历和穿越表象之思并且返回到其隐秘根据中去。[①] 海德格尔所建议的道路是这样一条道路，它要经历和承受形而上学并返回到形而上学本身始终未能充分觉察的隐秘根据中去。这就是《根据律》这个讲座乃至海德格尔思想道路的本己取向。也正因此，尽管海德格尔已经看出自古以来的根据问题包括莱布尼茨的根据律都始终未追问根据之本质，但对根据之本质的追问仍需要从对根据律的传统论述出发进行考察。

在这一道路取向的指引下，经过对根据律之传统论述（莱布尼茨根据律的"通常表达""严格表达"以及"严格而完整的表达"）的全方位考察之后，在《根据律》"第六课"中，海德格尔完成了对作为主体性原理的根据律的论述，断定根据律的确并未道出根据之本质。他总结道：根据律叫做：Nihil est sine ratione（没有什么东西是没有根据的）。正面来看，根据律说

① 参见海德格尔：《根据律》，第41页。

的是，每一种存在者都有其根据，因此，根据律不是什么对根据的断言，而是对存在者的断言，根据律并未道出根据之本质，毋宁说，根据律预设了一个不言自明的关于根据之本质的观念，即人人都知道根据之本质是什么。[①] 就此而论，《根据律》事实上依循着《论根据的本质》的关键洞见（根据律并未道说根据之本质，但对根据之本质的追问仍需要从对根据律的传统论述出发以期获得最初的暗示和指示），因此，《根据律》与《论根据的本质》有一种不可否认的深刻传承。但另一方面，《根据律》与《论根据的本质》仍有不可忽视的差异。这种差异，我们将在本文第三节中加以阐述。

《根据律》的执行思路可以概括为两个关键步骤：其一，辨识出根据律的二重性，即根据律既是作为主体性原理的根据律（一切根据都应被归置给进行表象活动的主体），也是作为存在之定律的根据律（存在与根据共属一体，存在作为"根据"与"离基"的统一乃是显隐一体的存在之天命置送）；其二，进行一种从派生到本源的跳跃：从作为主体性原理的根据律跃入作为存在之定律的根据律，但派生性的根据律（支配着近现代哲学的主体性原理）并不应在跳跃之后被弃绝，而是应始终在跳跃之返观中被承认，因为根据之要求特征中有存在之天命置送的隐秘运作。《根据律》的一个至深洞见就是，唯有在跳跃着的返观中，在对作为起跳基地的传统思想的返观中，我们才能发见存在之天命的首次显露。这意味着，海德格尔通过《根据律》既沉思了两种根据律（认识真理与存在真理）的根本区分，也沉思了二者的深刻统一："若根据律事实上是一种存在之定律，若根据与存在说的是同一者，则在根据对于归置的那种特别施展着权力的要求中，存在之天命置送就以一

① 参见海德格尔：《根据律》，第93—94页。

种迄今闻所未闻的方式起着支配作用。”①

从这一思路来看，《根据律》的立场可概括为：有必要辨识出根据律的二重性，从作为主体性原理的根据律（认知真理）跃入作为存在之定律（存在真理）的根据律，但也仍应看出，这两种真理乃是一体流行，不应对二者做彼此隔绝的观照，而毋宁是应坚持一种分承（区分之承受）的立场：认知真理与存在真理虽然有派生与本源的区分，但二者不是非此即彼的关系，而是即此即彼的关系，二者因此应在彼此分离中同时被统一承受。

这种“分承”，事实上就是《论根据的本质》早已沉思并且坚持到底的“逻辑学与形而上学”的二重结构。而《根据律》所强调的“跳跃”，在《论根据的本质》对“超越与自由”的沉思中又何尝没有触及？如此一来，则《根据律》对《论根据的本质》的严厉批判（“《论根据的本质》在正确的阐释中误入歧途”）就会变得愈发触目，愈发要求思想将其释放到可疑可问性中加以深切追问。

三、《根据律》对《论根据的本质》的批判

在《根据律》“第六课”中，通过对根据律之传统论述的全方位考察，海德格尔最终确认，通常表达的根据律并未道说根据之本质。但也正是在这里，海德格尔对《论根据的本质》展开了一种严厉的自我批判：

> 我们看到，根据律，这个**关于**根据的定律，并没有直接**对**根据进行断言，而是对存在着的东西进行了断言，这

① 海德格尔：《根据律》，第118页。

种洞见的实行是一个危险的步骤。这一步骤导入了思想的临界区域。因为就我们的思想而言，就算它仍然是如此地训练有素，它也经常会在关键处笨拙而迟钝，所以我们是需要一些救助的。关乎此道路的那种沉思，就属于这样的救助。我们之所以把现在所踏入的这一区域称作临界区域，是因为在这里，尽管我们看到了根据律是对什么而断言的，但探讨工作所有随后的步伐却还是有可能误入歧途。这一点适用于我的论文《论根据的本质》，它最早是作为胡塞尔寿辰纪念文集的一篇献文而于1929年发表。在该文第一部分的第一段中有这样一番话："根据律是对存在者而断言的，并且是着眼于像'根据'这样的东西而这样断言的。然而，构成根据之本质的那种东西，在这个定律中并没有得到规定。对于这一定律而言，根据之本质被预设为一种自明的'观念'了。"

这些解释始终是正确的。尽管如此，它们却误入了歧途。之所以这样说，一方面是就那些可能的道路而言——这些道路是根据律为追问根据之本质的那一特别问题所提供的；但另一方面是且首先是鉴于那种沉思而言，一切思想都是被这种沉思所激励的，上述那篇论文也是在尝试着去让自身效力于这种沉思。在所说的这一情形中，那种误入歧途存在于何处？尽管有一些正确的查明，但仍是一种误入歧途，这种误入歧途究竟是如何可能的？答曰：以一种简单的并因而加倍地使人迷惑的方式。这种方式也常常侵袭于思想。因而，就我们所看到的那种迷途而言，一旦我们特意地去关注它，它就能立即开始教导我们。①

① 海德格尔：《根据律》，第96—97页，译文有改动。

这种自我批判的要点可概括为：以《根据律》的立场来看，《论根据的本质》看到了关键事情(根据律没有道说根据之本质)并且做出了正确的解释(根据律道说的是存在者与根据的关系，而且是把根据之本质预设为不言自明的观念了)，但仍然误入歧途。海德格尔所谓的“临界区域”，正是意指《论根据的本质》的奇特位置：该文对根据问题最初是有正确考察的，但仍然误入歧途；而“就我们的思想而言，就算它仍然是如此地训练有素，它也经常会在关键处笨拙而迟钝”。这句话之所谓，和海德格尔对《论根据的本质》的事后批注的立场(参见本文开篇处的讨论)是一致的，即海德格尔认为《论根据的本质》已经来到思想转向的“关键处”，已经到达“临界区域”，但仍然显得“笨拙而迟钝”，亦即“试图把这个值得思的东西带到一种沉思近处，而又不能胜任这种沉思”①。这种“不能胜任”因此应是“误入歧途”的根本意谓。

但具体而言，“在正确中误入歧途”又意味着什么呢？海德格尔在《根据律》中接着写道：

> 显现出来的情形是：我们看到(sehen)一种事态并且让它清晰地存在于我们眼前。然而我们在呈放着的东西中并没有发见最切近地存在着的东西。看到某种东西和特别地发-见(er-blicken)所见者，不是一回事。发-见在这里意味着：洞见到(einblicken)那种东西，这种东西从所见者而来本真地——也就是说，作为所见者的最本己的东西——注视着(anblickt)我们。我们看到很多但却发见很少。甚至是，当我们已经发-见了所见者之际，我们也很少能经受住被发见者的那种注视并把被发见者保

① 海德格尔：《路标》，第145页。

> 持于目光之中。因为要做到真正的保持，对于会死者而言，就需要那种始终更新的亦即愈发源始的本己居有(Aneignung)。当思想没有在所见者中发见其最本己的东西之际，思想就在呈放着的东西那里看错了。这种危险，即思想看错的危险，常常通过思想自身而被加剧，也就是说以下述方式而被加剧：思想常常过于急迫地驱向一种虚假的缜密彻底性(Gründlichkeit)。这种驱迫或许会对根据律的探讨工作产生特别糟糕的效果。①

这番话颇为晦涩，可转释如下：《论根据的本质》虽然看到了根据律直接言说的东西(存在者与根据的密切关联)，但却没有发见其中不易明见的、最为本己的东西即“存在与根据的共属一体”，因为存在始终是“存在者之存在”(存在者乃是存在之到达)。一言概之，《论根据的本质》并未从“存在者与根据的密切关联”中真正洞见到“存在与根据的共属一体”，即便对“存在与根据的亲缘关系”偶有瞥见②，也未能坚持在这种观照中。所谓“经受住被发见者的那种注视并把被发见者保持于目光之中”，指的是，被发见者乃是本源性的先行规定我们的东西，发见和倾听一样，本质上都是对先行运作的本源规定活动的归属，因此，对本源性东西的发见同时是被本源性东西所注视(海德格尔在此发挥了古希腊人对“看与被看”之统一性的沉思③)，这当中并不是单纯认知活动，而是活生生的归属于本源关联的生命实践。最终，海德格尔把《论根据的本质》之迷误的原因及效果总结为一种“看错”和“加剧”：“当思

① 海德格尔：《根据律》，第97—98页，译文有改动。

② 海德格尔在《论根据的本质》第一节中曾简略地触及了“存在与根据”的亲缘关系，但未着力深究。参见海德格尔：《路标》，第145页。

③ 参见海德格尔：《根据律》，第32页。

想没有在所见者中发见其最本己的东西之际，思想就在呈放着的东西那里看错了。这种危险，即思想看错的危险，常常通过思想自身而被加剧，也就是说以下述方式而被加剧：思想常常过于急迫地驱向一种虚假的缜密彻底性。”所谓“看错”是指《论根据的本质》没有看出根据律的通常表达中蕴含着存在与根据的共属一体；所谓“加剧”则是针对《论根据的本质》的严谨布局和严密论证而言的。

《论根据的本质》中的思想致力于对基础性的追问，已经是一种训练有素的思想，但是，倘若这种思想在对根据律的考察中“看错”，没有发见根据律“最本己的东西”，或者说没有发见那种对我们而言并不明显但就其自身而言却是更明显的东西，则这种思想就会在对基础性的追问中加剧这种“看错”。

这种“看错之加剧”或“特别糟糕的效果”的实际所指，可以从《根据律》的思路立场与《论根据的本质》的思路立场的差异中得到澄清：1)《论根据的本质》没有发见“存在与根据的共属一体性”，因此也就没有走向对“存在之天命置送”的倾听和发见，而后者乃是《根据律》的真正旨趣；2)《论根据的本质》没有致力于对“根据之要求特征”(一切根据都应被归置给表象着的主体)的揭示和沉思，《根据律》却致力于揭示和沉思“根据之要求特征”，并通过论证根据之要求特征与存在之天命置送的统一而走向对后者的沉思。也正因此，被《论根据的本质》当作基础文本的莱布尼茨《第一真理》(海德格尔在对此文的解读中仅仅致力于揭示存在、根据、真理的源始结合)，在《根据律》中被略去了，取而代之的乃是莱布尼茨那些道说“根据之要求特征”的文本；3)《论根据的本质》重点论述的“此在之超越”，在《根据律》中隐匿不见，取而代之的是对“存在之天命置送”的重点阐释。这种变化显然与海德格尔思想“转向”相呼应：从侧重此在之奠基的“存在领会”转向侧重存在之发生的“存在历史”。①

四、《根据律》对《论根据的本质》之迷误的克服

在澄清《论根据的本质》的迷误之后，《根据律》显然有必要给出一个解决出路。因此在《根据律》“第六课”中，海德格尔接着写道：

> 我们对“看到”“发见”以及“看错”所简略述及的东西，现在要被我们运用到那篇论文的情形中去，该文探讨的是“根据之本质”。对于这篇论文而言，下述事态清楚地存于眼前：“没有什么是没有根据的”这一定律对存在者断言了某种东西，而对于何谓“根据”，它并没有给出任何阐明。但这种观看，对此定律之呈放着的内容的这种观看，却并没有达到对那种最切近地存在着的东西的洞见。这种观看反倒是让自己被牵拉到一种几乎不可避免的步骤中去了。对这一步骤，我们可以在一种推断中将其如此呈现出来：根据律是对存在者的一种断言。因此它没有对根据之本质给出任何答复。这样的话，根据律——尤其是在其传统的表达中——就并不适宜于作为主导线索去引领对下述问题的探讨：当我们思考根据之本质时，我们是在寻求什么。我们看到：根据律对于存在者说了某种东西。然而，当我们只是满足于之前的那一查明时，什么是我们没有让其进入视线的？什么是在

① 参见张柯：《鱼之乐与真理之本质》，载《哲学研究》，2022 年，第 2 期，第 97—108 页。

> 所见者中仍然有待发见的东西？只要我们更加清晰地去听在那种重读——我们先行称之为决定性的重读——中的根据律，并将其保持在听觉中，我们就更加切近于那种在此可被发见的东西。Nihil est sine ratione；“没有什么**是**没有**根据**的。”这种重读使我们听到了“是”(ist, est)和“根据”(Grund, ratio)间的一种和谐共奏。我们甚至早就听到过这种和谐共奏，在我们查明根据律是对存在者的断言并且是断言“存在者有根据”之前，我们就已经听到了它。①

在这里，海德格尔再次重申了《论根据的本质》的迷误和限度(该文并未在“存在者与根据的关联”中发见那种早已先行支配运作的、早已被我们所听到和相信的“存在与根据的共属一体性”)，并且同时给出了克服这种迷误和限度的出路，即要通过“倾听”来达成《论根据的本质》所未能做到的事情。

为了证明倾听可以更加切近于发见之目标(有待被发见的最本己的东西)，海德格尔进行了一番论证：思想是一种倾听同时是一种发见，倾听和发见都是思想的本己因素。这对于西方思想而言并非陌异之事，因为柏拉图的核心词语“相/理念”和赫拉克利特的核心词语“逻各斯”(作为存在之道说)都可以给我们带来这样一种消息：思想是一种听和一种看，二者彼此共属。而且在听和看中，感官虽然重要，但不是决定性的，因为听和看的本质运作机制在于：它们都是对那种先行定调我们、规定我们的关联活动的归属，由此，海德格尔就论证了他的策略，即可以通过倾听来切近于那有待发见的东西。

① 海德格尔：《根据律》，第98—99页，译文有改动。

当海德格尔写道："只要我们更加清晰地去听在那种重读——我们先行称之为决定性的重读——中的根据律，并将其保持在听觉中，我们就更加切近于那种在此有待被发见的东西。"①他就指出了《根据律》克服《论根据的本质》之迷误的真正道路：倾听之路。换言之，《根据律》乃是通过倾听克服了《论根据的本质》的观看之迷误。

《根据律》事实上就奠基于对莱布尼茨根据律的重新倾听，对"存在与根据"之共属一体性的倾听。这种倾听——按照本文第二节的考察工作——对于《根据律》之思路和立场具有至关重要的意义。只有通过以这种倾听来发见根据律所道说的最本己的东西（存在与根据的共属一体性），思想才能成为一条通向远景之丰富的道路②，即通向"存在之天命置送"的道路。反过来说，当《根据律》坚决走了一条"倾听"之路，并以此来批判和克服《论根据的本质》的迷误，这事实上就意味着，《论根据的本质》对于那种"归属性"（思想归属于存在之真理）的强调还不够充分。对这种归属性的强调是后期海德格尔思想的主旨，这种主旨亦呈现在后期海德格尔以"域化之思"来克服前期"线性之思"的努力中。③

同时需指出的是，"倾听"乃是对"道说"的倾听，倾听是对那种先行定调我们的本源事态之"道说"的倾听，倾听之路的重要性因此指示着语言问题之路的重要性。《根据律》作为海德格尔对既有思想道路的总结和对未来思想道路的前瞻，其对倾听之路的强调和践行，事实上是以此回顾指出了语言问题之路对于海德格尔思想"转向"的关键意义。海德格尔在30年代之后开始通过对荷尔德林诗歌的大规模阐释而展开对语

① 海德格尔：《根据律》，第99页。

② 参见海德格尔：《根据律》，第90、95页。

③ 参见张柯：《论海德格尔"四重一体"思想的起源》。

言本质的漫长追问，这一事情与海德格尔思想“转向”甚至所谓“本有之转向”的内在要求密不可分。

海德格尔的思想“转向”，是在“关联为本”的不变前提下，从侧重于此在之奠基的“存在领会”转入侧重于存在之发生的“存在历史”。《根据律》对《论根据的本质》之迷误的批判，无论是就其内在义理和实际出路而言，都归属于这种思想“转向”。

但另一方面，我们也应看到，尽管《论根据的本质》有迷误，甚至有“看错之加剧”的“特别糟糕的后果”，但《论根据的本质》第三节的结论（显隐一体的自由乃是根据律的本源，亦即是根据之本质）与《根据律》对“存在之天命置送”的沉思并不违背，甚至可以说是统一的，否则海德格尔就不会在事后批注中对《论根据的本质》作出高度评价：“《论根据之本质》的第三节是通向第二开端的决定性的一步，并且真正说来乃是最本己的第一步。”[①]有鉴于此，《根据律》对《论根据的本质》的自我批判决不能被简单视为一种单纯纠错。

五、结　语

前期海德格尔的思想道路可以概括为一条“解构性奠基”的道路[②]，即一条试图对“主体之主体性”进行存在论阐释的道路。这条被亚里士多德“个体化原则”思想和康德先验哲学深刻烙印的道路，显然是一条观看之路，即试图进行一种观看中的转渡：从那种“对我们而言更明显的东西”通向那种对我们而言不明显“但就其自身而言却更明显的东西”，也就是说，从存在者通向存在本身，并且将存在本身接受为“那种事先早已被相

---

① Heidegger, Martin. *Zum Ereignis-Denken*. S. 1068.

② 参见张柯：《思想与思想之路》，载《社会科学》，2022 年，第 6 期，第 3—16 页。

信的东西”，亦即接受存在之关联活动的先行支配性。[1] 在此意义上，这种观看的转渡是一条试图通过“存在论差异”来通达“存在与人之关联”的道路，这其实就是《存在与时间》的道路。

而作为对《存在与时间》之挫折的反思和思想“转向”的第一步，《论根据的本质》不仅沉思了存在论差异的内涵和必要性（参见该文第一节和第二节对“超越”的论述），而且也沉思了对存在论差异的解构（参见该文第三节），就此而论，《论根据的本质》已经足够深刻，已经来到思想道路的关键处，已经试图“把那个值得思的东西带到沉思近处”，只是“又不能胜任这种沉思”而已。[2]

《论根据的本质》的歧途因此并非单纯迷误，而是觉醒所导致的迷误，《根据律》对《论根据的本质》的自我批判，以及用“倾听”来克服“发见”之艰难性的举措，因此就不是正确对错误的单纯纠正，而是意味着当事人对“适用之路”的精益求精和不断深化，意味着当事人对觉醒所导致迷误的自我克服，这种克服的积极意义因此应得到彰显，它是思想向更深处跃进的契机，是思想能否在道路中精进的关键。

在更深觉醒中去克服那通过觉醒而形成的迷误，这是道路行人的恒久使命，也是道路的至深本性，对此使命和本性的沉思和道说，不仅沉淀凝结在海德格尔对后期重要文集《林中路》的命名中，也突兀闪现和隐约响起于《根据律》对《论根据的本质》之自我批判的深意中。能否对此突兀闪现和隐约响起达成一种聚精会神，决定着我们在路上的命运，决定着我们在思想道路上的推进深度。

---

① 参见海德格尔在《根据律》中对亚里士多德《物理学》第一卷第一章的阐释。参见海德格尔：《根据律》，第 134—136 页。

② 参见海德格尔：《路标》，第 145 页。

胡塞尔现象学方法对洛克的经验论的批判性继承

李忠伟

（浙江大学哲学学院）

谈起胡塞尔现象学的哲学史传承和哲学气质，人们自然会将其与德国哲学传统，特别是德国风格的理性主义、观念论和先验论联系在一起，并认为胡塞尔在思想上与莱布尼茨、康德以及费希特等德国哲学家更有亲缘。但事实可能并非如此。实际上，胡塞尔现象学和英国经验论的思想关联更为紧密，并把英国经验论引为现象学的先驱和同路人。固然，在《逻辑研究》中，胡塞尔反思了自己此前的心理主义倾向，也激烈批评过洛克的心理主义。然而，在1906年的一门课程中，胡塞尔说："在洛克和休谟那里，他们自己并未意识到，存在着真正现象学的片段和开端，因为他们提供了一些论述，这些论述很容易从所有自然科学的习惯、从经验-存在的联想中彻底地净化出来。"① 在《观念Ⅰ》中，胡塞尔说："可以说现象学是整个现代哲学的秘密渴望(geheime Sehnsucht)。笛卡尔奇妙而深刻的基本观点已经向它逼近；同样，在洛克学派的心理主义学派中，休谟几乎进入了它的领域，尽管他的眼睛仍被蒙蔽。"②

不过，开创性哲学家和其实际与精神的老师的关系总是复杂的：一方面，他们往往被老师深刻影响，并通过他们属于某个哲学传统；另一方面，他们又远离甚至批评其老师及其所属传统，以建立其独特的方法和理论。这意味着，胡塞尔现象学的发端，有赖于对英国经验论的吸收、改造与批评；但即便如此，胡塞尔也不会全然接受其方法和理论。

本文不能全面处理胡塞尔现象学与英国经验论整体的哲学史关联③，而是侧重系统地分析现象学方法论与洛克哲学的经验论方法之间的批判性继承，以及从经验论视角对现象学方法的可能回应。相比此前更为哲学史性质的研究，本文则仅聚焦于方法论问题，而且更多关注两者的系统性关联与理论张力。

本文将如下展开。第一部分将进行简单的哲学史回顾，主要阐述胡塞尔在早年直至发表其现象学"突破之作"《逻辑研究》期间，他如何遭遇洛克哲学。之后的几个部分主要是系统性的，处理胡塞尔现象学方法对洛克经验论方法的传承、批评与突破。第二部分将讨论他们对哲学本性及其目标的理

---

① Husserl, Edmund. *Einleitung in die Logik und Erkenntnistheorie. Vorlesungen 1906/07. Husserliana* XXIV. Hrsg. Ullrich Melle. Dordrecht: Martinus Nijhoff. 1984. S. 442.

Husserl, Edmund. *Ideen zu einer reinen Phänomenologie und phänomenologischen Philosophie. Erstes Buch: Allgemeine Einführung in die reine Phänomenologie. Husserliana* III. Hrsg. Karl Schuhman. Den Haag: Martinus Nijhoff. 1976. S. 133.

③ Murphy. Richard T. "Husserl's Relation to British Empiricism". *Southwestern Journal of Philosophy* 11 (3). 1980. p. 89—106. Murphy, Richard T. "Husserl and British Empiricism (1886—1895)", *Research in Phenomenology* 16. 1986. p. 121—137. 这些作品从胡塞尔和洛克及其开启的经验论关系的问题，从哲学史以及胡塞尔各时期文本出发，重点讨论英国经验论者对胡塞尔现象学的影响。本文在涉及哲学史方面的结论，与这些研究观点基本一致，因为现象学真的受到经验论的巨大影响。本文论述重点则聚焦在方法论方面及其当代评估。

解，这决定了他们将采取何种方法来进行哲学工作。第三部重点集中在胡塞尔现象学方法论与洛克经验哲学方法论的方面，考察前者对后者的批判性继承。第四部分则讨论洛克经验论哲学对胡塞尔现象学方法的可能的回应，并基于当代哲学与科学发展，对洛克经验论与胡塞尔先验现象学的当代命运和前景做一点反思。

一、胡塞尔早年哲学思想形成时期与洛克经验论哲学

胡塞尔早年的学习和教学经历表明，他一开始就对英国经验论包括洛克哲学比较熟悉，但对德国观念论包括康德主义和新康德主义比较隔膜和陌生。这与他自己的求学经历相关，和其最重要的老师特别是布伦塔诺也不无关系。胡塞尔在 1876—1878 年期间在莱比锡大学学习天文学，同时也参加数学、物理学和哲学的课程，还听了实验心理学开创者之一的冯特的课程。1878 到 1881 年间，胡塞尔在柏林大学学习数学、物理和哲学。他在 1883 年 24 岁时于维也纳大学以关于变分理论的论文获得数学博士学位。然而，从 1884 年到 1886 年，胡塞尔在维也纳大学跟随布伦塔诺学习哲学，这对他最终转向哲学起到决定性的作用。随后，布伦塔诺推荐胡塞尔跟斯通普夫做哲学教职论文。斯通普夫是心理学家，其最有名的著作是关于声音的心理学研究。胡塞尔的教职论文是《数的概念：心理学分析》，是关于数的概念的心理学起源研究。这后来基本成为《算术哲学》(1891)的第一部分。该书后来被弗雷格批评为是心理主义的。日以继夜，沉潜十年，胡塞尔终于迎来“现象学的突破”，发表了两卷本的《逻辑研究》(1900/01)。这部著作清算了早期的心理主义倾向，真正建立了现象学。

胡塞尔早年的学业和职业生涯表明，他的学科背景除了哲学，还有数学和自然科学，包括当时新兴的实验心理学。他心目中最初的哲学样板，是布伦塔诺、斯通普夫所提供的科学性的哲学与描述心理学。心理学作为新兴的自然科学，与洛克、休谟、密尔等英国经验论者有更为紧密的关系。而布伦塔诺、斯通普夫对英国经验论者一般都比较推崇，而对德国观念论则兴味索然，评价颇低。这种哲学"判教"，无疑也会影响胡塞尔的哲学观。因此，无论是从知识背景，还是在哲学师承方面，都让胡塞尔与英国经验论有更亲密的关系。

布伦塔诺及其学派对胡塞尔的影响尤其不可忽视。布伦塔诺对英国经验论推崇备至，而对德国观念论殊无好感。他认为，哲学思考应基于经验的立场，需要直接的经验明证。虽然他依据的经验乃是内在经验，但就将经验作为理论之基这点而言，在他看来与自然科学是连续的。布伦塔诺将哲学发展周期分为从创生到衰败的四个阶段。笛卡尔和培根代表近代哲学的第一阶段，也即原初创生的最有生命力的阶段。他认为，培根和笛卡尔的追随者仍然忠实于经验的方法，而洛克依据这种方法才取得了真正的成果；而德国观念论代表哲学开始堕落并最终颓败的阶段，他们将其系统建立在非自然的、神秘的、抽象的获得知识的方法之上。① 是以经验为源头活水，还是以理性玄思为方法，成为布伦塔诺判定哲学生命力的准则。这种"经验准则"，后来被胡塞尔改造成为其现象学的基本准则，即"明证准则"："每个原初的呈现性直观都是认知的合法来源……一切原初地……在'直观'中呈现给我们的东

---

① 参见 Brentano, Franz. *Die vier Phasen der Philosophie und ihr augenblicklicher Stand*. Stuttgart：Cotta. 1895；新增补的版本参见 Brentano，Franz. *Die vier Phasen der Philosophie und ihr augenblicklicher Stand*. Hrsg. Oskar Kraus. Leipzig：Meiner. 1926.

西都应被简单地接受为它呈现的样子……。”①

胡塞尔的早年自述也透露出其亲近英国经验论的心声。他在1937年一封给法伯(M. Farber)的信里回忆《算术哲学》(1891)出版之前的生涯说：

> 作为年轻的初学者……我一直对康德主义和德国观念论，还有新康德主义非常疏远。我(尤其是在学生时代)狂热地阅读了密尔的逻辑学，后来又阅读了关于汉密尔顿哲学的著作。我反复研究了英国的经验主义者和莱布尼茨的主要著作，包括他的数理哲学著作。②

法伯自己也指出：“与传统哲学，尤其是英国经验主义的众多接触，对于展示现象学立场是如何形成的大有帮助。”③作为教师，胡塞尔开设的课程能反映其研究兴趣和思想资源。他在学术生涯早期和此后时期，都常常开设涉及洛克、贝克莱与休谟的著作研讨课。胡塞尔曾至少两次开设关于洛克的课程(1891，1901)，其他有休谟(3次，1904，1914，1926)，贝克莱(3次，1901，1907，1924)，再就是莱布尼茨(1次，1901，与洛克一起)，康德(4次，1905，1906，1917，1927)，叔本华(1次)，费希特(1次，1915)。④可见，英国经验论包括洛克思想，不仅是

---

① Edmund Husserl, *Ideen zu einer reinen Phänomenologie und phänomenologischen Philosophie. Erstes Buch: Allgemeine Einführung in die reine Phänomenologie*, S. 52.

② Husserl, Edmund. *Briefwechsel IV. Husserliana Dokumente* III. Hrsg. Karl Schuhmann. Dordrecht: Springer. 1994. S. 84.

③ Farber, Marvin. *The Foundations of Phenomenology*. Albany: State University of New York Press. 1943. p. 217.

④ 参见 Schumann, Karl. *Husserl-Chronik*: Denk-und Lebensweg Edmund Husserls *Husserliana Dokumente* I. Dordrecht: Springer Science+Business Media. 1977。

胡塞尔最初的重要思想来源，而且贯穿其现象学发展始终。后来，胡塞尔在德国大学任职日久，才更多地接触德国观念论并受其影响。

从胡塞尔早年的著作中也可以看到，其早年思想的发展受到洛克经验论的实质影响。关于数的起源的“描述心理学”从洛克的著作中吸收了不少灵感，并在批评洛克的思想中确立其观点。胡塞尔在教职论文《数的概念：心理学分析》中，就援引和讨论洛克关于数的概念形成的心理机制。他认为，洛克在《人类理智研究》中“细致地描述了数数的心理过程，却没有以定义的形式来明确其关于数的内容的观点”。① 洛克还认为，数字普遍的观念，“适用于人类、天使、行动、思想，适用于每一件可以存在或被思考的事物”。② 在《算术哲学》中，胡塞尔引用了洛克关于数字概念起源的原文：

> 在我们拥有的所有观念中，没有一个比统一性或一的观念更简单，也没有一个观念能以更多方式被呈现给心灵。它没有任何多样性或复合的影子；我们感官所接触的每个对象、解力中的每个观念、心灵中的每个思想，都伴随着这个观念。③
>
> 通过在我们的心智中重复这个观念，并将这些重复加在一起，我们就得到了其模式的复杂观念——数字。④

---

① Husserl, Edmund. *Philosophie der Arithmetik*. *Husserliana* XII: Hrsg. Lothar Eley. The Hague: Martinus Nijhoff. 1970. S. 17.

② Ibid.

③ Edmund Husserl, op. cit., S. 126—127. 原文参见 Locke, John. *An Essay Concerning Human Understanding*. ed. Peter Nidditch. Oxford: Oxford University Press. 1975. p. 10.

④ Edmund Husserl, op. cit., S. 126—127. 原文参见 John Locke, op. cit., p. 10.

这段引文有明显的心理主义色彩，因为这将数学对象的起源追溯到心理学活动。类似地，胡塞尔认为，数是共相，而“多”的概念起源于对结合性联结活动的反思。① 此外，洛克认为理念性的事物——如共相、命题以及逻辑规则等——也是起源于心理活动的观念。

在现象学突破之作《逻辑研究》中，胡塞尔清算了洛克的心理主义。这也算是他与自己之前的心理主义倾向告别。在《第二研究》中，胡塞尔批评了洛克的抽象观念（abstrakten Ideen/allgemeine Idee）理论。洛克认为，共相严格来说并不存在，仅有具体事物存在。不过，基于不同事物的相似性，人们用通名来指称同样的事物。这意味着人们通过抽象活动，从关于具体事物的复杂观念中分离出某些观念，并将通名与之结合，并获得抽象观念。比如，人们从不同的红色事物中分离出红色属性，并用红色这个通名称呼这些特征。但抽象观念不是所谓共相——这并不存在，而仍然是心灵中具体的观念。观念只能是具体的，但可以代指许多与该具体观念类似的观念。胡塞尔认为，洛克的抽象观念理论，是“观念”的含混性误导所致。胡塞尔的批评主要包括如下几点②：1）洛克的观念指感知的直接对象；但同时 2）观念又指表征体验，它意向性地指向某个对象，“每个观念是关于某物的观念，它表象某物”；3）洛克混淆了表象和被表象的对象；4）与前一点相关，洛克混淆了内心的观念与被表象的对象的属性；5）在“一般观念”的理解上，洛克混淆了作为类属性的特性，以及作为对象的要素的

---

① Edmund Husserl, *Philosophie der Arithmetik*, S. 17.

② Husserl, Edmund. *Logische Untersuchungen. Zweiter Band. Erster Teil: Untersuchungen zur Phänomenologie und Theorie der Erkenntnis. Husserliana* XIX. Hrsg. Ursula Panzer. The Hague: Martinus Nijhoff. 1984. S. 133—134.

特性(例：作为一般类特征的红与作为单个对象的要素的红，是不同的)；6)洛克混淆了作为直观表象的观念/表象，以及作为意义表象的观念或表象。总之，胡塞尔最后的诊断是，洛克未能区分特性的显现与显现的特性，也没有区分作为要素的属性与作为类型属性(spezifisches Attribut)的特性，他通过"一般观念"对共相做了心理学的实体化(psychologische Hypostasierung des Allgemeinen)，让共相成为意识中的实项材料。

另外，在《第六研究》中，胡塞尔批评了洛克关于逻辑性范畴的心理起源的理论。洛克认为，存在、统一性、多样性、整体、数、理由、后承等观念起源于对内在心灵生活的反思。他认为"存在/是(Sein)"的概念，起源于对判断活动(A 是 B，Gold ist Gelb)的反思性经验。而胡塞尔认为，存在概念和其他逻辑性概念并不起源于内在感知。他说："不是在对判断的反思中，也不是在对判断的充实的反思中，而是在判断的充实本身中，才有事态和存在的真正概念起源(在系词意义上)。不是在这些作为对象的活动中，而是在这些活动的对象中，我们有实现有关的概念的抽象基础。"①

胡塞尔对洛克的心理主义的批评并没有止步于《逻辑研究》，而是贯穿其哲学的后续发展。例如："经验主义的抽象理论让思想的运作变为不可理解的而且自相矛盾。"②

然而，笔者要论证的是，就哲学旨趣和方法论方面而言，胡塞尔现象学都与洛克经验论在各方面仍然有诸多亲缘关

---

① Edmund Husserl, *Logische Untersuchungen, Zweiter Band, Zweiter Teil: Untersuchungen zur Phänomenologie und Theorie der Erkenntnis*, S. 669—670.

② Husserl, Edmund. *Erste Philosophie (1923/24). Erster Teil: Kritische Ideengeschichte*. *Husserliana* VII. Hrsg. Rudolf Boehm. The Hague: Martinus Nijhoff. 1956. S. 303.

系。两者的亲和与张力，对理解当代语境下的自然主义倾向哲学与先验哲学间的关系，也颇有助益。

二、胡塞尔与洛克的哲学观念

哲学何为？哲学家对哲学的任务问题的回答决定了其哲学观以及哲学方法。笔者要展示，尽管胡塞尔现象学与洛克的经验论哲学有不同的出发点，他们所面临的核心哲学任务却有相似之处。洛克经验论哲学的基本任务是研究人类知识，具体是其来源、确定性和范围的问题。洛克并非仅仅是为了认知而研究认知，而是想为当时最为前沿的科学研究作出自己的贡献。洛克说："这个时代产生了伟大的海格尼乌斯和牛顿先生这样的巨擘，还有其他一些这样的人，而要是能致力于作为打下手的劳力（underlabourer），清理地面，清除阻碍知识的垃圾，就已经很有志气了。"①洛克似乎未敢怀揣建设知识大厦的雄心。但这段话实际上兼具自谦与雄心，从中可以读出多重意思。一是高度认可当时的科学特别是牛顿力学取得的成绩；二是认为哲学与科学是连续的，哲学应该而且可以做对科学家有用的工作，哪怕只是清理工作。

那么，具体是哪些理论与观念会阻碍科学的发展，以至于要被清理？笔者这里主要提到两点。首先，洛克论证经验才是知识的真正源泉，反对人类心灵中存在固有内在观念。洛克经验论的大敌就是理性主义坚持的内在论，该理论认为一些观念是内在于心灵的，并不源自于经验。洛克反对这种理论，他的思路是：

---

① John Locke, *An Essay Concerning Human Understanding*, p. 9—10.

> 让我们设想心灵是白纸，没有任何字词，没有任何观念；那心灵是如何被装置(furnished)的？……它从哪里获得所有的理性和知识的材料？……我的回答是，从**经验**中来。我们所有的知识都是建立在这个基础上的……。**我们对外部可感知物体的观察，或对我们自己所感知和反思的我们心灵内部运作的观察，是为我们的理解力提供所有思考的材料**。这两者是知识的源泉，我们所拥有的或能够自然拥有的所有思想都来自于此。①

洛克认为，对观念的内在论的预设，必然使人们误解知识，因为这会阻碍人们理解知识的真正来源。不破不立，破除内在论最好的办法是清楚地展示原先被认为是内在的观念其实是来自外在经验与内部反思的。

其次，洛克认为科学发展的另一个阻碍是含混的语言和概念。洛克说，"……含糊不清、微不足道的言语形式，以及对语言的滥用……只是无知的掩饰，阻碍了真正的知识。"②因此，洛克认为，我们要通过考察概念的经验起源，来阐明哲学/科学核心语词的意义。这相当于是近现代哲学中的"语言转向"。

破而后能立，洛克哲学有积极建构的一面，这有一段纲领性的话为证：

> 我的目的是探究人类知识的起源、确定性和范围；以及信念、意见和同意的基础和程度；我现在不会插手心灵的物理研究……目前只需要考察人的辨识能力如何加之

---

① John Locke, *An Essay Concerning Human Understanding*, p. 104. 强调是原文中的。

② John Locke, op. cit., p. 10.

> 于与之相关的对象就足够了。……用这种历史性的(Historical)、明白(Plain)的方法来说明我们的理解力是如何达到我们所拥有的那些概念的……①

尽管胡塞尔在《逻辑研究》中清算了洛克的心理主义，但随着胡塞尔的先验哲学转向，洛克式的经验论及其学派对胡塞尔的先验哲学的意义再次凸显出来。在《逻辑与认识论导论》(06/07)中，胡塞尔明确提到洛克的开创性地位。他说："在近代哲学中，洛克(J. Locke)在其《人类理智论》中首次尝试系统地研究知识来源。就在导言中，洛克描述其任务是研究人类知识的起源、确定性和范围，以及信念和意见的根据和阶段。"②不过，这样的研究，要基于经验而非思辨，要靠"历史的"和"明白"的方法。换言之，要依据经验，清楚地追踪并阐述人类理解的核心概念(如同一性、因果性、数量等)是如何起源的，并在此基础上说明人类各种知识的范围和相应的确定性程度。

洛克对哲学任务的理解，有被胡塞尔接受的部分，也有被批评的部分。胡塞尔现象学的核心目标之一是"认知批判(Erkenntniskritik)"，这透露了胡塞尔对哲学任务的理解。对胡塞尔来说，认知批判就是"对理论理性的最终阐明的学科"③。这也是要阐明所有认知对象，包括逻辑、数学、一般范畴等知识和意义体系的起源、限度与有效性。在这点上，胡塞尔的哲学与洛克的经验论异曲同工，因而认知批判也继承了经验论的哲学任务设定。

---

① John Locke, *An Essay Concerning Human Understanding*, p. 43—44.

② Edmund Husserl, *Einleitung in die Logik und Erkenntnistheorie. Vorlesungen 1906/07*, S. 135.

③ Edmund Husserl, op. cit., S. 147.

然而，认知批判决不能接受洛克经验论中的心理主义和自然主义的设定。这种设定就是非批判地接受心理学性质的自然实在的有效性。在《逻辑与认识论导论》的讲座课程中，胡塞尔指出，“洛克著名和饱含真理的伟大著作”中混杂了心理学和认识论两个方面：

> 一方面是心理-发生学，针对的是人和动物的各种心理功能的心理和生物发展，更确切地说，是知性功能；另一方面是认识论，针对的是科学理论的基本概念，是理解认识的客观有效性，以及被认识的本质所刻画的客观性的意义。①

此外，在《第一哲学》收集的手稿中，胡塞尔认为，洛克采取心理主义和自然主义的路径来研究知识问题。他认为，洛克对内在生活或者“内在”经验的领域采取了“感性主义-自然主义解释”。②同时，

> 洛克在内在经验的框架内贯彻了认知心理学和理性心理学理论的思想……洛克由他对生物自然科学的专注所决定，他将发生的观点引入心理学：他想处理认知灵魂的历史；然而，灵魂是以自然主义的方式被认为是个别事物的复合体……③

---

① Edmund Husserl, *Einleitung in die Logik und Erkenntnistheorie. Vorlesungen 1906/07*, S. 207.

② Edmund Husserl, *Erste Philosophie (1923/24). Erster Teil: Kritische Ideengeschichte*, S. 319.

③ Edmund Husserl, op. cit., S. 345.

胡塞尔认为，自然主义与心理主义路径无法彻底地研究知识问题。这是因为，运用因果解释以及其他自然主义原理来说明知识的起源，就是在进行循环阐明，因为自然实在以及因果性本身就需要得到彻底说明。

> 从认识论角度来看，人类知性的发展史及其发展过程中各种联系的因果解释完全无关紧要。这与认识论也毫无关系。这属于作为自然科学的心理学的范畴，而心理学完全属于认识论问题的领域，对认识论学者来说是一个绝对的未解之谜。我们必须严格地保持悬置，因为这里所涉及的超越性始终是我们的问题所在。试图通过因果解释或任何自然的和超越的科学来建立认识论，这是一个根本性的错误……①

总结来说，胡塞尔与洛克在哲学任务的设定方面，貌似是有颇多重叠之处：他们都尝试阐明人类知识中最为核心的范畴，包括逻辑性的形式范畴与形而上学性质的质料性范畴。然而，洛克对其研究对象的理解，是在自然主义和心理主义框架下的自然和心理学实在。胡塞尔批评这种理解，认为要从根本上阐明所有认知对象及其有效性，就必须“悬置”自然设定，拒绝心理主义，回到意识体验本身，阐明基本的逻辑范畴与一般的形而上学范畴是如何生成的。

---

① Edmund Husserl, *Einleitung in die Logik und Erkenntnistheorie. Vorlesungen 1906/07*, S. 207.

三、洛克经验主义方法论与胡塞尔现象学方法

尽管胡塞尔反对洛克的自然主义与心理主义路线，但他的现象学方法批判性地继承了洛克经验论方法。本文将阐述三个主要方面：两者都以某种经验或体验而非玄思为明证性的源头，并看重反思性体验对哲学阐明的意义；胡塞尔在先验转向之际与之后，将洛克、休谟等经验论者也当成是先验哲学方法的先行者；胡塞尔的发生现象学承接洛克所谓“历史的”哲学方法。

（一）经验性反思与现象学反思

我们知道，洛克的哲学任务，是要用“历史性的”和“明白的”的方式，阐明理解力如何获得知识的核心概念。在开始阐明之前，洛克也进行了“破”或者还原、悬置的工作，他首先反驳了内在观念学说，并建议我们将哲学理论完全建立在经验证据之上。洛克在《人类理解论》开始就指出，知识只有两个源泉：外感知和对内心状态的“反思（reflection）”。① 在此之后，洛克就开始了对各种类型的观念（简单观念、复杂观念、感知的观念、回忆、样态、延续、数字、无限、能力、属性、同一性、多样性、因果性关系，等等）的长篇累牍、细致入微的系统探究。而这件事情具有极大的开创性。我们关于外物的属性的概念源自外感知。但很多概念则源自反思。比如，自我心灵的概念源自反思，这些概念包括感知、思维、怀疑、信念、意志等。此外，我们关于能力、因果性的概念，也与反思有很大关

① John Locke, *An Essay Concerning Human Understanding*, p. 105.

系。比如，我们是通过对我们的意志的驱动力的反思性经验，才获得了原初的力的概念。[①]

胡塞尔强调体验与描述的方法不仅和布伦塔诺的“经验立场”有着传承关系，而且也显然与洛克的经验方法有亲缘关系。[②]胡塞尔在《第一哲学》中赞许地说，洛克“**首次突破**到直觉主义方法……［通过］回溯到直觉和明证的原始来源；并且这是以一种系统的程序，从其原始来源澄清所有认知”。[③]在重视直观性明证这点上，胡塞尔像布伦塔诺那样，更加赞许洛克等经验论者。反之，他对康德及其德国观念论后继者多有批评。胡塞尔认为，康德哲学中仍然存在许多理论化的玄思，而没有遵从现象学的明证法则。比如，康德对知性中范畴表的设定和陈述，与洛克对概念起源的经验阐明，就完全不同。胡塞尔认为，康德基于理论思辨，“没有意识到认知批判应该采取现象学的径路”，[④]仍然陷入在“教条式的客观主义”和“理性主义”之中[⑤]。与其相对，洛克则是基于直观而“描述”了概念在经验中的起源。

但是，胡塞尔至少在两点上反对洛克的经验方法。首先，由于缺乏现象学还原的工具，洛克虽然注重经验明证至上，但依赖的乃是心理学反思。因而，关于反思的对象，洛克仍然有着自然主义的、客观主义的实在性设定，认为它们是心理学事实，而并非是胡塞尔在经历现象学还原后所发现的纯粹意识。胡塞尔说：

---

① John Locke, *An Essay Concerning Human Understanding*, p. 131.

② 另参见 Richard T. Murphy, “Husserl's Relation to British Empiricism”, p. 96。

③ Edmund Husserl, *Erste Philosophie* (*1923/24*). *Erster Teil: Kritische Ideengeschichte*, S. 146.

④ Edmund Husserl, op. cit., S. 356.

⑤ Edmund Husserl, op. cit., S. 352—353.

> 哲学自身要求直观主义，但需要的是真正的直观主义，而非洛克的那种。……因此，方法性地纯化洛克的直觉主义，悬置所有关于超越性的前提，并仅仅在内在给予性的前提下，思考对超越性的认知问题，是相当明显的做法：不过在自然主义态度中，因为当时还没有把意识看成是意识，因而不能发展出一种意向的方法。①

其次，洛克缺乏本质还原的方法，从事的是经验性的对心理因果联系的研究。这就是要基于他人和自我的心理生活的经验性事实开展研究，有时候还要依靠当时的生理学知识。因此，洛克获得的是关于人类心理的经验实在的洞见，而并非关于意识结构的本质洞见。正如墨菲指出的那样："**洛克的白板理论将意识自然化，使他无法看到其本质上的意向性**。由于未能区分真实的和意向的内在性，洛克天真地认为，在知觉意识中直接给予的是外部世界本身存在的大致忠实的复制品。"②

（二）洛克对经验主体的研究作为现象学先验哲学的先驱

或许有人认为，胡塞尔的先验现象学与康德哲学更相关。但胡塞尔认为洛克对先验哲学/现象学就已经有开拓之功。什么是先验哲学？在现象学的发展上，这意味着胡塞尔在《逻辑研究》之后对"先验主体"和"纯粹意识"的发现与确立。先验主体与纯粹意识是在实在的世界与自然意义上的自我被悬置之后的"剩余物"：即便我们悬置主体和世界的实在有效

---

① Edmund Husserl, *Erste Philosophie* (*1923/24*). *Erster Teil: Kritische Ideengeschichte*, S. 147.

② Richard T. Murphy, "Husserl's Relation to British Empiricism", p. 95.

性，我们仍然会获得作为纯粹现象的主体和世界现象。先验主体不被当做实在的、客观的世界的一部分，因为实在性和客观性本身就是需要被阐明的意义，而这些意义只有回溯到先验主体或纯粹意识才能被阐明。它们是所有意义与范畴的源泉。先验的现象学的描述就是要在明证性中阐明先验主体如何能构成这些意义或范畴。在《小观念》中，胡塞尔说："我们已经排除了经验主体；而先验统觉或先验意识，将有崭新的含义，而这种含义一点也不神秘。"①为什么不神秘呢？这是因为，胡塞尔不是通过玄思，而是在对意识的反思或直观中来描述主体。"我必须通过纯粹的直观，在纯粹现象之中，在'纯粹意识'之中，内在地研究知识……"②

在后期著作《危机》中，胡塞尔对先验哲学的表述更为明确些。他说：

> [先验哲学]与前科学和科学的客观主义相对立，回溯到认知主体性作为所有客观意义形成和本体有效性的原初场所，致力于理解现存世界作为意义和有效性的结构，并以此方式寻求启动一种本质上新型的科学态度和新型的哲学。③

先验哲学将纯粹意识或先验主体当做各种对象所具有的各种意义的源头，包括其客观性、有效性意义的源头。既然如此，

---

① Husserl, Edmund. *Die Idee der Phänomenologie. Fünf Vorlesungen. Husserliana* II. Hrsg. Walter Biemel. Den Haag: Martinus Nijhoff. 1950. S. 48.

② Edmund Husserl, op. cit., S. *46*.

③ Husserl, Edmund. *Die Krisis der europäischen Wissenschaften und die transzendentale Phänomenologie. Eine Einleitung in die phänomenologische Philosophie. Husserliana* VI. Hrsg. Walter Biemel. The Hague: Martinus Nijhoff. 1954. S. 102.

先验自我和纯粹意识也就同样是"外部实在"与"经验自我"的有效性的源头。因此,经验自我和外部实在就不能作为哲学思考的前提。

鉴于洛克是在自然态度下对各种概念的起源进行反思,胡塞尔对洛克的经验论将是毁誉参半的。胡塞尔一贯地认为,洛克是其先验哲学方法的先驱。我们在上文中已经看到,洛克确实试图在直观中而非思辨中阐明各种概念。胡塞尔在《第一哲学》中说:"在洛克和他的追随者中,走向真正的哲学方法的动力是鲜活的;这种经验主义是通向它作为先验现象学的道路上的重要阶段。"①而胡塞尔在《观念Ⅲ》中认为,洛克开启了关于"我思"的具体科学,因为他试图将各种范畴的有效性的源头追溯到自我之中。他说:

> 洛克是首个从笛卡尔的"我思"中寻求"我思"科学的人,也是首位从方法论上要求对认知和科学进行普遍直觉主义奠基的人,换言之,他要求将所有知识追溯到意识中的直觉源泉,在内在经验中加以澄清。②

对主体心灵的反思性经验,是获得观念的重要源头。比如,对于洛克来说,复杂观念是心灵积极组合起来的具有统一性的观念。在这个意义上,比如,"实体"和"关系"都是复杂观念。实体指的是能独立存在,但承载了诸多属性者。而关系

---

① Edmund Husserl, *Erste Philosophie* (*1923/24*). *Erster Teil: Kritische Ideengeschichte*, S. 303.

② Husserl, Edmund. *Ideen zu einer reinen Phänomenologie und phänomenologischen Philosophie. Drittes Buch: Die Phänomenologie und die Fundamente der Wissenschaften. Husserliana* V. Hrsg. Marly Biemel. The Hague: Martinus Nijhoff. 1952. S. 146.

的概念则源自审视与比较不同的观念。[①] 总的来说，胡塞尔看到，洛克试图以牛顿等人的自然科学为榜样，尝试阐明人类心灵的成就。在这点上，洛克哲学无疑具有先验色彩。然而，问题是，洛克的心理学仍然是心理主义的，还没有成为真正的先验哲学。胡塞尔说：

> 毫无疑问，洛克将科学理解为心理成就是正确且有益的(尽管他也过多地关注个体灵魂中发生的事情)，并且在各处都提出了起源问题。毕竟，成就只能通过完成它们的活动来理解。当然，在洛克那里，这是以一种肤浅的、非方法论的混乱方式进行的……[②]
>
> 在这里，所有的理论思考都建立在理所当然的、预先给定的经验世界之上，即自然生活的世界；而理论兴趣仅仅作为一种特殊情况指向其中一个真实方面，即灵魂，而另一个方面则被认为已经为精确的自然科学所知，或将根据其客观、真实的自在存在而被认知。[③]

故而，洛克哲学重视在经验基础上阐明主体对各种概念的有效性的建构，因而包含先验哲学的萌芽。然而，他的经验论毕竟是与自然科学连续，坚持自然主义路线的。

（三）“历史的”方法与发生现象学

胡塞尔更早期的时候重在对意识的结构进行静态的描述，其中最重要的突破是发现了意识的意向性结构。后来，胡

---

① John Locke, *An Essay Concerning Human Understanding*, p. 320.

② Edmund Husserl, *Die Krisis der europäischen Wissenschaften und die transzendentale Phänomenologie*, S. 119.

③ Edmund Husserl, op. cit., S. 208.

塞尔意识到，每种类型的意向对象都已经是意向性运作的结果，因而都有其“发生”的“历史”或起源。对这种起源或构成的先天描述，则是发生现象学研究的任务。毕竟，如胡塞尔所说：“所有意向性单元都来自于意向性的发生，都是‘被构成的’单元，并且就任何‘完成的’单元而言，都可以追问其发生过程以及完整的起源。”①胡塞尔认为，发生现象学的考察之所以是动态的或“发生的”，是因为，这种考察关涉“起源(Genesis)”。但这种考察之所以还是现象学的，乃是因为它属于“与自然的自然科学的起源完全不同的‘先验’世界”。②

由此，胡塞尔将其对基本认知单元的起源和洛克的“历史方法”区别开来：

> **洛克曾经谈到意识的“历史”，显然他的意图是指向这种起源，作为经验主义的先驱，他很快就将其与心理学的起源混淆，从而彻底歪曲了它。**每个认知单元(Einheit)，特别是每个现实的单元，都有其“历史”，或者相关地说，对该现实的意识有其“历史(Geschichte)”，其内在目的论形式是一个规律的系统……而事物本身是什么，只有在其历史中才能在其本质的各个方面以明证的方式呈现出来……③

在此，胡塞尔赞许洛克通过其“历史的(historical)”的方法窥

---

① Husserl, Edmund. *Formale und transzendentale Logik. Versuch einer Kritik der logischen Vernunft*. *Husserliana* XVII. Hrsg. Paul Janssen. The Hague: Martinus Nijhoff. 1974. S. 216.

② Edmund Husserl, *Ideen zu einer reinen Phänomenologie und phänomenologischen Philosophie. Drittes Buch: Die Phänomenologie und die Fundamente der Wissenschaften*, S. 129.

③ Ibid.

见了发生现象学的门径。正如他也在《危机》中赞许，相比起康德与其他科学家，洛克回到了经验与周遭的世界，并认为各种类型的对象最终都根植于经验。我们知道，洛克的工作任务是阐明科学中的概念的经验起源，尽管这种工作因为预设科学实在以及因果现实的有效性并不彻底。胡塞尔说："洛克以实际直观的、实际经历和体验的周围世界(Umwelt)作为起点和主题，并相应地询问如何从……心智的操作……到更具几何学性质的科学。"[①]自然，从先验的发生现象学视角看，胡塞尔一方面强调洛克哲学乃是先验现象学的先驱，这点比康德更为先进；但另一方面却指摘其心理主义，并未真正踏进先验现象学，因为他所描绘的认知单元起源的历史，是因果性的、发育性的心理历史，并非悬置了实在因果性的对先验起源的描述。

四、当代语境下看洛克与胡塞尔的方法论的张力

假使洛克再世，大概会认为自己的真正继承者是当代的心理学、认知科学以及神经科学，而不是先验哲学。胡塞尔将其归于先验哲学的先驱只是一厢情愿。在经验与先验路径之间，存在着不小的张力。

固然，以洛克为代表的经验论哲学对胡塞尔现象学有着不可磨灭的影响。这种影响体现在胡塞尔现象学的发迹，也体现在其整体的精神内核。甚至可以说，胡塞尔现象学更加亲近于洛克为代表的经验论，而非德国观念论。我们已经看

---

① Edmund Husserl, *Die Krisis der europäischen Wissenschaften und die transzendentalePhänomenologie*, S. 448.

到，胡塞尔现象学在哲学任务设定与方法论路径上，都与洛克开启的经验论有颇多亲缘之处。在哲学任务上，他们都意图阐明一般性的认知范畴的意义。在哲学方法上，两者都反对形而上学的玄思与理性的客观主义，希望将哲学阐明建立在直观而明证的体验基础之上；两者也都具有“先验性”，将认知主体和意识当做所有意义生成的源头；两者都强调意义、范畴或有效性的生成有发生与源起历史。

然而，胡塞尔现象学与洛克哲学也有截然的区分。洛克哲学具有反思性，并试图在明证性中阐明诸多范畴的意义的起源。胡塞尔认为，这种经验论的反思是现象学的先验哲学的先驱。但是，洛克哲学全心全意接受当时最好的科学，认为哲学与自然科学是连续的，并以其为出发点，接受世界的实在性以及关于人的心理和生理事实。故而，从胡塞尔现象学的角度看，洛克的经验论哲学根本上讲是循环的，这些所谓事实的有效性，自身仍然需要得到阐明，洛克经验论哲学因而陷入了循环阐明的怪圈。胡塞尔认为，走出循环怪圈的方法，就是通过现象学还原，悬置所有关于世界与主体的实在的有效性，从纯粹体验或先验主体出发，在明证性体验中来阐明各种对象的意义或有效性的起源。

然而，在当代知识图景包括哲学图景中，胡塞尔的先验现象学路径从者寥寥，而洛克经验论的基本精神却在当代心理学、认知科学与自然主义倾向的哲学中大放异彩。当代哲学主流大体质疑胡塞尔的先验路径的可行性。站在洛克的角度，哲学与自然科学是连续的，不可能也不应该与自然态度绝缘，而是应该在接受世界的实在性以及当代最好科学的有效性前提下，从**内部**与**中间**开始进行哲学反思，考察知识中的核心范畴的经验起源等问题。换言之，认知研究必然打转，问题只是从哪里开始。对于洛克的经验论来说，自然科学及其揭示的自然的现实性就是人们所能期望的最好的起点。而胡塞尔式对自然态度的彻底悬置尽管在局部上可以做到，但全局的悬置是不可能的，也是不可欲的。胡塞尔现象学对实在性的可悬置性的设想，或许能看成是对某些前见的警醒，但其实不能真正彻底地贯彻。胡塞尔式先验的现象学在继承并批判洛克式经验论的同时，还必须回应源自当代的经验论与自然科学的理论压力。笔者认为，先验哲学和经验哲学必将处在长久的争执之中，但从这种争执中，也可以找到更多的哲学问题与启示。

感受性内容与胡塞尔的概念论问题*

罗志达
（中山大学哲学系[珠海]）

一、导　论

在最近分析哲学以及现象学关于感知内容及其性质的研究中，概念论（conceptualism）与非概念论（non-conceptualism）之间的争论成为了重要的焦点。这个由麦克道威尔（John McDowell）和德雷福斯（Hubert Dreyfus）所肇始的争论不仅广泛引起了关于如何看待感知经验性质的问题，而且也为重新评估经典现象学的感知理论（特别是胡塞尔）带来新的视角。对于麦克道威尔而言，感知经验是由概念结构所组织起来的、因而是“概念性”，从而避免融贯论所导致的“理性空间”的空转。而德雷福斯则认为，人类与世界之间的初始联系乃是一种沉浸式的应对（absorbed copying），因此不需要任何有意识的概念性思维（conceptual deliberation）①。两者之间的争论致使我们重新审视一个基本问题——也即，感知经验在连接认知者与所认知世界之间到底起到了何种认知功能；或者说，感知在信念辩护中到底提供了何种认知支持（epistemic warrant）？对于概念论者而言，“唯有它[概念]才合理地解释感知经验如何证成了信念”[②]，由此解释素朴的感受性经验（sensuous experience）是如何连接上（hooked onto）世界，或者“让我们通达于实在？”[③]。

就此而言，胡塞尔现象学一方面提供了关于感知经验的丰富分析（例如其感知的视域结构、感知的立义模式、充实模式等等），另一方面越来越多的研究者好奇——胡塞尔对感知内容及其（形而上学）性质到底持何种立场？这导致胡塞尔研究中产生两个看起来让人诧异、且是决然不同的立场。例如以霍普[④]为代表的非概念论解读认为，如果坚持感知的直观性要求，那么就不应该引入任何空洞的、概念性的因素，因此感知就其性质而言是非概念性的[⑤]；与之相对，概念论解释则

---

* 本文是以下项目的阶段性成果：“国家重大人才支持计划”（2022WRQB02），以及中山大学高校基本科研业务费“现象学与儒学视域下的生存论情感研究”（22wkqb10）。

① See. McDowell, John. “The Myth of the mind as detaches”. In *Mind, Reason and Being-in-the-World: the Mcdowell- Dreyfus Debate*, ed. Joseph K. Schear. London and New York: Routledge. 2013. p. 41—58. Dreyfus, Hubert. “The Myth of the pervasiveness of the mental”. In *Mind, Reason and Being-in-the-World: the Mcdowell- Dreyfus Debate*, ed. Joseph K. Schear. London and New York: Routledge. 2013. p. 15—40.

② Hopp, Walter. “Conceptualism and the Myth of the Given”. *European Journal of Philosophy* 17(3). 2009. p. 363—385.

③ Van Mazijk, Corijn. *Perception and Reality in Kant*, Husserl, and McDowell. New York and London: Routledge. 2020. p. 72.

④ Hopp, Walter. “Husserl on sensation, perception and interpretation”. *Canadian Journal of Philosophy* 38(2). 2008. p. 219—245. Hopp, Walter. *perception and Knowledge*. Cambridge: Cambridge University Press. 2011. Hopp, Walter. *Phenomenology: A Contemporary Introduction*. New York: Routledge. 2020.

⑤ 另参见 Mulligan 早年的非概念论解读。Mulligan, Kevin. “Perception”. In *Cambridge Companions to Husserl*, eds. Barry Smith and David Woodruff Smith. New York: Cambridge University Press. 1995. p. 168—238.

基于不同的理由认为胡塞尔的感知理论是“概念论的”；例如郑辟瑞基于对第六《逻辑研究》中关于充实（fulfillment）在直观经验中的作用，认为胡塞尔可以支持一种概念论的解读①。

进一步考察这些争论，我们可以发现他们大多是围绕《逻辑研究》到《观念》I之间的早期文本，其中核心即是关于感知的形而上学性质及其与充实的认识论关系②。但一如慕尼（Timothy Mooney）指出，如果聚焦于感知的感性特征（sensuousness）以及其中的被动性，我们可以发现胡塞尔关于经验的发生分析支持一种相对温和的概念论解释，并且更加接近麦克道威尔后来关于感知经验的性质及其认知支撑作用的理解③。这一解读路线也面临着两个问题：

其一：感性经验在多大程度上是概念化的？例如，扎哈维和加拉格尔④为了回避强概念论（也即所有经验都由命题概

---

① PiRui, Zheng. “Is Hesserl a conceptualist? Re-reading Husserl's Sixth Logical Investigation”. *Husserl Studies* 35. 2019. p. 249—263. 另参见郑辟瑞：《胡塞尔与概念论》，载《哲学研究》，2023年，第5期，第96—105页。其他概念论解释可参见 Cobb-Stevens, Richard. *Husserl and Analytic Philosophy*. Dordrecht: Kluwer Academic Publisher. 1990. Barber, Michael. “Holism and horizon: Husserl and McDowell on non-conceptual content”. *Husserl Studies* 24. 2008. p. 79—97. Mooney, Timothy. “Understanding and simple seeing in Husserl”. *Husserl Studies* 26. 2010. p. 19—48.

② See. Mooney, Timothy. “Understanding and simple seeing in Husserl”. Hopp, Walter. *Phenomenology: Contemporary Introduction*.

③ Mooney, Timothy. “Understanding and simple seeing in Husserl”. p. 44. Barber, Michael. “Holism and horizon: Husserl and McDowell on non-conceptual content”. Doyon, Maxime. “Husserl and McDowell on the role of concepts in perception”. In *The New Year Book for Phenomenology and Phenomenological Philosophy*, eds. Burt Hopkins and John Drummond. Cambridge: Cambridge University Press. 2011. Van Mazijk, Corijn. “Kant, Husserl, McDowell: the non-conceptual in experience”. *Diametros* 41. 2014. p. 99—114.

④ Gallagher, Shaun. Zahavi, Dan. *The Phenomenological Mind (3rd Edition)*. London and New York: Routledge. 2021.

念组织起来)所导致的儿童与成人经验之间的发展断裂,而引入一种相对弱的概念论解释——也即认为感性经验具有一种本质的"区分性(differentiation)"作用并将之当作初始的概念化。但这种弱解释一方面简化了感性经验的结构化性质,另一方面也低估了感性经验在被动性层面的构成作用。

其二:感性经验在何种意义上是类型化的?胡塞尔关于经验的发生分析涉及一个核心概念——即类型化(Typik)。然则经验的类型化是否直接等同于经验的概念化?范·马奇克(van Mazijk)认为,经验的类型化意味着它可以被诉诸命题表述、因此潜在地涉及概念化构型,但这种类型化依然只是第二性的、并且要求认知者在先的主动性参与。这种解读过窄地限定了类型化在感性经验中的功能,因为"类型"不单单是对个别对象类型的创立,而且还作为经验的初始"识别能力"而先天地(a priori)在感性经验中起到结构化作用。就此而言,"类型化"是纯粹的被动性;它不需要任何自我主动性、概念能力在其中起作用,但同时又为述谓判断提供概念化的基础。

本文试图在后一个争论的图景下,着重考察胡塞尔后期一个相对系统的文本——即《经验与判断》以及相关联的手稿。本文希望重构胡塞尔关于经验的分层理论,着重分析前述谓(pre-predicative)层面的感受性内容及其构成要素(特别是熟悉性与类型化)(第二节);特别的,本文将进一步考察"感触(Affekt)"概念在感受性经验中起到的构造性作用——也即感受材料如何从环境中基于对比而引起感受性的注意力转向,并在此基础上构成对世界的初始亲知(第三节),并在论文的最后回应范·马奇克和扎哈维等人的解读。本文认为可以将胡塞尔的类型化解读为麦克道威尔意义上的"概念能力"而非其结果,由此可以在单纯的被动性层面解释为何感性经验比单纯的感知区分性更加厚实。

二、胡塞尔论经验的分层

在《经验与判断》①(以下简称 EJ)的第 11 节——《判断之起源以及逻辑谱系学的澄清》,胡塞尔总结前面第 7—10 节关于前述谓经验到数学理想化的过程,认为从主动性到彻底被动性的回溯性分析可以将经验大致上区分为四个性质上不同但又相互延续的层次:②

1. 作为最上层的述谓判断(predicative judgment)经验,例如基本的逻辑命题 S i s p,以及在此基础上基于逻辑规则而形成的命题推演;

2. 作为逻辑化活动(die logisierend Tätigkeit)的经验,这主要是在感知经验中对个别对象之属性的确定(determinations),从而使得感知对象从一组对象中、以及个别对象从一组开放的未被规定性中确定其属性,例如"我看到桌子上的一只红色杯子"。这区别于述谓判断,例如"我判断杯子是红色的"。

3. 作为前述谓(pre-predicative)经验的被动性经验:这个经验层次的一个重要特征在于对预先被给予之世界及其对象的初始存在信念(Seinsgeweissheit),这构成了所有认知活动

---

① Husserl, Edmund., *Experience and Judgment: Investigations in a Genealogy of Logic*, trans. James S. Churchill and Karl Ameriks. London: Routledge & Kegan Paul. 1973.

② 需要注意的是,范·马奇克提供了一个类似但原则上不一样的区分。关键的差别在于,他将前述谓层次的经验视为感知经验的一个非独立性要素,其作用在于为感知行为提供感性素材。在这个基础上,他把感知行为视为具有"三重分层结构"的复合体:感性行为(sensuous act)提供素材、简单统握(simple apprehension)将感性素材把握为(apprehend as)特定对象,以及感知澄清(percpetual explication)提供对感性性质的确定(van Mazijk, Corijn. *Perception and Reality in Kant*, Husserl, and McDowell. 第 4 章)。

的信念基础。这不仅是因为所有认知活动在开始之前，我们需要设定其认知对象已经存在着；重要的是，这也为后续的认知进程提供可确认、可更改、可修订、乃至可否定的初始信念（EJ, p. 29），这都必须依赖于前述谓经验中的“被动信念”（passive doxa）。对于胡塞尔而言，这即是关于世界的“普遍的信念基础”：“世界总体的存在首先不是判断行为的结果，而是形成所有判断的前提。对世界的意识乃是一种信念确定性模态下的意识”（EJ, p. 30）。

相应的，这个被动性层面的经验关联的不是特定的感知对象、而是感知对象在被确定下来之前对意识生活所产生的感触吸引（affective allure）。简单来说，对象的预先在场——“在那存在着”（being there）意味着它在最一般的情形中乃是存在于意识场域的背景之中，而它之所以能进入到意识的前景（foreground）意味着它需要经由一种感性的触发（affect）从而使得自我产生认知兴趣的转向，以进一步把握它、规定它。当然，这也就意味着这一层面的经验不涉及任何自我主动性的运作，因为它所关切的是对象如何通过感触从周遭中“凸显”出来，①从而在单纯的感受性（sensibility）领域中得到初步的把握。

4. 作为绝对被动性的内时间经验：对于胡塞尔而言，内时间意识乃是无需任何自我主动性参与其中的自发的时间流——或者说它是意识流的自身时间化（self-temporalization），它由滞留—原印象—预持组织起来、从而使得感觉材料能够进

① Steinbock, Anthony. “Affection and attention: on the phenomenology of becoming aware”. *Continental Philosophy Review* 37. 2004. p. 21—43. 就此而言，前述谓经验包含一种特殊的意向性类型，也即一种包含自我但又不涉及自我主动性的感觉意向性（feeling intentionality），进一步讨论可参看罗志达：《感触，身体与感觉意向性》，载《哲学与文化》，2019年，第547期，第117—134页。

入到意识范围之内并得到构型。

就本文的任务来说，重要的是第三个经验层次及其形成的关于世界的初始经验及其内容——它到底在何种意义上是概念性或非概念性的？对这个问题的回答不仅涉及到对感性经验及其性质的判定，而且也为我们评估胡塞尔的概念论立场找到重要的判定基础。为此，我们可以先看一段引文：

> 如果我就其特殊性而把握到感知域当中某个或其他对象——例如看着桌子上躺着的一本书，那么我就把握到某个东西——它对于我而言是个存在者、它作为已然在先存在着的东西已然在"那里"、"在我的书房里"、即便我的注意力尚未转向它。以完全相同的方式，这整个书房[……]已然与其熟悉之物存在于"那里"、具有了"我房子中的房间"这一含义，后者则存在于熟悉的街道上、街道存在于我的小镇，如此等等。因此，所有感触我们的存在者乃是在世界的地基上发出感触；他们之作为如此被预定的存在者而被给予我们，并且认知行为、判断行为的目标在于检验他们是否真的如他们之自身被给予的那样，如他们预先被设想的那样，它们是否真的具有如此这般的性质(EJ, p. 29—30)。

胡塞尔在此典范地示例了一个感知行为的发生场域、以及被动性前述谓经验与认知、判断等述谓性经验之间的关联。在《经验与判断》以及其他相关联的手稿中，胡塞尔认为前述谓的经验包含三个重要的特征，并最终说明为何感性经验从一开始就包含了意义或含义作为其内容构成要素。

首先，前述谓经验从一开始即是处境化(situated)的，它发生于特定的场域之中并且受到该场域的规约。因此，在最宽泛的意义上说，感知、认知不是一个抽离的观察者对个别独立对象(eines isolierten einzelnen Gegestandes)的经验，而总是对某个被嵌入到周遭之中的特定对象的经验。或者说，就前述谓经验而言，当我们在注意力转向中指向某个特定对象，我们也边缘地一同意识到这个周遭——“以及作为预先被给予之物、被动的预先被给予之物的共同在场领域——也即尚未被一个把握性目光所注意的已然在那里的领域”(EJ，p. 30)。重要的是，特定对象的突显是相对于作为经验背景的周遭整体而言；当我以专注的方式感知这本书时，我在视觉域中同时觉知到旁边的水杯、远景中的书架、等等，并且这些“共当下”(co-present)的事物以非课题的方式共同组成了专注性感知、认知，乃至判断的意识背景，并在此意义上构成其不可分割的构成部分①。

其次，前述谓经验并不是空乏的，而是具有关于世界的基本熟悉性(Vertrautlichkeit/Bekantheit/familiarity)。② 就日常经验而言，我们总是在特定的生活世界之中展开生存筹划、进行各种意向活动；胡塞尔认为，这个生活世界不是一个不相关的背景，而是“为所有认知行为、所有的科学规定提供根基”(EJ，p. 41)③。这意味着，在素朴的世界经验中——不管是对个别事物的感知、抑或是社会实践，“世界”总是构成了其中被潜在设定、被视作“不言自明”的总视域——即便我感知到的

① 另参见 Kriegel, Uriah. *Brentano's Philosophical System: Mind, Being, Value*. Oxford：Oxford University Press. 2018. p. 26.

② 关于胡塞尔生活世界与熟悉性的关系，进一步讨论可参看罗志达：《生活世界与熟悉性——论卢曼对胡塞尔的批评》，载《哲学研究》，2024 年，第 9 期，第 89—98 页。

③ 另参见 Husserl, Edmund. *The Crisis of European Sciences and Transcendental Phenomenology: An Introduction to Phenomenological Philosophy*, trans. David Carr. Evanston：Northwestern University Press. 1970. p. 124, p. 142.

是个别对象、即便感知经验中并没有关于"世界"的课题意识，但我总是已然将之设定为世界之中的对象。重要的是，这样一个所有行为在其中展开的生活世界乃是我们一开始就对之有所熟悉的视域(horizon of familiarity)(EJ, p. 50)。我们在日常生活中所遇到的对象是熟悉的对象、我们对之有在先的经验，比如，"这个人是我所熟识的""这个物件是我所熟悉的"。胡塞尔在这里强调的不是具体人事物的关系属性，也不是各种过往经验累积、沉淀之后所形成的规定性；相反，他强调的是对生活世界整体的在先熟悉性(Vorbekanntheit)构成前者的认知基础。任何关于世界的经验都具有"已知和未知"这个基本结构，由此每个被认识的个别之物从一开始就具有一种"从未知到已知的熟悉性程度"(EJ, p. 37)。换言之，生活世界所提供的一般"真实感"(real)、"熟悉感"(familiar)等等，以前反思的方式规定着我们对世界的理解，它们在背景之中潜移默化地影响着、规定着各种感知、认知与理解行为①。一如胡塞尔写道，

> 这种预先知道(Vorwissen/pre-knowing)就其内容而言是不确定的，或者说未被完全规定，但它不可能是完全空洞的；并且如果它不是已然显现的，那么经验就根本不可能是对这个个别事物的经验(EJ, p. 32)。

熟悉性作为认知的必要条件——这一规定意味着，我们对个别事物的认知总是预设了对该事物相对于生活世界这个背景的某种模糊的理解，后者构成了后续认知行为对之进行肯定、否定、修正的必要的明证性基础。换言之，如果我们对

---

① 罗志达：《感触，身体与感觉意向性》。

特定对象的所有性质都没有任何理解，以任何方式都不能依照最低限度的知识来对之进行分类，那么我们甚至都无法将该对象从经验当中挑选出来、更别说是进入后续的认知进程之中、以至于被诉诸述谓和判断。因此，当我们视觉上看到一块不认识的色块(a shade of color)，但我们之所以依然能将之从视觉背景当中区分(discriminate)出来：这在最低限度上要求我们对颜色以及这个色块与相邻色块组成的背景格式塔对比有所熟悉，从而可以在没有准确的概念之前依然能够使用"那个色块(that shade)"来指称这个可能夹杂在褐色和黄色之间的颜色(例如"赭褐色")①。就此而言，胡塞尔认为这种基于熟悉性的理解构成了所有认知的意义之核(core of meaning)："任何如此陌生之物、如此不可理解之物都具有一个熟悉性的核心，无此它就根本不可能被经验到"②。

第三，我们可以由此进一步讨论胡塞尔的一个重要概念——即前述谓经验的"类型化"(typification)及其在感性经验当中起到的认知功能。胡塞尔认为，我们对外部世界的认知事实上受到过往经验的"规约"并因此是依照某个特定的"类型"(type)而进行的：当我看到一个外在对象时，我是将之看作(see as)"树""动物""小鸟"等；更具体而言，是将之看作"松树""桉树"，或者是"狗""蛇"，乃至"燕子""麻雀"等(EJ, p. 331)。问题的关键不在于感知经验把个别对象做了分类、将之归属给某个具体的类或范畴；重要的是，胡塞尔认为类型

---

① See. McDowell, John. *Mind and World*. Cambridge, London: Harvard University Press. 1996. p. 56—57. Barber, Michael. "Holism and horizon: Husserl and McDowell on non-conceptual content". p. 85—86.

② Husserl, Edmund. *Zur Phänomenologie der Intersubjektivität. Text aus dem Nachlass. Dritter Teil: 1929—1935*, ed. Iso Kern. Den Haag: Martinus Nijhoff. 1973.

一开始就在所有经验当中起作用，以便在熟悉性的基础上统觉经验对象。胡塞尔举例说，

> 当我们看到一只狗，我直接就预期到它的其他行为模式：它典型(typical)的吃、玩、跑、跳等等的方式。我实际上并没有看到它的牙齿；但即便从未见过这只狗，我一开始就知道它的牙齿看起来是怎样的——不在于它们的个体规定性，而是依据类型，只要我们先前并经常已经具有关于"相似"动物、关于"狗"的经验——它们具有"牙齿"之类的东西、并且具有这类型的东西(EJ, p. 331)

因此，类型在感性经验当中起到了某种结构化的作用。一方面，类型乃是感知赖以进行的基础。我们不是先接受感觉材料的刺激、然后根据某种认知机制将之组织成特定的观念联结并进而赋予它意义(概念)；相反，感知从一开始即将对象类型化为某物——"作为动物(as animals)""作为狗(as dogs)""作为牧羊犬(as shepherds)"。即便对于一个不掌握"牧羊犬(shepherd)"这个概念的人而言，该对象在视觉经验中可能看起来不同于具有该概念的人①，但这并不影响他依然可以将之看作具有特定"类型"的事物——例如"作为[特定种类的]狗"。重要的是，只有依据这个"类型"，我们才能有意义地谈论落入这个类型当中的感知内容——例如"褐色的毛发""尖尖的牙齿"等。另一方面，类型也从一开始允诺了感知经验的进一步可规定性，以便让我们可以预期到感知对象的更多的感性性质——例如狗的叫声、奔跑的动作等。"我们预期到这

---

① See. McDowell, John. *Having the World in View*. Cambridge, London: Harvard University Press. 2009. p. 259.

一点，而实际的经验可能确认它，也可能不确认它”（EJ，p. 331）。

在上述引文中，胡塞尔对“类型”做了一个重要的限定——也即认为“类型”预设了某些在先的经验、以便使得我们对生活世界有一整体的熟悉性。在此基础上，一旦我们将一个陌生的东西认知为某个特定的“类型”，我们就可以将后续具有相似性质的对象视为该“类型”的示例。换言之，“类型”概念预设了经验的积淀，因此预设了在过往经验当中“概念行为（conceptual activities）”的实行[①]。尽管在前述谓层面，这些“类型”缄默地影响、塑造对外部世界的经验，而无需（再）积极地采用相关概念；恰恰就此而言，范·马奇克认为胡塞尔的“类型”属于“第二被动性”——也即一种要求最低认知主动性的类型化行为[②]。与之相对，在更低层次的“初始被动性”领域（例如前语言婴儿的感知经验）事实上并不“依赖概念行为”，但依然能够形成某种“意义理解（sense-making）”——例如婴儿看到一只兔子时对它运动方向的预期和回应。范·马奇克认为，后者作为“初始被动性”原则上不会受到“概念行为”的影响，就此而言是“非概念性的（non-conceptual）”[③]。

范·马奇克在此显然对“类型化”做了一个过窄的解读，认为它需要诉诸于概念行为的引导从而实现特定类型的创立（installation）[④]，以至于他误解了“类型”在前述谓经验当中的认知功能。具体而言，虽然胡塞尔的表述暗示说“类型的创

① van Mazijk, Corijn. “Kant, Husserl, McDowell: the non-conceptual in experience”. p. 109.

② van Mazijk, Corijn. “Kant, Husserl, McDowell: the non-conceptual in experience”. p. 109—110.

③ van Mazijk, Corijn. “Kant, Husserl, McDowell: the non-conceptual in experience”. p. 111.

④ Ibid.

立”要求在先的经验和积淀，但我们不应该把“类型”视为区域性的概念——也即作为个别对象的类型。相反，胡塞尔认为“类型”是在所有经验中缄默地起作用的一种要素或能力，例如他写道：“这些[个别的实在之物]具有他们的先天，一组‘类型’——依据这个类型，他们必然被预期到，并且这些类型在这个领域中通过具体可能性的每一个充实而保持不变。”(EJ, p. 36)或者说，类型是这样一种功能性要素，感性经验通过它而得到预先的构造并且依据它而在后续经验中被预期、被确证、被修正，等等。就此而言，类型或类型化行使了最初的认知能力，①“对我们而言，世界总是认知以最宽泛的方式已经完成其工作的世界”(EJ, p. 31)。为此，我们完全可以把类型视为一种弱的概念能力：“为了让经验能够使得这一类知识可被获取，那么相关种类的能力必须已经在经验本身当中起作用”②。麦克道威尔在《将世界纳入视野》中解释，这种概念能力之在经验中起作用并不要求“概念”(concept)也一同进入到经验内容之中，就像一个不具有“牧羊犬”概念的人依然具有相关的“识别能力”(recognitional capacity)，以便将之从其他

① 相对而言，我们可以反驳 Michael Barber. (Barber, Michael. “Holism and horizon: Husserl and McDowell on non-conceptual content”.)关于被动性经验中高阶认知的渗透性解释。他认为述谓判断与前述谓经验之间的区分只是“抽象”的结果，而就其实质而言前述谓经验与述谓判断乃是“不可分割地纠缠在一起的”(p. 86)。换言之，即便是在前述谓层面，隶属于高阶判断的概念化已经在单纯的感性经验中“必然已经完成其工作”，以至于“感知和概念同时在运作”(p. 88)，由此才能达成关于经验的一种“总体性”(holistic)解释。虽然说前述谓经验和述谓性判断的区分确实是为了方法论要求作出的一个人为抽象，但这并不表示一种强的概念(即命题内容)已经在底层经验中发生作用。或者说作为“概念能力”的类型化确实构成了前述谓经验的一种重要因素，但这并不意味着前述谓经验已经包含了高阶的概念性区分；用麦克道威尔的话来说，一个不具有相关概念的人显然具有相应的“识别能力”、但这不意味着他的感知经验需要诉诸于命题知识才能挑出环境中的“这只鸟”。

② McDowell, John. *The Myth of the mind as detaches*. p. 42.

类型的动物中区分出来。而这种由“识别能力”所提供的感知内容是类型化的，但这并不要求它一定是“命题性内容”①。

在此，我们可以看到胡塞尔提供了一种自下而上的“经验上行”解释：也即从底层的前述谓经验到最终形成“一般概念”乃至命题的过程中，熟悉性以及类型化为我们提供了最初的概念性经验，而“每个依据类型而被把握的东西可以将我们导向该类型的一般概念——我们在这个类型中来把握它”(EJ, p. 332)。就此而言，经验乃至最终的命题从一开始即受限于与生活世界的关联②。用胡塞尔的话来说，

> 现在清楚的是：即便这样说是对的——也即一个真正存在的对象(a truly existing object)首先乃是我们认知行为的产物，但对于所有认知行为而言，不管在何处起到支持，这种对真正存在的对象的产生并不意味着认知行为无中生有地产生了这个对象；相反，正如对象已经预先被给予(pregiven)，一个对象性周遭也总是已然被给予我们(EJ, p. 37)。

胡塞尔认为，恰恰是在这种经验内容的上行中，前述谓经验一方面为高阶判断提供最终的概念性来源，另一方面也为所有后续认知上的确证、否定、修订提供了依据于世界的明证性基础。

三、感触与感受性内容

在《经验与判断》中，胡塞尔除了说明生活世界在前述谓

---

① McDowell, John. *Having the World in View*. p. 260.

② See. McDowell, John. *The Myth of the mind as detaches*. p. 44—45.

层面对经验内容的限定性，他还通过发生分析更为彻底地分析了感知经验的被动性来源——也即在任何“认知成就”(cognitive achievement)参与进来之前，我们在生存论层面、前课题层面所具有单纯感受性(EJ，p. 60)，论证在何种意义上感性材料在单纯的感性接受性(receptivity)中具有一种格式塔的对比结构——也即一个感知对象如何在与周遭环境的对比(contrast)中通过“感触的吸引”(affective allure)而使得对象得以从环境当中“突显出来(prominence)”，并构成有待进一步认知的有意义的对象。

为了解释的便利，我们先看一下胡塞尔在《经验与判断》中的一个例子：当我正坐在书桌前思考感觉材料的概念性而头晕脑胀时，我的注意力完全投入到了这些复杂的文本、麦兜写的这堆不明所以的论证，以致好像“遗忘”了周遭的世界：空调机的嗡嗡作响、垃圾桶里果皮的味道乃至于视域中各种颜色——他们都在意识背景中缄默地存在着，但并没有真正地突显出来。这时“一个单纯的‘刺激’从周遭世界的一个存在者那里发出，例如一声犬吠(barking)‘正好窜入我们的耳朵’，而无需我们之前对之有所注意，无需我们转过去将之当做一个课题对象”(EJ，p. 60)。

就经验的被动发生而言，胡塞尔提出的一个关键问题在于：基于何种结构性的机制，这个特定的“刺激”才能从意识背景中突显出来，以至于可以进入到被经验的范围之内，从而最终作为感知对象而被挑选(singled out)出来？再看一下这个例子：当我沉浸在写作的当其时，我显然没有注意到很多东西——窗外的犬吠，以及窗外的喇叭声、走廊里的争吵声，等等。一如胡塞尔明确说到，所有这些感性材料及其关联对象都是“预先被给予的(pre-given)”，形成了整个意识的背景(background)——与之相对，眼下的这些文本构成了意识的前景(foreground)。关键在于,我完全可能忽略掉这声犬吠;也即当我转向其他更为显著的声响(比如走廊里的争吵)时,这声犬吠可能再也不可能在整个意识背景中被意识到,更别说引起感知的兴趣。胡塞尔认为,在认知主动性尚未参与进来之前,这个单纯的感受性领域已然具有其区划性结构(articulated Gestalt)——也即意识的前景和背景;而焦点对象恰恰是相对于这个预先被给定的感受性领域的对比而突显出来的。也即是说,犬吠首先不是作为单纯的、抽象的听觉材料而进入意识;它不是一个孤立的声响感觉,而是从一个大的意识境遇(context)当中突显出来的具有特殊性质的声音。[①]重要的是,这个声音之所以能进入意识的前景并成为感知注意的焦点,在于它在单纯的感受性领域中已经搅扰(disturbed)意识经验,最终凸显出来以至于可以"抓住"我的兴趣[②]。胡塞尔将这此发生过程刻画为一种"感触力的吸引(affective allure)"。也即是说,犬吠之所以可以在当下的感受性范围内突显出来,是因为它在这个感受性领域的对比中超过了其他感性内容,并且它在此过程中吸引了经验者:"一个吸引乃是来自'对象'那边,乃是对注意力的动机性(而非因果性)的吸引(solicitation)或牵引(pull),并最终吸引自我认知上的回应"[③]。需要注意的是,

---

① 可以对比海德格尔在《存在与时间》中提到一个著名的区分:"倾听(Horchen)本身在现象上就比心理学"一开始"所定义的"听"(Hören)(也即对声响的感觉、对声音的感知)要更源初一些。倾听也具有理解性的听(verstehenden Hören)的存在模态。我们根本不是"首先"听到噪音、声音的复合,而是听到吱吱呀呀的马车、摩托车。我们听到行进的兵团、呼啸的北风、笃笃的啄木鸟、劈啪作响的火焰"(Heidegger, Martin. *Being and Time*, trans. Joan Stambaugh. Albany: State University of New York Press. 1996.)

② Mishara, Aaron. "Husserl and Freud: time, memory and the unconscious". *Husserl Studies* 7. 1990. p. 38.

③ Steinbock, Anthony. "Affection and attention: on the phenomenology of becoming aware". p. 24.

在此注意力的转向中，被转向之物并不是被我有意识地挑选出来的，而是本身已经在意识背景之中不断地发出感触之力，并且它对自我的感触力在与整个意识域的比照中变得最大——也即它抑制或淹没了其他事物的感触力，从而促成自我之注意力的转向并最终构成课题兴趣的焦点①。

在此，我们可以进一步检讨这个感触力吸引的特征。胡塞尔认为，它首先是源自于"对象一侧"，它并不是经验主体基于任何认知行为附加其上的感性属性（例如音高、音调、音色等等）。并且某个预先被给予的对象之所以能发出吸引意味着它在注意力转向之前、远在被规定为具有特定属性的感知对象之前，它已经具有了最低的统一性（unity）。换言之，在被动性领域，感受性材料并不是相互分离的、似乎需要一种高阶认知能力进行统合的、休谟意义上的感觉材料（sense-data）；相反，狗的叫声在时间延展中自身联结起来、而不是与其他听觉材料（例如喇叭声响）联结起来。或者说，感觉材料基于内部的相似性黏合而自发地联结起来（association），从而达成感性的最低可识别性——狗的叫声"听起来"即不同于喇叭的声音、红色的色块"看起来"即不同于蓝色的色块、三角形的形状"看起来"即不同于四边形的形状，等等。这构成了"感觉构造（constitution of sense）的基本规则"②。

另一方面，胡塞尔认为某个感触吸引不是单纯的感觉刺激，因为它作为吸引也就意味着在经验主体一侧被感触到

---

① Husserl, Edmund. *Analyses concerning passive and active synthesis. Lectures on transcendental logic,* trans. Anthony J. Steinbock. Dordrecht: Kluwer Academic Publishers. 2001. p. 150.

② Steinbock, Anthony. "Affection and attention: on the phenomenology of becoming aware". p. 23.

(affected)以及随着形成某种认知的兴趣和注意力转向。① 虽然这并不要求自我的主动性或自发性(spontaneity)来促成注意力的实际转向——“犬吠声非常急促,是不是院子里出了状况?”,但感触吸引总是意味着它对应于经验上的予格(dative),一个无需认知主动性的“缄默我思”(tacit cogito)。这意味着作为整体的预先被给予的背景就其感触力吸引而言并不是均质的(homogeneous),或具有同等分量(weight)或强度(intensity)②;相反,每个个别对象就其与意识背景的对比而言呈现出或大或小的吸引力——当狗吠突显出来而成为意识焦点时、其他的背景所予就相应地退回到意识边缘③。换言之,与感触力吸引的分量(weight)相对应的则是主体一侧的被触发(motivated)的“衡量”(weighting)——胡塞尔将此称为一种相对于对象的“倾向性趋向”(dispositional propensity)。例如洛兹写道:“作为其结果,(自我与周遭世界的)感触性接触(affective contact)只能以自我之倾向于此以及不倾向于此(an inclination and a disinclination)来理解,而自我则是在此处被吸引着,在彼此则被排斥着”④。我们可

① 斯坦博克进一步区分了不同类型的注意力,从低到高,包括:被动性的辨别、到认知兴趣的注意力、判断对象化和概念化,乃至更高阶的反思注意力(比如专业思考时需要诉诸的注意力)。(Steinbock, Anthony. “Affection and attention: on the phenomenology of becoming aware”. p. 21—22.)本文所讨论的“注意力”是指最低层次经验的意义上说的,也即伴随感触力吸引而导致的对对象的辨别和转向;胡塞尔认为这涉及到最低限度的“主动性(spontaneity)”,但这无论如何不是基于认知主动性而对对象的对象化和认知规定。

② Husserl, Edmund. *Analyses concerning passive and active synthesis. Lectures on transcendental logic*. p. 161.

③ Husserl, Edmund. *Analyses concerning passive and active synthesis. Lectures on transcendental logic*. p. 150. Mishara, Aaron. “Husserl and Freud: time, memory and the unconscious”. Steinbock, Anthony. “Affection and attention: on the phenomenology of becoming aware”. p. 25.

④ Lotz, Christian. *From Affectivity to Subjectivity: Husserl's Phenomenology Revisited*. New York: Palgrave MacMillan. 2007. Steinbock, Anthony. “Affection and attention: on the phenomenology of becoming aware”. p. 25.

以看到：在纯粹被动性领域，意向经验并不是单向的——也即基于意识主动性而对感觉材料的组织、激活；相反，单纯感受性的经验具有一个双向的“构造性对子”（constitutive duet）——“对象本身及其视域性的、指称性蕴含的系统，吸引主体的转向和构造的模式，召唤主体更细致地审阅它、并参与到它的意义形成之中”。[①]

就此而言，从最底层的前述谓层面（也即不涉及自我主动性、以及任何概念能力）中，其感受性内容已然内在地具有了最低层次的含义。胡塞尔对被动性经验的分析揭示了一个重要事实：任何个别对象的呈现都具有一个相对于特定感性区域背景的格式塔结构，这也就意味着任何个别对象——乃至就其最基础的感性材料的显现而言——从一开始就具有不可还原的“图型/背景的组织”（figure/background organization）[②]。恰恰是基于这个基本的结构，我们可以认为：就最基本的感觉材料而言，其性质不是休谟主义所设想的某种彼此无关联的“杂多”（mongrel），而是一种就其自身而言已经具有显现结构的显现内容——尽管它不是由概念所分划（articulated）并具有命题形式、但却最终可以被概念化并被命题述谓的内容。[③]

---

① 参看原文：“the object itself, and the system of its horizonal, referential implications elicits an orientation and pattern of constitution from the subject, beckoning the subject to peruse it more closely and participate in the formation of its sense.”（Steinbock, Anthony. “Affection and attention: on the phenomenology of becoming aware”. p. 24.）

② Steinbock, Anthony. “Affection and attention: on the phenomenology of becoming aware”. p. 24.

③ 就此而言，胡塞尔的感知理论显然不会受困于“所予的神话”；但相对于塞拉斯需要诉诸于一种强的概念论立场而言——也即认为感觉材料从一开始即具有命题结构、概念信息的空间对象，胡塞尔显然认为单纯感受性领域虽然最终构成了概念语言的确证基础、但它本身可以不受到概念语言的影响（进一步讨论，See. Williams, Heath. “Is Husserl guilty of Sellar's myth of the sensory given”. *Synthese* 199. 2021. p. 6371—6389.）

胡塞尔写道：

> 从当前被动被给予的背景出发，触发我们的并不是完全空洞的东西，也不是完全没有意义的某个或其他被给予物，也即我们完全不熟悉的被给予物。恰恰相反，不熟悉性同时总是一种熟悉性的方式。对我们发出感触的东西，至少就它一般而言是一个具有规定性的东西，乃是我们已经预先知道的东西(EJ, p. 37—38)。

胡塞尔甚至主张，认为存在着无意义的感觉材料——这不过是个荒谬的抽象；因为感知从一开始就是对富有意义之某物的感知。“那些相对于主体存在在那里但却无任何价值的纯粹感觉材料(以及高阶的感觉对象)是一种抽象。那些未能触及(touch)到感觉的东西根本就不可能被给予”(MS A VI 26, 42a)。① 类似地，海德格尔认为，感觉经验上实际听不到“纯粹的噪音”(pure noise)、看不到“单纯的颜色材料”，因为这实际要求一种“非常人为且复杂的态度”②。在最底层的感性经验中，这些依据自身相似性而自组织的感性所予已经作为认知的最低单位而起作用；相应的，我们一开始并不是“听到(Hören)”心理学意义上的声响，而是在理解的模态中倾听到(verstehenden Hören)“马车的咯吱作响”“啄木鸟的敲击声”“火苗的噼啪生”——后者在现象上、在认知发生上比前者更加源初③。“这个源初信念(Urdoxa)的领域、这个径直的信念意识的基础不过是对作为基底之对象的被动被给予的意

① 转引自 Lotz, Christian. From Affectivity to Subjectivity: Husserl's Phenomenology Revisited. p. 40.

② Heidegger, Martin. *Being and Time*. p. 153.

③ Ibid.

识。在这个领域内，存在者乃是作为统一性单位（unity of identity）而预先被给予”（EJ，p. 59）。当然，这种“统一性单位”不是基于高阶对象化、概念化、命题述谓所达成的“认知成就”（EJ，p. 60），而是在单纯感受性中基于对象的感触吸引及其格式塔结构而形成的、并构成后续认知确定性的意义有效性最初基础。

四、感知内容与前述谓意义

至此，我可以进一步检讨胡塞尔理论中的感受性内容及其概念论的性质。在其新近出版的专著《康德、胡塞尔与麦克道威尔论感知与实在》（Perception and Reality in Kant, Husserl and McDowell）①中，范·马奇克区分了两种概念论：

其一，麦克道威尔早期在《心灵与世界》中所坚持的“强概念论”（strong conceptualism），也即“概念组织了感性经验，并且这首先使得实在在感知上可以被获得”②。换言之，感性经验的内容是完完全全概念性的，并且就其构成信念证成的基础而言，这些概念性的经验内容在强的意义上乃是“命题性的”：“如果感知信息要想作为这些信念的基础，那么依据麦克道威尔，它需要像我们的信念一样需要具有同类的内容——也即概念或命题性的内容”③。即便马奇克认为感性经验并不直接等同于命题（在此意义上等同于判断）④，经验内容之

---

① Van Mazijk, Corijn. *Perception and Reality in Kant, Husserl, and McDowell*. p. 4.

② Ibid.

③ Gallagher, Shaun. Zahavi, Dan. *The Phenomenological Mind (3rd Edition)*. p. 133.

④ Van Mazijk, Corijn. *Perception and Reality in Kant, Husserl, and McDowell*. p. 127.

所以是“概念性的”意味着主体(agent)必须实行(exercise)某种概念能力来确定(specify)该内容①,这也就意味着主体必须要具有相对应的概念以及主动使用该概念的能力。麦克道威尔写道,“人们之让对象进入视野中的能力本质上依赖于做出判断的能力”②。换言之,如果人们不具有此类概念以及做出相应判断的能力,人们也就不能具有相应的感知内容——也即把对象表征为具有其确定的统一性形式。这当然是一个非常高的要求,这意味着如果没有相应的概念命题能力,我们也就不能具有由概念命题所刻画的关于外部世界的经验;因此,即便动物和前语言的婴儿具有关于外部世界的感性能力(sentience),他们原则上不能具有任何关于外部世界的概念内容,也就不能获得关于外部世界的任何理解。③“如果非理性动物缺乏概念,他们如何能够看到外部世界当中的事物,以及他们确实具有这样的经验这一事实如何兼容于概念论?”④这个推论显然是非常奇怪的,因为即便我们承认非人动物和

---

① Van Mazijk, Corijn. *Perception and Reality in Kant, Husserl, and McDowell*. p. 125.

② McDowell, John. *Mind and World*. p. 35.

③ See. Zahavi, Dan. “mindedness, mindlessness, and first-person authority”. In *Mind, Reason and Being-in-the-World: the Mcdowell- Dreyfus Debate*, ed. Joseph K. Schear. London and New York: Routledge. 2013. p. 325. 另参见范·马奇克(Van Mazijk, Corijn. *Perception and Reality in Kant, Husserl, and McDowell*. p. 131—132.):“For wasn't the whole idea of conceptualism to take the very givenness of things as a result of conceptual functions of an understanding only rational creatures like us enjoy? It seems that by saying that ‘items in the outer world are perceptually given to such creatures no less than to us’ (TFKG 2), McDowell contradicts his own conceptualism, which rests on the idea that the sensible presentation of things in the outer world relies on functions specific to rational creatures like us, namely on concepts and the capacity to judge.”

④ Van Mazijk, Corijn. *Perception and Reality in Kant, Husserl, and McDowell*. p. 132.

前语言的婴儿不具有关于世界的概念性理解，但这并不必然得出他们不具有关于世界的任何理解，就像发展心理学中“错误信念”测试所揭示的，前语言的儿童显然能够理解他人的意图并发展出共同注意等能力①。

其次，与之相对的则是“弱概念论”(weak conceptualism)，也即“所有感性经验，至少就其对我们的理性生活有所负载而言，向思想当中的命题澄清开放”②。就麦克道威尔而言，这不再意味着概念命题等理性能力普遍地渗透到感性经验之中③，也不再意味着主体首先需要被引入(initiated)一个语言传统之中并具有相应的概念系统；在最低的意义上，感性经验之所以是概念性的，意味着“感知具有这样的内容——它可以(could)适当地进入言语行为，即便它还没有被[命题地]陈述”④。范·马奇克认为，感性经验就其性质而言是还未被概念化(conceptualized)，但原则上是“可概念化”(conceptualizable)——也即可以在认知上行中被概念命题所述谓、表述、并最终被概念命题所确定。就像麦克道威尔在《将世界纳入视野》中举例，当我看到一只北美红雀，即便我没有相应的概念(即cardinal)，但这并不妨碍我成功地将之看作具有特定颜色、形状的鸟类动物。⑤ 马奇克写道，“感知经验具有其自身的内容

① See. Gallagher, Shaun. Zahavi, Dan. *The Phenomenological Mind (3rd Edition)*. p. 134.

② Van Mazijk, Corijn. *Perception and Reality in Kant, Husserl, and McDowell*. p. 4.

③ McDowell, John. *Having the World in View*. p. 258.

④ Van Mazijk, Corijn. *Perception and Reality in Kant, Husserl, and McDowell*. p. 128—129.

⑤ 关于麦克道威尔关于概念论以及感性经验的形而上学性质的前后期看法以及改变，See. Gersel, Johan. Jensen, Rasmus. Thaning Morten. “McDowell's new conceptualism and the difference between chicken, colours and cardinals”. *Philosophical Explorations* 20(1). 2017. p. 88—105.

类型，甚至在任何概念被发展出来之前，它可以将一个复杂的世界纳入视野”①。

正如上文所示，胡塞尔显然不会赞同强概念论。这不仅在于前述谓经验原则上分离了高阶的概念能力，它并不要求命题判断意义上的概念在其中运作，但却能够为后者提供经验上的明证性基础。麦克道威尔认为，只有相同种类的概念能力（乃至概念内容）在感知经验与判断述谓起作用（operative），才能保证感知经验在最终知识辩护中起到证成的认知功能，从而确保经验到知识上行过程的连续性。但麦克道威尔对强概念论意义上的概念内容的坚持显然过度知性化了感性经验，以至于他认为为了避免所予神话而必须让概念从一开始就渗透到感性经验之中。这显然混淆了命题性概念（propositional conceptuality）和感性经验本身所具有的初始的非命题性的概念化。胡塞尔在《经验与判断》写道，“只要我们没有超过其单纯形式来考虑判断，那么它们就像是源初性一样预先被给予，而不管它是关于真正知识、抑或单纯声称的知识的问题”（EJ，p. 22）。也即是说，判断之为真正知识（real knowledge）需要回溯到最初的认知行为——也即关于个体对象（individual object）的明证经验、并在其中考察个体对象的直观的质料构成（EJ，p. 26，25）。例如，胡塞尔写道，“那些就其本身而言是初始的判断乃是关于个体主词的判断，是关于个体的判断，关于经验的判断。他们后续（preceded）于经验之个体对象的明证所予，也即他们的前述谓的所予”（EJ，p. 27）。关键在于，在不诉诸于概念能力以及语言系统的基础上，前述谓层面的感性经验依然具有特定的结构化内容（EJ，

① Van Mazijk, Corijn. *Perception and Reality in Kant, Husserl, and McDowell*. p. 129.

p. 28)——"认知运动开始之前"(EJ, p. 29),个体对象已然在与周遭环境的对照中对经验者产生了感触吸引,并引起实践、认知上的兴趣。胡塞尔认为,恰恰在这种被动的经验中,我们形成了关于世界的"一般的被动信念(passive doxa)"——世界以及经验对象在最底层的被动经验中被预定为存在着。"这种信念确定性直到后续经验中依然继续,或者认知的批判行为动摇了它、将之变更为'不是如此,而是其它样子',或者'可能如此',或甚至将预定对象的确定性确认为'确实如此'和'真的存在'"(EJ, p. 29)。不管如何,前述谓经验中由熟悉性以及类型化所塑造的经验内容构成了我们对世界中个体对象的最初"预知(Vorwissen)"——"它在内容是上是未确定的、或者未完全确定的,但它无论如何都不是空洞的"(EJ, p. 32)。

就此而言,胡塞尔会赞同范·马奇克所界定的"弱概念论"①。这导致一个相关的问题:前述谓经验的内容在何种意义上是"结构化的"?或者说,这种"结构化的"经验内容在何种意义上不同于命题意义上的概念化内容,但它依然能够行使经验对于信念辩护的证成功能?扎哈维和加拉格尔认为,区别于麦克道威尔所主张的高阶的命题概念性(propositional conceptuality),经验具有一种相对低阶的基于感知的经验概念性(experiential conceptuality)。这至少包括经验的区分性原则(differentiation)和对相似性的回应(respond to similarity)。类似于上文对感触格式塔的分析,当我们感知任何特定对象时,"如果某物要在一个感知场中作为统一的事物而凸显出来,那么它就必须与其他事物以及背

---

① Van Mazijk, Corijn. *Perception and Reality in Kant, Husserl, and McDowell*. p. 133.

景相区分开来”[1]，由此感知才能将该特定对象挑选出来。这是一种无需概念能力就能进行的感知能力——就像新生婴儿很早就能把熟悉的声音、熟悉的面孔（尤其是母亲的声音和面孔）区别于其他事物一样。这构成经验概念性的“一种重要且初始的维度”[2]，感知的概念能力之把一个对象感知为“如此这般”（thus and so）恰恰需要把“这个对象”（this object）首先区别于周边的其他对象。其次，感知的另一个能力在于对相似性的回应——例如，对于婴儿而言，面孔是显著区别于其他事物的显现，并且“婴儿倾向于先看面孔、然后再看向其他的身体部位”[3]。扎哈维和加拉格尔对此感知回应提供了一种“实行主义”（enactive）的解释：感知不仅在于将某物感知为一个特定对象 o，同时还将之感知为行动的可能性——也即将对象 o 感知为可接近、可玩耍、可被认知规定、等等。并且，相似对象总是伴随着相似的感知可能性。类似的，巴伯（Micheal Barber）写道，“胡塞尔的发生现象学事实上提供了一种理解感性区分性（sensible discrimination）的方式，由此它不可分离地与概念区分性一同起作用”[4]。

对比上文关于胡塞尔感触理论的说明，我们可以发现这与胡塞尔对前述谓经验的论述原则上是相兼容的。与此同时，如果我们进一步考察胡塞尔的类型化理论及其在感性经验中的作用，我认为扎哈维等人对感知区分性的说明又相对太单薄了。根据胡塞尔对前述谓经验的说明，感知经验不单

---

① See. Gallagher, Shaun. Zahavi, Dan. *The Phenomenological Mind (3rd Edition)*. p. 135.

② Ibid.

③ See. Gallagher, Shaun. Zahavi, Dan. *The Phenomenological Mind (3rd Edition)*. p. 136.

④ Barber, Michael. “Holism and horizon: Husserl and McDowell on non-conceptual content”. p. 86.

单是区分感知场域中的一个对象与另一个对象——就像在单纯感性领域中，我们不单单能够区分“狗的叫声”(bark)和“喇叭的叫声”(horn)；重要的是，依据类型化所提供的“识别能力”，我们不需要认知能力的参与就能把“狗的叫声”识别出来并将之当做特定的经验对象(如果还不是课题对象的话)。或者说，类型化能力使得特定感性对象得以统合起来而成为可以被后续认知行为再确认、再修正的个体对象，由此为高阶的命题判断提供源自前述谓经验的明证性基础。另一方面，对感知区分性的强调也忽略了熟悉性特征在感性经验当中起到的构造性作用。我们并不是无中生有地感知到一个全新的对象；相反，任何感知对象都是相对于一个预先被给予的周遭世界而显现出来，因而即便对一个陌生对象的感知都预设了在先的“熟悉性视域”，由此提供进一步的认知可能性。当我听到狗的叫声，类型化能力不仅将之识别为特定的动物(狗)的叫声，而且这一类型化还允诺感知经验的预期性视域——预期狗的形状、奔跑的动作，等等。换言之，熟悉性与类型化在感性经验中所起到的作用一方面为感知区分性提供了基础，另一方面又远远超出感知区分性所能提供的认知功能。

五、结　论

总结而言，我认为胡塞尔对感性经验提供了一种相对温和的概念论解释，以区别于麦克道威尔的强概念论、以及扎哈维、巴伯等人的弱概念论。胡塞尔通过发生分析的方法为前述谓经验提供了详细的回溯性分析，讨论高阶的认知行为、命题判断尚未发生之前的感性经验是如何基于熟悉性和类型化而具有其结构化内容，以及这些初始的结构化内容如何成为后续认知确证的基础。

这一“自下而上”的策略显然不同于麦克道威尔所采用的“自上而下”的策略。麦克道威尔为了避免所予神话，从一开始就对感性经验设定了一个强的规范性规定——也即要求感性经验所具有的内容与命题知识所具有的内容在性质上是一样的，这使得他跟康德一样需要在论证中诉诸于某种知性对直观的范导性作用。如上所述，麦克道威尔的强概念论不仅会过度知性化感性经验——以至于认为所有感性经验从一开始即具有强的命题内容，而且也会导致诸如人类理性(rationality)发展的断裂——也即人类通过教化(Bildung)的作用突然从一种不具有世界的状态而跃进到一种具有世界的状态。与之相对，胡塞尔自下而上的策略不仅可以回避这种经验断裂的问题，而且可以对感性经验提供一种更为丰富或强健(robust)的说明，澄清为何前述谓经验能够为述谓判断提供证成基础。

从康德对“演绎”的一次误用看现象学对康德哲学的超越*

罗正东

（华中科技大学哲学学院、
华中科技大学德国哲学研究中心）

诚然，在《纯粹理性批判》的“先验感性论”部分，康德运用“阐明（Erörterung）”这一独特的方法对空间和时间做了一种全新的考察，并将这些考察分别冠以“形而上学的阐明”和“先验的阐明”之名，但是，他却没能将这一正确的方法贯彻到底，而在“先验分析论”部分（§13）使用了空间和时间的“演绎（Deduktion）”这一表述，并将其代指关于空间和时间的阐明。根据我们的考察，尽管康德的这一做法有其自己的考虑，但是按照康德对空间和时间的理解，作为直观的纯形式的空间和时间毕竟只能阐明，不能演绎。因而，我们认为，康德在对待空间和时间问题上误用了演绎这一方法。正是康德的这一误用，能够让我们看到现象学在对直观问题的处理上的正确性和彻底性，从而能够让我们洞察到在这一问题上现象学是如何超越康德哲学的。所以，本文的研究意图主要在于，一方面，根据康德的文本去揭示他在有关空间和时间的解释中对演绎这一方法的错误使用；另一方面，通过对胡塞尔和海德格尔这两位现象学家的直观理论的分析，去展现现象学对康德哲学的超越。

一、是“阐明”还是“演绎”？

在《纯粹理性批判》一书中，康德站在其批判哲学的立场上对空间和时间问题做了一种全新的解读，并在该书的第二版中将这些解读分别冠之以“形而上学的阐明”和“先验的阐明”的标题。对于这两重阐明，正如康德自己所说，一方面，形而上学阐明旨在把空间和时间描述为一种先天给予的表象，并由此证明它们是一种先天的直观形式①（参见 A23/B38）；另一方面，先验阐明的目的在于把作为直观的纯形式的空间和时间解释为一条原则，并从这条原则中显现出作为先天综合知识的纯粹数学知识的可能性（参见 A25/B40）。这就表明了，在康德那里，他所强调的这两重阐明的根本任务分别在于揭示空间和时间表象起源的先天性，并说明这两种表象在纯粹数学知识的建构中的客观效用。

如此说来，康德在“先验感性论”部分对空间和时间所做的“阐明”与其在“先验分析论”部分对纯粹知性概念所做的“演绎”在理论旨趣上具有某种相同性，即都是为了揭示某一表象起源的先天性并说明这一表象的客观有效性，只是它们所关注的表象的表现形态不同罢了，即要么关注作为先天直

---

*　本文系国家社会科学基金优秀博士学位论文出版项目“康德知识论中的演绎理论研究”（项目编号：24FYB018）的阶段性成果。

①　本文引用康德《纯粹理性批判》一书文本依国际学界惯例以“A/B（版）＋德文页码”的形式在文中标出，中译本参照邓晓芒先生的同名汉译本《纯粹理性批判》（康德：《纯粹理性批判》，邓晓芒译，杨祖陶校，北京：人民出版社，2017 年），下文不再赘述。

观形式的空间和时间，要么关注纯粹知性概念。正因此，国际诸多康德哲学研究者习惯于把康德对空间和时间所做的阐明称作是关于空间和时间的一种演绎。例如，英国著名的康德研究专家裴顿(H. J. Paton)就曾明确说过："空间的形而上学阐明与先验阐明，大体上，是和范畴的形而上学演绎与先验演绎平行的。"[①]又如，邓晓芒先生也曾表示过，"先验感性论"中所说的阐明，特别是先验阐明，也可以被称作先验演绎，因为这两个称呼在本质上应当是一回事。[②]

对于学界的这一观点，我们也可以从康德那里得到相应的文本支持。其中一处文本这样写道："我们现在已经有了完全不同种类的两类概念，它们在双方都完全先天地与对象发生关系这点上倒是相互一致的，这就是作为感性形式的空间和时间的概念以及作为知性概念的范畴，要寻求这些概念的经验性的演绎将完全是白费力气的工作，因为它们本质的特征恰好在于，它们和自己的对象发生关系时并未从经验中为这些对象的表象借取什么东西。所以如果对它们作一个演绎是必要的，那么这个演绎任何时候都必须是先验的。"(A85-86/B118)由这处文本可以明显地看出，在康德那里，他不仅提出了有关范畴的先验演绎，而且也确实提出了一种对空间和时间的先验演绎。

不止如此，对于时空的这一先验演绎，康德在另一处文本中还说道："我们前面已借助于一个先验演绎对空间和时间概念追踪了其来源，并解释和规定了它们的先天的客观有效性。"(A87/B119—120)对此，我们认为，如果按照康德本人在纯粹知性概念的演绎部分对演绎思想的理解，即形而上学演

---

① 裴顿：《康德的经验形而上学——〈纯粹理性批判〉上半部注释》，韦卓民译，武汉：华中师范大学出版社，2009年，第78页。

② 参见邓晓芒：《康德时间观的困境和启示》，载《江苏社会科学》，2006年，第6期，第15页。

绎主要关注起源问题，而先验演绎则主要关注客观有效性问题，那么，他在这里所说的“先验演绎”实际上指的就是演绎（其中包含形而上学演绎和先验演绎两个部分）①；另外，我们还认为，康德在此处文本中所说的“前面”实际上就是指他在“先验感性论”部分有关空间和时间的两重阐明的论述，因为他在这里所说的空间和时间的演绎与我们在上文中所提到的空间和时间的阐明在理论目的上具有一致性。

因而，通过对这两处文本的分析，可以明显看出，在康德那里，他确实提出了关于空间和时间的演绎这一论述字眼，而且他也确实把他在“先验感性论”部分中所说的空间和时间的阐明看作是有关空间和时间的演绎，并认为这一演绎应当包含形而上学演绎和先验演绎两个有机组成部分。对此，需要说明的是，之所以康德在对待空间和时间问题上会出现这一说法上的转变，主要是为了证明纯粹知性概念的演绎的必要性，换言之，他是站在纯粹知性概念的演绎的角度上提出时空的演绎的。

具体而言，康德认为，尽管纯粹知性概念可以在没有直观为其提供感性对象的情况下仍然普遍地进行思维，但是要想凭借这些纯粹概念去获取知识，并证实这些概念的客观有效性的话，那么，我们就不能对其做一种空乏的思维，或者将其做一种超越于感性经验之上的运用，而必须要把它们运用于经验领域，从而和经验对象发生关系。所以，如果站在哲学知识学的角度上去考察纯粹知性概念，那么对这些概念的先验演绎在任何时候都是必要的。而且，这一必要性也对空间和

① 在《纯粹理性批判》一书中，康德对“演绎”一词有时候是在一种很不严格的意义上进行使用的，这种状况正如赫费所指出的那样：“康德把‘演绎’这一术语既作为形而上学演绎和先验演绎的属概念来运用，也作为先验演绎的简称来使用。”（Otfried, Höffe. *Kants Kritik der Reinen Vernunft — Die Grundlegung der modernen Philosophie*. München: Verlag C. H. Beck oHG. 2003. S. 122.）

时间的运用问题提出了要求，即要求作为感性的直观形式的空间和时间在运用上不能扩展到超感性、超经验的领域，也就是说，不能对感性经验之外的对象(例如上帝)做任何空间和时间上的考量和界说。因而，按照康德的理解，为了证明纯粹知性概念的先验演绎的必要性，我们也要对空间和时间在运用上的权限问题作一番详细的考察，并应当效仿纯粹知性概念的先验演绎而把这一考察也称为一种先验演绎。(参见A88/B120—121)正因此，邓晓芒先生曾说道："在先验逻辑里面的知性范畴这种演绎的必要性同时也就赋予了先验感性论里面时间、空间的先验演绎以必要性。"①

尽管如此，康德毕竟清楚地表明过，几何学就其自身而言不需要寻求其合法性问题，因而不需要先验的演绎，因为几何学的知识具有直接的自明性，这种直接的自明性就是空间作为外部感官世界的纯形式的自明性。(参见 A87—88/B120)之所以如此，是因为在康德那里，空间和时间不再是独立存在的绝对实在物，也不再是自在之物的某种属性，而是一种纯直观。这就说明了：1)空间和时间不是逻辑推演的产物，而是一种直接的观念，具有直接的自明性，因而，我们不能够凭借推理的方式达到对空间和时间的起源与内容的有效把握，而只需将空间和时间这些表象里面所包含的东西尽可能完备且清晰地呈现出来，并借助于这些呈现去直接阐明空间和时间即可；2)空间和时间在有关其运用的知识方面也不表现为一种推论性的知识，而是表现为一种具有直接自明性的知识，因为，空间和时间的运用针对的是感官世界，而对于这个世界而言，空间和时间就是它的直观的纯形式，所以，在这个感官世

---

① 邓晓芒：《康德〈纯粹理性批判〉句读》(上)，北京：人民出版社，2010 年，第 354 页。

界中的一切数学知识都是基于这种直观的纯形式之上，因而具有直接的自明性。①

所以，空间和时间作为直观的纯粹形式的这一特性就决定了它们无论是在起源问题上还是在客观有效性问题上都是自明的。因而，这种自明性就要求我们在对待空间和时间的问题上不能使用演绎的方法，而只能使用阐明的方法，即将空间和时间这两个表象中所包含的东西做一种清晰的，尽管是不充分的描述（参见 A23/B38）。因而也正是在这个意义上，康德才在“先验感性论”部分明确采用阐明这一方法去达到对空间和时间的批判性阐释。

由以上论述可以看出，在康德的知识论中，尽管他提出了用阐明的方法去描述空间和时间问题，但他却没能将这一正确的方法贯彻到底，而在“先验分析论”有关对纯粹知性概念的演绎的考察中又借用演绎这一方法去界说空间和时间问题，这无疑显示出其理论表述的某种不严谨性，甚或说，他在对待空间和时间问题上误用了演绎的方法。对于康德哲学中所显现出的这一问题，我们可以站在现象学的角度上对其进行进一步的反思，并借助于这一反思一方面帮助我们更为深入地理解这一问题，即我们为何只能运用阐明这一方法达到对直观的把握，另一方面帮助我们更为精确地洞察康德哲学与现象学之间的关系以及现象学对康德哲学的超越。

二、直观只能阐明，不能演绎

在胡塞尔看来，对康德哲学的理解与把握对于其现象学的建构来说具有不可忽视的理论意义，这主要是因为现象学

---

① 参见邓晓芒：《康德〈纯粹理性批判〉句读》（上），第 353 页。

与康德的超越论哲学之间有着“一种明显的本质上的近似”。[①] 这种近似性正如胡塞尔本人所指出的那样，由于康德哲学重新拾起了被传统哲学家所抛弃的感性直观，并把它看作是知识得以被建构起来的主干之一，所以，如果站在现象学的视野上并对现象学领域的特殊性有了清晰的认识之后，那么，我们可以说康德是近代哲学史上第一位真正瞥见现象学的人；尽管如此，胡塞尔又指出，由于康德哲学对直观理论理解的局限性，这就使得他仍未能真正掌握直观或认识到直观是一个属于严格本质科学的研究领域。[②] 所以，按照胡塞尔的理解，一方面，我们要像康德那样把直观当作哲学的核心主题，甚至是最为核心的主题去加以研究；另一方面，我们又不能像康德那样用直观的演绎这一表达去替代直观的阐明，因为，直观只能阐明，不能演绎。[③]

---

① 参见胡塞尔：《第一哲学》(上卷)，王炳文译，北京：商务印书馆，2017 年，第 296 页。

② Siehe Husserl, Edmund. *Ideen zu einer reinen Phänomenologie und phänomenologischen Philosophie. Erstes Buch: Allgemeine Einführung in die reine Phänomenologie. Husserliana* III. Hrsg. Karl Schuhmann. Den Haag: Martinus Nijhoff. 1976. S. 133.

③ 参见胡塞尔：《现象学的观念》，倪梁康译，北京：商务印书馆，2017 年，第 15、49、70 页。在此需要指出的是，在《现象学的观念》一书中，尽管胡塞尔在谈到“演绎”和“阐明”时所使用的德语表达和康德的不同——胡塞尔一般分别使用“deduzieren”和“aufklären”这两个德文词，而康德使用的却是“Deduktion”和“Erörterung”——但是，二者却是在相通的意义上运用这些词的。细言之，一方面，当谈到“演绎”时，虽然胡塞尔强调的是一种自然科学意义上的推演，而康德表达的是对概念的运用权限的一种法学审查，但是，二者在使用这个词时在本质上都含有逻辑推论的意思，即要么根据一个自然定律去顺向推论出有关自然的认识，要么根据一个概念的使用去逆向推论出(追溯)这一使用得以可能的根据，并将这个根据最终引向法学上的权力根据；另一方面，当谈到直观的“阐明”时，二人也是站在相同的层面上理解该词的，即都是为了将具有自明性的直观做一种清晰的描述。所以，正是在这个意义上，本文在对相关主题的论述时，才会在康德哲学和现象学之间打通使用这两个词，而不管它们在德文表达上的差异性。

之所以如此，是由现象学对直观的独特理解所决定的。早在《逻辑研究》一书中，胡塞尔就曾区分了个体直观与普遍直观、外直观与内直观，并对范畴直观进行了深入的界定，对于这些不同的直观，正如倪梁康先生所指出的那样："它们的共同之处都在于，或者说，它们能够被称作直观的理由都在于，它们是一种能够把握原本的意识行为：'直观'首先意味着一种对事物的直接把握方式。"①这就是说，胡塞尔此时所理解的直观不仅仅是指对事物的一种把握能力，更是指对事物所呈现出的明见性的一种原本的直接的把握能力。对于这一理解，我们还可以从胡塞尔于 1907 年所出版的《现象学的观念》一书对现象学特征的描述中得到更为清晰的表达，即"现象学的特征恰恰在于，它是一种在纯粹直观的考察范围内、在绝对被给予性的范围内的本质分析和本质研究"。②而且，"明见性实际上就是这个直观的、直接和相即地自身把握的意识，它无非意味着相即的自身被给予性"。③

由此可见，直观既是胡塞尔现象学研究的核心对象，又是其现象学得以成为一门具有科学性的哲学的重要基础，因而，我们可以说，现象学就是一门借助于直观去达到对绝对的明见性或绝对的自身被给予性领域的把握，从而帮助我们回到那不包含任何模糊性和可疑性的"第一性的认识"，即回到所有认识的最终根源处的科学。所以，正是在这个意义上，胡塞尔就把直观看作是其现象学的"一切原则之原则"，并指出："每一个原初给予的直观都是认识的一个合法源泉，所有在直观中原初地(可以说是在其切身的现实中)给予我们的东西，

---

① 倪梁康:《胡塞尔现象学概念通释(增补版)》，北京：商务印书馆，2016 年，第 42 页。

② 胡塞尔:《现象学的观念》，第 62 页。

③ 胡塞尔:《现象学的观念》，第 71 页。

只应按如其被给予的那样，而且也只在它在此被给予的限度内，被加以接受。”①

然而，我们如何才能步入现象学所强调的上述直观的明见性领域，即绝对明晰的自身被给予性领域？在胡塞尔看来，这就是认识批判的任务。它要求我们借助于现象学的还原方法悬隔掉一切自然的思维态度。之所以如此，是因为自然的思维态度从不关心认识的可能性问题，而直接预设自然界存在的真实性，并在这一预设的基础上展开对自然界的研究，也就是说，自然的思维态度预先假设世界的被给予性，并直向地面对这个实存着的被给予的世界，而从不反问其得以可能的基础。而且，自然的思维态度在对世界的认识中，也从不反问我们的认识如何能够切中在它自身之外的客体，并与这些客体保持一致，或者说，从不反思认识与认识对象之间的统一性问题，而直接预设一个在认识自身之外的超越之物，从而使得我们的认识成为一种超越的认识。如此一来，就必然会使得认识的可能性和切合性问题处于神秘状态之中，从而使得自然认识的有效性变得可疑。所以，这就要求我们不能像近代哲学家一贯的那样，把认识的可能性问题看作是自明的，把数学和数学化的自然科学作为自己方法上的楷模，而应当把所有自然科学的认识都打上可疑性的标记，并对这些认识进行严厉地批判，从而使得我们能够彻底地摆脱自然的思维态度所承认的一切超越的预设。

进一步来说，我们在认识中首先要对一切有关“对认识对象的非实项含有的超越”进行还原，从而使得认识不再像自然的思维态度所主张的那样，要去预设一个在自身之外的实在

① Edmund Husserl. *Ideen zu einer reinen phänomenologie und phänomenologischen Philosophie. Erstes Buch: Allgemeine Einführung in die Reine Phänomenologie*, S. 51.

的客体，并超越自身去切中这个客体。反之，我们要做的是将认识内在化，使得认识对象能够非实项地包含在认识活动之中，因为，正如胡塞尔所说："内在是所有认识论的认识必不可少的特征。"①然而，此时所达到的内在依然是一种"实项的内在"，或者说，是一种在人的意识中的和实在心理现象中的内在，因而它依然是一种建立在某种预设——预设这一内在有某种实项的内容——之上的内在。所以，胡塞尔认为，这一"实项的超越"依然需要还原，即将这一实项的内在还原到"绝对的内在"（意向的内在）。对于这个绝对的内在，胡塞尔指出："这种排除任何有意义的怀疑的被给予状态是指对被意指的对象本身的一种绝对直接的直观和把握，并且它构成明见性的确切概念，即被理解为直接的明见性。"②也就是说，在胡塞尔看来，这个绝对的内在是经过现象学还原后最终所达到的"现象学的剩余"：一种绝对的、明晰的自身被给予性，或者说，一种对被意指的对象本身的自明性的绝对直接的直观和把握。

这样一来，经过现象学的上述还原，胡塞尔不仅指出了其现象学所强调的认识批判的核心任务，即"认识批判是想揭示、澄清、阐明认识的本质和属于其本质的在有效性方面的合理要求；而这无非就是指：使它们成为直接的自身被给予性"。③而且因此也为其现象学描画出了一个坚实的地基，即一个绝对的被给予性的领域。对于这一独特领域，正如施皮格伯格（Herbert Spiegelberg）所指出的那样，我们所要继续做的就是"非常执拗地努力查看现象，并且在思考现象之前始终忠实于现象"。④也就是

---

① 胡塞尔：《现象学的观念》，第 44 页。

② 胡塞尔：《现象学的观念》，第 45—46 页。

③ 胡塞尔：《现象学的观念》，第 42 页。

④ 施皮格伯格：《现象学运动》，王炳文、张金言译，北京：商务印书馆，2011 年，第 934 页。

说，在这个绝对的被给予性领域内，一切都是绝对明见的，我们能够做的就是借助于直观去将一切具有绝对明见性之物给阐明(描述)出来，并借助于这种阐明让整个世界及其意义如其所是地呈现在我们面前。所以，正是在这一意义上，胡塞尔指出："现象学的操作方法是直观阐明的、确定着意义和区分着意义的。"①

由此可见，在胡塞尔那里，直观并不是像康德所理解的那样，既能够用阐明也能够用演绎对其进行界说，而是只能被阐明，不能被演绎，这在根本上是由我们在上文中所揭示出的现象学的特殊性质和特殊领域所决定，也就是说，现象学在本质上是一门纯描述性的学科，因而，对于现象学所强调的直观的绝对明见性的领域而言，我们只需要将这个领域里面的一切给阐明(描述)出来即可。

三、作为"前存在论的存在之理解"的直观

除了胡塞尔之外，作为现象学家的海德格尔也对康德有关演绎在直观中的误用这一思想进行了某种超越。如果说胡塞尔主要是从现象学认识论层面去述说这一超越的话，那么可以说，海德格尔则是从他对康德哲学的现象学存在论的阐释中去展现这一超越的。

海德格尔认为，对于作为康德批判哲学定鼎之作的《纯粹理性批判》一书，我们不应该像传统哲学家所理解的那样，把它看作是一本关于存在物层面上的知识论的著作，而应当把它看作是一本有关存在论的知识的著作，或者更为彻底地说，

① 胡塞尔：《现象学的观念》，第70页。

我们根本就不应该从知识论的角度去解读该书，而应该首先把它作为一本为科学的形而上学进行奠基的著作来对待。①而且，按照海德格尔的理解，这一奠基的核心正在于对"理性的有限性"的揭示，或者说，在于对人的认知的有限性本质的澄清。

然而，我们该如何去理解人的认知的有限性本质？在海德格尔看来，康德在对知识的本质性结构的分析中，已经为我们揭櫫出了人的知识的有限性特征。康德认为："一种知识不论以何种方式和通过什么手段与对象发生关系，它借以和对象发生直接关系、并且一切思维作为手段以之为目的的，还是直观。"(A19/B33)根据康德的这一论述，海德格尔指出，康德在《纯粹理性批判》一书正文的开首所说的这句话就已经为知识的结构奠定了基调：对于一个认知而言，虽然直观和思维构成了知识之为知识的两大核心要素，但这两大要素之间并不是平行的并列关系，而是一个臣属于另一个的关系，即思维臣属于直观。所以，海德格尔认为，相较于思维，直观在康德知识论的建构中具有显明的优先性地位，甚至可以说，康德所谈论的认识的真正本质就在于直观。正因此，海德格尔曾断言："要想对《纯粹理性批判》有任何领悟，我们必须斩钉截铁地说：认知原本就是直观。"②

就此而言，要想真正揭示出人的知识的有限性特征，这就要求我们首先得去解释人的直观的有限性本质何在。在海德格尔看来，我们可以从两个方面去把握这一有限性：首先，对于人来说，他不可能像神那样通过直观直接创造出对象，继而创造出有关对象的认识；反之，对象必须从它自身出发来显现

① 参见海德格尔：《康德与形而上学疑难》，王庆节译，北京：商务印书馆，2018年，第25页。

② 海德格尔：《康德与形而上学疑难》，第30页。

自身，成为能够是自身显现出来的存在物，如此才能被我们的直观所接受。其次，人也不可能像神那样通过一次直观就达到对存在物大全的把握，而是只能在一次直观中把握到某个存在物或这一存在物的某一属性。所以，这就要求我们在对某物的直观中，还要借助于某种普遍的概念表象来规定这一直观，使得这一直观被规定为关于这个或那个事物的直观，如此才能使我们达到对某物的认知。由此可见，人的直观的有限性不仅体现在它是一种要指靠存在物的事先存在的直观，而且还体现在它是一种要依赖思维的规定性的直观，即表现为一种"思维着的直观"①。

这样一来，海德格尔通过他的上述康德阐释就为我们揭示出了人的直观的有限性特征，从而为我们揭示出了人的认知的有限性本质。然而，正是这一揭示活动又带出了另一个被他看作是形而上学疑难的根本问题，即如果说作为有限本质的人的此在不仅不能创造存在物，反而又要指靠存在物的在先存在的话，那么这一此在如何能够事先就超越这一存在物而达到对它的直观（认知）？在海德格尔看来，此在的这一有限认知要想得以可能，就必须得将其奠基在某种先行于一切存在物知识的存在论知识之上，也就是说，只有对存在物的"存在法理（Seinsverfassung）"②有某种先行的把握，此在才能达到对存在物的认知。③因而，疑难的关键在于去思考存在论的知识在何种程度上能够成为存在物层面上的知识的可能性条件。

---

① 参见海德格尔：《康德与形而上学疑难》，第 31 页。

② 对于该词，王庆节教授在其所译的《康德与形而上学疑难》一书中将其翻译为"存在法理"，而溥林教授在其所译的《康德〈纯粹理性批判〉的现象学阐释》一书中却将其译为"是之情状"，本文统一采用前一种译法。

③ 参见海德格尔：《康德与形而上学疑难》，第 47—48 页。

在海德格尔看来，对这一问题的思考实际上就是对康德所说的先天综合认识何以可能的追问。因为，按照海德格尔的康德观，先天综合认识就是这样一些认识，即是所有关于存在者的认识活动都向来以之为基础，而且必然地以之为基础的认识。①因而，海德格尔认为，康德的先天综合认识已经表明了，在对任何存在者的认识中，都已经隐藏着对存在者存在之法理的一种在先认识，因而有着一种"前存在论的存在之理解"②。而且，如果按照上文所述，即认识的本质就是直观，那么这就又进一步表明了，先天综合认识也应当首要地是直观，甚至可以说，存在论上的，即哲学上的认识也应当源始地和最终地是直观。③正因此，海德格尔认为，"《批判》一书的核心难题——各种先天综合认识是如何可能的？——能够被这样更为确定地表达：存在论上的认识活动以之为基础并且所有哲学的思想都对准的那种直观是什么？"④

对此，海德格尔认为，我们应当把康德所强调的纯粹直观看作是先天综合认识之唯一可能的奠基原则⑤，因为我们可以从康德有关空间和时间所做的阐明中发现一种与此相关的真正的存在论上的思考。细言之，一方面，康德所说的作为直观的纯形式的空间和时间不仅是人的两种基本的关联活动，而且是某种让来照面的东西被整理为具有空间性和时间性的存在者的经验性直观的条件，并且在这种让照面中，空间和时间相较于这些被整理的东西具有一种先行性；另一方面，这种

① 参见海德格尔：《康德〈纯粹理性批判〉的现象学阐释》，溥林译，北京：商务印书馆，2021年，第99—100页。

② 海德格尔：《康德〈纯粹理性批判〉的现象学阐释》，第31页。译文有改动。

③ 参见海德格尔：《康德〈纯粹理性批判〉的现象学阐释》，第101—102页。

④ 海德格尔：《康德〈纯粹理性批判〉的现象学阐释》，第102页。译文有改动。

⑤ 参见海德格尔：《康德〈纯粹理性批判〉的现象学阐释》，第116页。

作为诸确定的空间和时间关系的条件的纯粹直观并不是对象性地被给予我们，而是一种先行于所有概念的并作为我们着眼于被整理的杂多的一种非对象化地被给予的本质性结构要素。正因此，海德格尔强调，我们在对康德纯粹直观（以空间为例）的理解中应始终坚持这一观点，即

> 在经验性的直观中，在于各种确定的空间性的关系中被整理的、现成的事物中，必然有着一种先行的，但又免于对象化的（vergegenständlichungsfrei）着眼于空间作为空间的诸纯粹的空间关系。……这种着眼-于是这样一种东西，它先行引导、带领并且在这种意义上规定经验性的直观。这种先行的、非对象性的着眼于空间，是让空间性地现成摆在那儿的东西来照面的一种基本结构。①

由此可知，作为纯粹直观的空间和时间包含着对存在者的存在之类型和存在之法理的一种先行的筹划和理解，因而是所有现成的存在者得以存在的基础，也是所有有关存在者的关联活动得以可能的基础。这就不仅表明了，纯粹直观是我们在对存在者进行科学认识之前就被先天地给予我们的"前存在论的存在之理解"，而且表明了，我们只有借助于对纯粹直观的把握，即借助于对存在者之存在的先行理解才能同世界之内的所有存在者打交道。

所以，按照海德格尔的理解，康德所说的纯粹直观根本不是一种认识的关联活动，或者说，不是在对存在者进行科学研究的意义上的关联活动，而是一种前科学的关联活动，是我们在与世内存在者日常交道中所保持着的原初熟悉，因而它具

---

① 海德格尔：《康德〈纯粹理性批判〉的现象学阐释》，第161页。

有非课题性,非对象性和前概念性的特征。对此,如果我们用胡塞尔的术语来进一步解释的话,那么我们可以说,海德格尔所理解的康德的纯粹直观应当被归入前述谓的自明性区域,并且这一纯粹直观的世界应当是最原始的基底世界,即原始的生活世界①,因为,正如胡塞尔自己所说:

> 生活世界总是预先给定的世界,它总是有效,并且预先就作为存在着的东西而有效,但并不是由于某种意图、题材范围,或按照某种普遍的目的而有效。每一种目的都是以它为前提;即使是在科学的真理中认识这样一种普遍的目的,也是以它为前提,并且已经是以它为前提;并且在科学工作的进展当中,总是重新以它为前提,作为一个按其自己的方式存在着的,而且是刚好存在着的世界。②

由此可见,海德格尔对康德直观理论的存在论解读实际上就是将康德的纯粹直观最终看作是一种前科学的关联活动,从而赋予了其胡塞尔意义上的原始的生活世界的意味。所以,对于这一绝对被给予的最原初的经验领域的生活世界来说,即对于纯粹直观的世界来说,我们只需直观地观看,并根据这一直观直接对这个世界进行阐明(描述)即可,而绝不能使用任何谓词逻辑去对其进行演绎推理,因而不能像康德那样使用演绎这一方法去把握直观。

---

① 参见张廷国:《重建经验世界——胡塞尔晚期思想研究》,武汉:华中科技大学出版社,2003 年,第 129—132 页。

② 胡塞尔:《欧洲科学的危机与超越论的现象学》,王炳文译,北京:商务印书馆,2011 年,第 581 页。

四、结束语

据以上分析可知，康德在其知识论中对直观理论的理解出现了一种不严谨的现象，即在对待空间和时间问题上，没能一以贯之地坚持“阐明”这一在“先验感性论”部分所强调的正确的方法，而在“先验分析论”部分错误地使用直观的演绎这一表达去代指直观的阐明。正是康德的这一误用，让我们看到了现象学对康德哲学的超越：一方面，胡塞尔现象学明确指出直观只能阐明，不能演绎，并将直观阐明的方法看作是其现象学的基本方法；另一方面，海德格尔在对康德哲学的存在论解读中，把康德的纯粹直观不仅看作是知识的本质，而且看作是一切现成的存在者得以存在的“前存在论的存在之理解”，因而具有胡塞尔所说的原始生活世界的内涵，所以，对于这一具有前述谓性的纯粹直观，我们也只能使用阐明的方法对其加以把握。

所以，以对康德知识论中有关演绎的误用这一问题的分析为切入点，可以使我们洞见到康德知识论对待直观问题时在表述上的某种不严谨性，并且更为重要的是，能够为我们思考康德哲学与现象学之间的内在关系提供一个维度。透过这个维度，我们坚信，现象学的诸理论确实如洛克莫尔（Tom Rockmore）所说的那样，能够被解读为“包含着批判哲学的核心方面而超越了康德”。①

---

① Cf. Rockmore, Tom. *Kant and Phenomenology*. Chicago and London: The University of Chicago Press. 2011. p. 13.

现象学研究

胡塞尔现象学中哲学的开端问题[①]

路德维希·兰德格雷贝

哲学开端的问题与它在希腊世界的历史起源问题无关。关于这个起源,我们只知道这样一个事实,即我们熟悉的“哲学运思(philosophieren)”这个词第一次出现在希罗多德(Herodot)关于梭伦(Solon)的旅行的报道中。“哲学”和“哲学家”这两个词只是由于柏拉图(Platon)才获得其确定的含义,然后被追溯性地应用于最古老的、前苏格拉底的思想家。但是,这些最古老的思想家的最初登场对他们所处的环境来说绝不是什么不言而喻的事情,而是一件成问题的和令人不安的事,这一点可以从他们登场时所附会的许多轶事——附会在泰勒斯(Thales)、恩培多克勒(Empedokles)和其他人身上的轶事——和阿里斯托芬(Aristophanes)在《云》中对苏格拉底(Sokrates)的弟子倾泻的嘲讽中看出。因此,哲学家们的活动——它旨在摧毁旧的思想习惯,尤其是摧毁上帝信仰——并不是无异议地被接受的。从人们在惯常的自然生活中的行为向哲学家的行为的过渡遇到了抗拒和阻力。因此,哲学的开端(Anfang)问题实际上和哲学本身一样古老,尽管在**历史的**开端上,它在任何地方被没有明确表达为一个问题。

在人们生活于其中的虚假的意见与智慧之间的深渊虽然不仅是巴门尼德（Parmenides）的论题，而且是赫拉克利特（Heraklit）的论题；但并不是从一个过渡到另一个。柏拉图第一次探讨了这一深渊，以及人的灵魂的教育方式的问题，通过这种方式，灵魂可以被引导到人可能获得的最高知识。这种知识与人们一直拥有的知识完全不同。因此，《美诺篇》讨论的问题是，一个人如何能够寻求自己根本不知道的东西。柏拉图对这个问题的回答是众所周知的：人们能够寻求这种东西，只是因为灵魂拥有前世的诸理念（Idee）——作为真正意义上的真实的存在者——的记忆，因此只需要重新唤醒灵魂中的这种记忆。因此，对柏拉图来说，开端的问题已经解决了，在这个意义上，亚里士多德（Aristoteles）后来将自在的最初之物和至高无上者（它能够被认识和了解）与对我们而言的最初之物（在经验中已经获得最接近前者的知识）区别开来。人们必须从它回到自在的最初之物。于是，哲学的开端问题不再被明确提出。只要亚里士多德的宇宙观在后来被托马斯·阿奎那（Thomas von Aquin）接受和改造的过程中没有发生动摇，它就算是已得到了回答。他通过其对真理的双重含义的区分回答了人如何才能获得哲学真理的问题：万物的真理的原型存在于神的理智中，上帝据此创造了万物；但是，由于人的理智是神的理智的摹本，它能够认识到真理。只有中世纪晚期的唯名论神学才质疑这种对应关系。从另一个方面看，伽利略（Galilei）正是通过其对运动的分析——他想用它来改进亚里士多德的物理学——抽掉了亚里士多德-托马斯

---

① Landgrebe, Ludwig. "Das Problem des Anfangs der Philosophiein der Phänomenologie Husserls". In *Faktizität und Individuation Studien zu den Grundfragen der Phänomenologie*. Hamburg: Felix Meiner Verlag GmbH. 1982. S. 21—37.

主义的宇宙观的基础;因为这种宇宙观是以关于实体形式在人的理智中的摹本性在场(Präsenz)的学说为基础的。与此相反,伽利略的做法证明,事物运动的各种不同方式不可能从它们的实体形式中推导出来。因此,古代哲学分为第一哲学(形而上学)和第二哲学的结构已不再可行。于是笛卡尔面临着重新奠基第一哲学的任务。他的《沉思集》应该是为这种奠基服务的。以此方式,他第一次明确提出了哲学的开端问题,而这个问题到那时为止预先已被看作得到了回答。因此,黑格尔在谈到笛卡尔时能够有理由说,他"事实上是近代哲学的真正的创始人……他是一个彻底从头做起、带头重建哲学的基础的英雄人物,哲学在奔波了一千年之后,现在才回到这个基础上面"。[①]

黑格尔对笛卡尔提出的开端问题的特征作了如下描述:"这种意识——即要找出哲学中的开端,是一桩困难的事——是近代才发生的,而且困难的理由和解决困难的可能,也有过多方面的讨论。哲学的开端,必定或者是间接的东西,或者是直接的东西,而它之既不能是前者,也不能是后者,又是易于指明的;所以,开端的方式,无论是这一个或那一个,都会遇到反驳。"[②]黑格尔以前在《精神现象学》论述感性的确定性(Gewißheit)的辩证法的第一章中已探讨过开端的困难。其结论简要概括如下:哲学必须从一种确定性出发,这种确定性是不可动摇的,经得起任何怀疑,因为它无需进一步的论证。这种确定性存在于这种意识中:有某种东西在此;而"有某种东西"对我们来说最终是确定的,只是因为它对我们的感

---

① WW XV, S. 331. 中译参见黑格尔:《哲学是讲演录》(第 4 卷),贺麟、王太庆译,北京:商务印书馆,1997,第 63 页。——译者注

② GroBe Logik, WW III, S. 59,与 1812 年《逻辑学》的第一个版本相同,S. 7。中译参见黑格尔:《逻辑学》(上),杨一之译,北京:商务印书馆,1977,第 51 页。(译文据原著有所调整)——译者注

官在场。如果没有感性的感觉(Empfindung)和对所感觉之物的感知,就无法确定在我们之外终究有某种东西。因此,最后一种不可逾越的确定性似乎是感性的确定性。但是,它向我们表明的,不过是这一点:**即**某物存在。因此,它是一种完全空洞的确定性,本身尚未使我们获得任何知识。但是,一旦我们谋求在认识上超出它,我们就必须在判断上通过谓词规定这里有什么。以此方式,我们已经超出了直接确定的东西,在它之上添加了某种并非来自其感性的在场的直接确定性的东西。因此,哲学不能从直接的东西开始;因为如果它要恪守直接确定的东西,那么它的陈述就会因为指出这个现存的东西而已被穷尽,因而它就不会再有任何进展了。但是,它也不能从陈述开始,在这些陈述中,此在者(Daseiende)是在判断中由谓词规定的;因为这种确定性——即这种判断是一个真实的判断——是一种间接性的确定性。它总是已经以被判断之物的此在(Dasein)的确定性为前提了。因此,开端既不能从直接之物开始,也不能从间接之物开始。

下面应当指出的是,开端问题在胡塞尔那里如何恰恰涉及黑格尔所探讨的这一困难。这看起来可能令人感到惊讶,因为胡塞尔几乎不了解黑格尔,也从未研究过他。但是,当我们考虑到黑格尔藉此只是进一步发展了已包含在笛卡尔的新开端中的问题时,这就变得可以理解了。通过这个开端,它已成为整个近代哲学的问题。因此,胡塞尔在深入研究笛卡尔时就可能被引向这同一个问题;因为正如黑格尔所说,笛卡尔的开端的意义在于,他第一次将"主观行动作为客观真理的本质的环节"来理解。①

---

① Logik. a. a. O., S. 60,中译参见黑格尔:《逻辑学》(上),第52页。(译文据原著有所调整)——译者注

哲学的原则由此“不仅表达了主观的开端,而且表达了客观的开端,即一切事物的开端”。因此,正是这种主观的开端的问题在近代哲学中第一次被提出来。当然,哲学总已对其原则的内容作了说明,即它是水、一、心灵(Nous)、观念(Idee)、实体(Substanz)等等——可以说,不仅哲学,而且人的前哲学的(vorphilosophische)意识和行为也总已受某种关于万物之基的观念引导。但是,只是在所有这些观念在近代哲学之初变得成问题以后,笛卡尔才明确地提出了主观的开端的问题。因此,当笛卡尔回返到思维主体的自身确定性(Selbstgewißheit),回返到“我是思维”的确定性,在这种直观的、直接的确定性中发现了一个开端,在其中,主观和客观、思维和存在汇合起来。在其他一切都可能变得可疑的情况下,这里发现了一个最终的明见性(Evidenz),一个绝对的和不可动摇的基础。由此预先规定了近代哲学从关于事物的认知回问主体——即想要了解和认识的主体——的道路,即对存在于其精神本身中的认知条件的反思。

胡塞尔完全像黑格尔那样思考笛卡尔的意义;而当他这样思考时,关于一切从笛卡尔出发的形而上学——也包括德国观念论的形而上学——的方案都失败了的信念已成为共识。但对他来说,这并不意味着要求放弃这条肇始于笛卡尔的思想道路;而是相反,他以新的方式再次踏上这条道路,而且正因此他没有陷入导致近代形而上学失败的疑难困境。如果说胡塞尔在此情况下遇到了黑格尔的开端问题,那么现在应表明的是,胡塞尔对哲学开端的反思以何种偏离黑格尔的方式指出了解决那些疑难困境的可能性。这些反思还是零散的,没有得出任何结论。但是,我们可以从中重构胡塞尔对哲学的开端问题的回答。

要理解这一点,首先应当简略地想一想,胡塞尔向“我思

(Ego cogito)”的自身确定性——作为基础，即一切哲学运思的开端和出发点——的回返与笛卡尔的回返有什么区别。胡塞尔对笛卡尔的异议是众所周知的：笛卡尔将这种确定性理解为现时的思维在其思维的瞬间的一种点截性的(punktuelle)确定性，但仍将其中的确定之物称为思维实体(substantia cogitans)，而无法说明它在这种确定性中如何知道自身是实体；因为直接的确定之物只是各个现时的我思。因此，笛卡尔需要诉诸上帝的创造力，这种诉诸保持了其思维的整个变化和过程中意识到自身的自我，而且这个自我能知道自己是与自身同一的。相反，现象学表明，在这种各个现时的意识中包含着比各个现时地被意识到的思维活动(cogitare)及其思维对象(cogitatum)更多的东西。于是，无需一个论证性的证据链，以确定这个世界——作为始终意识到我自身的我，我总以为自己知道这个世界——是一个真实的世界，还是一个仅仅梦见的世界，只是我的表象。毋宁说，必须探问处于其规则性的结构中的我们的表象的过程，它是如何通过其诸功能实现这种确定性的，而我们凭藉这种确定性将真实之物与单纯的想象之物或梦见之物区别开来。在每一个关于某物的现时的意识中都包含着对一同被意识之物(Mitbewußte)、一同被意指之物(Mitgemeinte)的各种指明(Verweisungen)，这些预期(Antizipationen)可能得到充实，也可能失实。这个过程的每一个瞬间各自都包含它们。它具有其视域。胡塞尔在分析感性感知及其视角变化时对此做了反复论述，并且指明，被感知物的统一性和同一性的意识以及相关地(在意向活动方面)感知意识的统一性的意识是如何产生的。因此，每一个经验各自总已以一同意识到的方式具有其视域，而且所有视域都在我们的意识中组成普遍视域(Universalhorizont)，即由一般能被人经验的一切东西构成的普遍视域。这个普遍视域的概念从现象学上澄清了我们在日常的语言使用中谈论"我们的世界"时的意味。因此,感知意识的每一个相位各自也不是关于一个"这里的这个(Dies da)"的点截性的意识,而是在每一个意识瞬间总已隐含作为视域的世界的意识,所有个别之物都在其中向我们显示出来。于是,清楚明了的是,关于世界的谈论在何种意义上必须被理解为那种显然是"自在的"——即不依赖于我们每次意识它的方式——世界。它不只是"现象",以至于它的真理将无非是意识——胡塞尔始终明确地反对这种"主观的观念论"。当然,对世界的经验总是一种视角性的经验,每一个人都有其与他人不同的视角。但尽管如此,仍然存在主体间的交流;存在这种可能性,即在认识上独立于这些主观的视角来规定事物对我们所有人是什么。因此,世界的**客观性**在其自在存在(Ansichsein)的意义上原则上无非是指**主体间性**(Intersubjektivität)。甚至例如我们无法达到的天文学上遥远的世界的观念——如果它终究应是一种可理解的观念,而不是一种空洞的言语——本身也含有与主体性的相关性:如果一个我们这种具有感觉和认识这些权能(Vermögen)的生物能够到达那里,那么在那里向它显示的正是我们在理论上推断的这些显现。因此,现象学的任务就是展示这种"普遍的相关性先天(Korrelationsapriori)",只有与它相关联,所有我们关于存在和存在者的谈论,关于种、属和存在的本质的谈论一般才能获得一种我们可以理解的意义。

亚里士多德已从陈述方式中读出了范畴,在这些陈述方式中,总已先于一切哲学言及存在的差异。他从对语言的反思着手,这些差异已在语言中被表达出来。语言使这些差异变得明晰,它可以表现这些差异。相反,胡塞尔探究意识的功能,这样,显现者可以根据这些功能被表达出来。

当胡塞尔批评笛卡尔缺乏方法以展显我思在自身中确定

性地包含的东西时，那么他借此是在批评笛卡尔缺乏彻底主义(Radikalismus)。笛卡尔会将自我看作“世界的一小块”，像一切有限的实体一样，它与其他实体并存于上帝创造的世界中。因此，笛卡尔需要诉诸上帝的证明，以便能够奠立思维实体与其他被造实体的关系，论证它们可被思维实体认识的性质。因此，他的错误在于，他已预设了世界。为了纠正这一错误，需要先验现象学的还原，对世界“加括号”、使世界失效。只有通过还原才能表明，根本不必超出我思的自身确定性，毋宁说，我们一般所能知道和认识的一切都已包含在我思之中了。只有通过还原才能看到，世界存在的确定性并不是由个别的认识确定性，即个别的思维方式(modis cogitandi)逐个组成的，而是先于一切个别的认识确定性。因此，还原将“世界信仰(Weltglauben)”揭示为“自然态度的总设定”，我们总已生活在“自然态度的总设定”中。它是总已确定的“前见(Vorurteil)”：“世界是实证性的前见。”

当胡塞尔将先验还原称为对世界信仰的“加括号”和“排除”时，这并不意味着世界因此被降格为“单纯的现象”，而在其背后可以找到与之不同的“真正的现实”的东西。相反，还原排除了任何对一个通常设想的“背后世界(Hinterwelt)”的诉诸，它借此表明，“绝对者”无非是**世界与意识到它的主体间性的相关性**(Korrelativität)，单纯的现象与存在的真正现实之间的任何区别都会落入这种相关性内。

因此，还原的成就只是将我们所有人一直生活其中的世界信仰的总设定首先带入视野。如果不实行这种还原，那么关于我思的问题，关于每个人已拥有的意识的问题，从一开始就被错误地提出了。在这种情况下，意识被看作可为反思所通达的内在事实的整体。于是，像所有的东西一样，意识被理解为世界中的事件(Vorkommnis)，因此必须要问，它与一切处于其自身以外的东西、不在意识“之中”的东西处于何种关系。

这就是笛卡尔提出的问题，即如何能够从这个内在抵达一个外在，这个外在与之相对应，而且能在其对应关系中被认识。

因此，还原意味着恰恰是对这种意见——即这里存在两种不同种类的东西，它们必须首先被相互关联起来——"加括号"的要求。这导致的困难，物理主义已最清楚地表明了，因为它宣称，我们感性感知的事物实际上无非是物理上可研究的波动和微粒运动。这贬低了感官关于事物所教给我们的东西。它被降格为单纯的主观现象，而且忘了，感性经验归根结底是一切关于自然联系和规律的理论都必须借其得到验证的最终法庭。忘了，这个物理上可研究的世界不是别的，而是在一切物理研究之前总已是所有人的共同世界。他们一直生活于其中，物理学家也生活于其中，而且必须就它与那些对物理学一无所知的人达成共识。

因此，现象学的还原只是将到那时为止在哲学中一直是非论题性的东西带入视野；这不是世界存在的空洞的和不确定的确定性，而是世界作为我们总已生活于其中的视域的确定性，即"生活世界"的确定性。这种确定性不是空洞的，而是未经检验的传统意见的整体，我们根据这些意见理解事物，对它们采取行动。我们生活于其中的世界的确定性，本身在自然生活中是不成问题的，作为习惯和信念之网，它是一直承载着我们的基础，休谟(Hume)已指出了它对一切生活实践的意义。胡塞尔在这个意义上谈到**归纳性**(Induktivität)，一切人类此在都基于这种归纳性，而且它使人的行为的连续性成为可能。众所周知，胡塞尔非常推崇休谟，将他看作现象学的"先驱"，而他关于人类此在的归纳性的论断显然受到休谟关于习惯和信念对人的行为之意义的分析所启发。但胡塞尔将它们从感觉主义的局限和怀疑论的结论——它们在休谟那里所导致的结论——中解放出来。只有在现象学还原的态度中，这个网才会被揭开，人总已生活在这个网的延续中，而且在一切思义(Besinnung)之前，他们总已信赖这个网。它是存在于一切认识和行动之前为其提供方向和目标的东西的整体。

为了理解这个揭示“生活世界”及其结构的历史意义的方案，可以指出的是，这已是谢林(Schelling)的“肯定哲学”的方案，“将非哲学的内容纳入哲学的文本”。它是“不可预思之物(Unvordenkliche)”，它先于一切思想，哲学对此一直守口如瓶。如果休谟已预感到这一方案，尽管是在感觉主义的缩减中预感到，那么费尔巴哈(Feuerbach)——他将谢林的要求变成了自己的要求——在感觉主义(Sensualismus)的原则中看到它的实现，就并不意外了。因此，我们可以说，通过现象学还原，既不是以谢林的思辨方式也不是以休谟的感觉主义的缩减的方式来实现这一方案，而是以一种可控的、哲学上透明的方式实现这一方案。

对于胡塞尔的哲学开端问题来说，由此产生了什么结果？而由此可以指出解决开端的疑难困境的道路是什么？在1913年的《纯粹现象学的观念》中，在介绍现象学还原的方法和第一次系统展示世界构造(Weltkonstitution)的地方，哲学的开端问题尚未成为论题。但是，在胡塞尔那里，开端问题必须具有地位的地方在那里已经显现出来。开端问题不可能是任何其他问题，而只是从“自然态度”转变成先验还原的态度的问题。但是，**作为问题**，它在《观念》中被掠过了。转变是随这句话突然发生的：“我们现在不是要停留在这种态度上，而是要彻底地改变它”①，而且这种改变“是我们完全的自由的问题”②。胡

① Husserliana III, S. 63. 中译参见胡塞尔：《纯粹现象学通论》，李幼蒸译，北京：商务印书馆，1992，第94页。(译文据原文引文有所调整)——译者注

② A. a. O., S. 65. 中译参见胡塞尔：《纯粹现象学通论》，第96页。(译文据原文引文有所调整)——译者注

塞尔最初满足于发展一种方法，借助于这种方法，“在观念论与实在论之间谈判的认识论”的疑难和谜题可以被揭穿为伪问题，而且一种第一科学——哲学——可以被发展起来，它从一种坚固的、不可抹掉的、在此意义上是绝然确定的明见性出发，并将每一个进一步的步骤都建立在这种明见性之上。它将会实现笛卡尔在开始时追求但在实行中——即当它实行向作为最终的和绝对的根据维度的先验本我（Ego）还原时——却错失了的东西。

因此，引导《观念》中的阐述的兴趣是一种对认识论和科学论进行修正的兴趣。也就是说，这是一种素朴的发现之乐（Entdeckerfreude），因此，胡塞尔在这种阐述中根本不觉得开端问题是一个问题。它反映了人们对现代科学的发展作为人类无可争议的文化遗产的信任，这种信任只因第一次世界大战的发生而被动摇。因此，只有在接下来的几年中，胡塞尔才觉得这种对现象学还原中的转变的介绍已不再充分了，于是在《第一哲学》讲座（1923/24）中明确提出了开端问题。[①] 对“从头开始的哲学家的动机引发处境”的思义必须先行于对还原的介绍。因此，开端问题现在以关于从自然态度过渡到还原——作为开端——的动机的问题的形式被提出来。为此，哲学家“必然需要一种一般总是原初地将他造就为哲学家的本己的决断，需要一种可以说作为原初的自身创造的原创立（Urstiftung）。无人能不自觉地进入哲学”。[②] 也许人们一定会从这句评论中看到胡塞尔对自己的开端的自我批判，它[③]从数学的基本问题逐

① 参见 Husserliana Bd. VIII。更详尽的分析参见笔者的《胡塞尔告别笛卡尔主义》一文，收于：《现象学之路》，第三版，居特斯洛，1969 年，第 163 页以下。

② Husserliana. VIII, S. 19. 中译参见胡塞尔：《第一哲学》（下），王炳文译，北京：商务印书馆，2006，第 60 页。（译文据原文引文有所调整）——译者注

③ 指胡塞尔自己的哲学开端。——译者注

渐被引入普遍的哲学基本问题。这种将自由的决断作为哲学开端的说法使人联想到费希特(Fichte),胡塞尔在此前几年曾反复研究过他。但是,我们将看到,这种说法在胡塞尔那里具有一种完全不同的意义。现象学还原到绝对的和最终的根据维度的决断意味着,"彻底放弃世界"是"看到最真实的现实从而过上一种最真实的生活的必然道路"。①

因此,对于胡塞尔来说,只有在认识论和科学论的新根据不再能被看作还原方法的充分根据时,哲学的开端问题才被提出。因此,他没有否认科学的哲学理论——用波普尔(Popper)的术语来说就是"研究的逻辑"——的正当性。但是,在其与科学的关系上,哲学不能局限于这项任务。科学也属于我们所有人共同生活于其中的世界。随着科学的认识在技术和实践上的应用,它们以一种以前从未被预感到的方式重塑了这个世界。因此,它们在哲学上必须被探问的是,它们本身是一种生活实践,这种实践像任何实践一样,需要为其意义奠基。认识追求(Erkenntnisstreben)不再被视为是不言而喻的了,毋宁说,胡塞尔现在是在每一种追求的奠基和辨明(Verantwortung)的关联中、在其"跨越一切文化的意义"的关联中来看待科学真理的追求。因为"人对善、真、美的每一种追求的真理最终都在对规范的正确性的认识中得到辨明,被这种认识所引导,以至于在理论真理的认识形式中,一切其他的真理,因而每一种价值真理和实践真理都以述谓的认识形式表达出来,并且呈现合认识的形式……价值的真和达成目的(Erzielung)的真理最终是在认识活动中得到辨明"。②

① A. a. O., S. 166. 中译参见胡塞尔:《第一哲学》(下),第 236 页。(译文据原文引文有所调整)——译者注

② A. a. O., S. 25. 中译参见胡塞尔:《第一哲学》(下),第 67 页。(译文据原文引文有所调整)——译者注

因此，哲学的任务不再仅仅是通过科学来为世界的认识奠基，而是对认识追求的辨明。认识追求——用施莱尔马赫(Schleiermacher)的话说，即"认知意愿"——不应被认为是人的一种不言而喻和不容置疑的可能性，以至于对它的辨明就只是对获得认识的方法步骤的充分论证。相反，应当辨明的是人对这种追求的结果的使用，而这不是认识论的问题，而是一个伦理学的问题。《欧洲科学的危机》这部著作的论断是，这些科学之所以陷入危机，是因为它们不再提出这种辨明的问题。但是，现象学还原在何种程度上能够成为通达这种辨明的道路？还原的决断与辨明的决断是如何相互关联的？何以为了胜任这种辨明而需要还原？

为此，首先应当简要探讨一下胡塞尔在《第一哲学》讲座中是如何试图回答开端的动机——即从自然态度过渡到哲学态度的动机——的问题的。他指出，在自然态度的地基上不存在这样一种决断的样板，因为这种决断需要一种"完全非自然的态度"："自然的生活是作为一种原初的生活，作为一种起初完全必然地专注于世界，忘我于世界的生活而实现的。"① 它为兴趣所引导，即"兴趣生活"。一切生活实践都是为了满足这些兴趣。科学及其认识的实践应用也为生活兴趣所引导。这里也有批判性的思义，即反思为了达到实践追求的目标所选取的道路的合目的性(Zweckmäßigkeit)。"每一种自然的实践都在成就中得到满足。自然的实践经常伴有批判，而且通常是较高阶段的批判；——指出作为被实现了的东西之要素的缺陷的具体批判，这些要素显然没有实现人本来谋求的东西，而这就没有满足主要的需要，相反地妨碍了

① A. a. O., S. 121. 中译参见胡塞尔：《第一哲学》(下)，第183页。——译者注

这种满足，或甚至抵消了这种满足。对自然的实践进行规范并没有超出具体的东西，没有超出向以经验方式引出一般结论之过渡，在这种一般结论中真正看到，为了令人满意地实现当下具体一般的种之目的，不可如此这般地行事，或必须如此这般地行事。"①在自然生活中，也有一种作为行动的正当性辨明的根据。它是一种基于世界信仰的辨明。这意味着，生活实践从同类情况下得到验证的经验中获得规范，以此来衡量其成功与否。在新的情况下，验证可能缺席，经验被新的经验所纠正；但是，辨明始终回涉它，因而回涉世界信仰。②

这种对认识和行动的指导性规范的确定性的追求是人的禀赋；他需要它以便生存。但是，如果指导性的价值，在这里是指在科学中和基于科学的实践中实现的认识追求的价值，已变得成问题了，那么就需要一种新的思义，不是对个别实践方式的批判，而是一种"彻底的生活批判"③，一种"最终有效性的彻底主义"，其前提无外乎是"一切素朴的认识价值和科学价值之破灭，……认识到，因此一种全新的开端和一种完全新式的科学，是必不可少的"。④

那么，作为这种新的开端，先验还原做了什么？通过它的反思，被质疑的不是——像在自然态度的反思中那样——始终为其兴趣引导的实践的个别步骤。毋宁说，被质疑的是一

① A. a. O., S. 323. 中译参见胡塞尔:《第一哲学》(下)，第 425—426 页。——译者注

② A. a. O., S. 370ff. 中译参见胡塞尔:《第一哲学》(下)，第 495 页以下。——译者注

③ A. a. O., S. 154. 中译参见胡塞尔:《第一哲学》(下)，第 221 页。——译者注

④ A. a. O., S. 196 und 344. 中译参见胡塞尔:《第一哲学》(下)，第 62 页。——译者注

切实践都基于其上的经验整体。因此，作为使世界信仰失效的还原意味着，对引导生活实践的兴趣的游戏采取“不参与的旁观者”的态度，也就是说：不参与这种游戏。

在《危机》一书中，胡塞尔对此作了进一步说明：“通过实行这种克制态度——它禁止这种迄今为止未被打断地进行着的整体的生活方式——就获得了对全部生活的一种完全改变，获得了一种全新的生活方式。于是就达到了一种新的态度，这种态度**超出**世界的有效性之预先被给予性，**超出**那种总是将它们的有效性隐蔽地重又建立在其他有效性之上的这种无限相互交织，**超出**由多种多样的但又是综合统一的东西构成的这整个的流，在这个流中，世界具有并且重新获得意义内容和存在的有效性。换句话说，这样一来，我们就有了一种**超越于**普遍的意识生活（个别主观的和诸主观间共同的意识生活）之上的态度，在那种意识生活中，世界对于朴素的平淡的生活者来说，‘在那里’存在着，作为毫无疑问地现存的东西，作为现存事物的领域，作为全部已获得的和重新引起的生活兴趣的领域‘在那里’存在着。所有这些都由于悬搁而事先停止起作用了。”以此方式，“目光实际上才变得完全自由了，主要是从最强有力的、最普遍的，同时又是最隐蔽的内在的束缚中解放出来，也就是从世界的预先被给予性中解放出来。”①

如果胡塞尔称他的现象学是理性主义的完成，更确切地说是把它从历史的狭隘性中解放出来，那么对此可以这样理解，即这种通过还原的决断获得的悬搁（Epoche）的态度是**启蒙的完成**。传统的怀疑主义只能被这种彻底的怀疑主义克

① Husserliana VI, S. 153. 中译参见胡塞尔：《欧洲科学的危机与超越论的现象学》，王炳文译，北京：商务印书馆，2001。第183页。——译者注

服。只有这种普遍的反思才能使我们在批判性的启蒙中获得自由，从而获得生活的正当性和辨明。因此，批判性的启蒙不能通过总是试图揭穿个别的“前见”和意识形态的方式进行；因为我们多半根本不知道我们的前见究竟是什么。它隐藏在看似不言而喻的东西背后，例如，在批判所使用的某些表述和概念的不言而喻性中，我们没有进一步澄清其来源，因此，我们根本不知道哪些前见——**即**我们一般使用的前见——已经被一同实行了，因为我们一般总在使用它们。只有不停留于任何表面的不言而喻性上的普遍的决断，因而不断检查我们的语言的决心，才能在这种启蒙的解放中一步步前进。因此，只有这种还原的决断，即决心不简单保留和接受任何预先被给予性和有效性的决断，才为“生活批判”创造了前提。

至此，得要澄清悬搁的意义。它被胡塞尔称为“一种全新的开端”，这需要一种“最终有效性的彻底主义”。但是，如果自然态度没有提供这种动机引发(Motivation)的样板，离弃自然态度转入不参与的旁观者——他不参与世界的兴趣游戏——的态度的动机会是什么呢？相反，它需要锁闭任何超越它的动机引发。它是“世界失落性(Weltverlorenheit)”的态度。在结束《第一哲学》讲座后，胡塞尔再次探讨了这个问题：“只有通过**放弃下判断这样的自由行动**，通过有意识地脱离原初共同兴趣这样的自由行动，那种不参与地进行观察的态度才能在此实现”，而且“必须有一种**特殊的动机引发**使我**摆脱**这种同感”。[①]因此，向还原的过渡被称为自由的行动；但另一方面，应当可以为它指明一种动机引发。胡塞尔对这个动机

① Husserliana VIII, S. 416. 中译参见胡塞尔：《第一哲学》(下)，第154页。(译文据原文引文有所调整)——译者注

引发的问题的回答是："显然，我注意到并且专心致力于以下情况，即一切关于世界的意指活动和认识活动……都源于我自己的经验。"①但是，这种明察（Einsicht）的清晰性从何而来呢？它似乎不能超出每个人对自己及其世界已有的经验，而人们所说的自己的经验往往根本不是自己的经验，而是每个人从别人那里学到的东西。但这是胡塞尔本人随即提出的异议，以指出该定理所指的并非传统中"意识的定理"所指的东西："如果我以这种**自然的**态度在经验时以反思方式考察自己，因此我发现我是人，那就得到对于我的自我之进一步的反思，这个自我就是这种经验主体'自我-人'，再考察我，又发现这个人，如此以至无穷；如果我将这个处于其个人的生活之中、处于其经验活动之中、思想活动之中等的我的自我当成论题，那么我就发现，我，这个人，是经验这个世界、讨论这个世界、思考这个世界的人，我发现我与别人——其他人——有关联，而别人也如我一样在意识上与世界关联。我绝不会摆脱这种循环，即使我对我说——如同具有通常朴素风格的认识论者经常说过的那样——'我只有从我的经验中才知道有关世界的某种东西，所有其他人只有从他们的经验中才知道有关世界的某种东西'"。②

因此，该定理所指的不可能是"意识的定理"的认识论论据。当然，这适合于异议中所表达的一切内容；但它只适合——只要不仔细考虑——"我自己的经验"所指的内容。我所经验的一切，无论是直接经验的还是通过他人经验的，只有在我对它表明态度、承认或拒绝它时才会成为**我的**经验。因

① 中译参见胡塞尔：《第一哲学》（下），第567页。（译文据原文引文有所调整）——译者注

② A. a. O., S. 418. 中译参见胡塞尔：《第一哲学》，第569—570页。（译文据原文引文有所调整）——译者注

此，这指的是这种明察，即被每个人视为他的世界以及决定他的兴趣的一切，都不是全然被给予物和可接受物，不是思义直接可以从其出发的最终的经验事实，而是所有这一切只有在他“说是”、他承认时才有效。但这意味着，我不是必须接受我的世界，必须对它的要求说“是”，而是必须如其所是那样辨明它。因此，每个人都被抛回作为其执态（Stellungnahmen）的“主体”、其经验的“主体”的自身，对此，他必须辨明它。因此，他是“绝对经验”的主体——“绝对的”意思是，他承认是其经验和决定其生活的东西取决于他，而不是其他任何人。因此，对加括号后的世界的考察也必须作为自我学进行。但这并不意味着一种方法上的唯我论（Solipsismus）；因为唯我论的论断是“我是唯一”。但是，这又会是一个像其他任何论断一样必须被加括号的论断，它也包含相反的论断，即人并非总是个体，毋宁说，他是社会的产物。

现在应当考察一下，胡塞尔对过渡到悬搁的动机引发问题的这个回答是否令人满意。难道它不意味着一个循环吗？因为我们只有通过这种反思方式，即探究其动机引发（Motivierung），才能获得这种明察：一切存在之物只有在我们的执态中被我们设定为有效和被承认时，才会为我们存在在那里。因此，这种明察不可能是**动机**，而只能是探究其动机的态度的**结果**。因此，动机问题仍然没有得到回答，胡塞尔后来也没有提供任何其他回答。但是，从他的文本中可以重构，为什么不能以这种方式提出开端问题，也不可能从那里找到答案。

在所引用的这段话中也可以发现一个对解决这个问题的方向的提示：在现象学还原之前，“先验主体性对于自己本身是绝对**匿名的**——而且在这里不仅未被注意到，非论题性的；并且公开地，在经验上在此存在的，在此预先被给予的，只是世间的东西，而在其中自我只是被当成自我-人，被当成‘世人(Weltkind)’”。①但是，还原如何能将“先验主体性”从其匿名性(Anonymität)中解放出来？而且它本身在这种匿名性中是什么？胡塞尔的提示——即它不应被理解为人，甚至只能模棱两可地称之为自我——必须认真对待。因此，他还将“先验的生活”说成是“赫拉克利特之流”。言说方式的这种摇摆不定预示了一个问题。

只要记住这一点就足以点明这个问题，即对我思中隐含的东西的分析，恰恰揭示了世界的普遍视域，它在意识的每一个瞬间总已一同在场。在这种意识中所隐含的东西指明它的发生(Genesis)(发生现象学)，在这种发生的基础上我才获得我的意识。在这个意义上，我们总已生活于其中的**世界意识**(Weltbewußtsein)没有丝毫直接性，而是**由我们的世代性生活的发生居间促成**。因此，某种东西总是被给予我们的方式和它成为**我们的**经验——总是我的经验——的方式指明了我们的一切意见已在其中形成的**历史**。我们的意识总已为一种胡塞尔所说的积淀的历史所支配，而这个历史无非就是**我们的世界的历史**。因此，这种事件(Geschehen)不是这样一种东西：它在任何意义上对我们都是陌生的，位于我们自身之外，例如，被认为在其生成中被一种超越的力量所决定，无论这种力量被看作恶魔的力量、诸神或上帝的力量、绝对者的力量，还是被看作物质的自身运动的力量，或者被看作社会的力量，每个人都将他的自身认识和自身理解归因于社会的生成。相反，这种事件是这样一种东西：它作为**在我们自身中所隐含的东西**可以在那种普遍反思的决断中被揭示出来。它以我们

---

① A. a. O., S. 417. 中译参见胡塞尔:《第一哲学》(下)，第569页。(译文据原文引文有所调整)——译者注

在各种目标设定和行动中认识自己和理解自己的方式被隐含。因此，哲学的反思需要历史——这是胡塞尔的最后反思所致力于的论题。我们称之为我们的世界的东西本身只不过是历史。它是我们的世界的历史。但是，如果我们一定得把一种可理解的意义与“世界”这个标题联系起来，那么这种意义只能是：它是社会化了的人以总是不断变化的方式生活于其中的理解视域(Verständnishorizont)；它是他们在认识和行动上在事物中间安顿自己的位置并据此指引自己的生活的方式，是他们从关联中形成其表象——在这种关联中，他们被触发(Affektion)所驱动，在行动中他们自己塑造自己的世界——的方式。

但是，如果这种持续的生成——我们将我们自身的存在归因于这种持续的生成——被这样的反思带入视野，那么我们借此能在何种程度上成为自由的，达到批判的执态，这种批判的执态使我们洞察到我们行为的最终绝然确定的规范和原则？这种解放——也许有人会提出异议——难道不只是一种思想上的解放吗？因为正如胡塞尔本人所言，它只是旁观，而旁观如何能改变和改进呢？

其次，会提出这个问题：**谁**成为自由的？但只有进行这种反思的人，而且每次都只是一个人。他的反思能对世界产生什么影响？事实上，胡塞尔强调，反思使每个人绝对地个别化。它只能一个人独自进行。但即使这样，他对自己的认识也是基于他与他人的区别：“我在自身中包含他人。”反思也使这成为可见的。在一个人对自身的一切认识中，他拥有他人的知识和经验，而这归因于他身处其中的历史。因此，他经验到自己以这一切为条件，但以这样一种方式，即这些条件在其执态中既可以被接受也可以被拒绝。因此，“自身辨明也包括对这种实践生活的辨明，因此包括对共同体的辨明”。[①] 因此，一个人一般能够进行这种反思，这是无条件的，通过这种进入自身的反思，他只知道自己是**这**(Dieser)，是有别于你的“我”，并意识到自己的辨明。这种认识自己的可能性和能力不可能从任何其他人那里获得，它是我们能够批判地转向一切有效者和存在者的前提条件。因此，这种确定性是一种“绝对经验”的确定性。它是这个意义上的**先验的经验**(transzendentale Erfahrung)，即它是每一个执态者的经验总是**他的**经验的根据。

那么，先验主体性的先行的匿名性意味着什么呢？作为“先验的生活”，它虽然是一种“赫拉克利特之流”；但这个流并不是弥散的，而是必然在自身中包含一种个别化(Vereinzelung)的原则，当然，这种原则只有在它的生成中才显示出来。当胡塞尔为此采用莱布尼茨的单子(Monade)概念时，这只能被理解为对这种事态的提示。

因此，还原的动机问题也无法找到答案。它也不能从“我在”的事实性的确定性中导出；因为这种确定性中所隐含的一切，因而历史上导致通达这种确定性的道路的一切，也必须被考虑在内。这是对世界连同这个世界的积淀的历史的意识。因此，这种反思的决断的可能性是不可能从对永恒的真理的注目中得出的。这种反思只能在它的历史——在其中，这个事实发生了——中发现它的动机引发。事实上，这样一种思义的道路曾经被选取过，即在希腊哲学[②]的“原创立”中和在从这一原创立发展起来的文化中被选取过。它是给出理由

---

① A. a. O., S. 197. 中译参见胡塞尔：《第一哲学》(下)，第 272 页。(译文据原文引文有所调整)——译者注

② 对此参见 Husserliana VI, S. 12 f. und VIII, S. 157—159。中译参见胡塞尔：《欧洲科学的危机与超越论的现象学》，第 24 页以下；胡塞尔：《第一哲学》(下)，第 224—227 页。——译者注

(λογον διδοναι)的要求的原创立，从柏拉图和亚里士多德开始，它就不仅意味思想的奠基，而且同时意味着对生活实践的辨明。因为这种原创立为世界历史提供了方向，因为它通过“科学”启动了对世界的启蒙和对世界进程的掌控，只有当它按照原创立将其认识追求及其应用贯彻到底，这个历史才能圆满终结。如果认识追求及其技术的应用在进行时忘了一切认识和实践的意义究竟是什么，那么它就会变成“意义被清空了的”和不人道的。

如果这种明察要成为向还原过渡的动机，那么前提当然是，人类的世代性生成是这样一种东西，在其中，这种绝对的个别化的思义能够一再发生，它质疑一切有效的东西，因而能使它的变化——而这意味着历史——成为可能。胡塞尔试图将这种可能性归因于已包含在意识的意向性中的目的论(Teleologie)：“主体存在是目的论的存在”，而历史的目的论是基于意识的目的论结构。[①]只有通过现象学还原，它才成为可见的。只有它的反思才提供“**真正的自律**，并且给人提供力量以及按照其自律的意志而**绝对的自身形成**和世界形成之合理的可能性”。[②]“绝对地来看，每一个本我都有其**历史**，而且它只是作为一种历史的、他的历史的主体而存在。并且由绝对的自我构成的每一个交往的共同体都有其‘**被动的**’和‘**主动的**’历史，而且仅仅**存在于**这种历史之中。**历史乃是绝对的存在之重要的事实**；并且诸最终的问题、诸最终的形而上学的和最终的目的论的问题，都是与对于历史之绝对意义的询问

---

① 对此参见 Husserliana VI, S. 13 und 276. 中译参见胡塞尔：《欧洲科学的危机与超越论的现象学》，第 324 页。——译者注

② 中译参见胡塞尔：《第一哲学》(下)，第 704 页。(译文据原文引文有所调整)——译者注

相一致的。"[1]正确地理解起来，这意味着，历史作为绝对存在的事实，不外乎是我们事实上度过的历史，但是，它本身是**被理解的**历史。它在这个意义上是绝对的，即在它背后没有任何其他事件沿目的论方向推动它，毋宁说，它如何作为历史而存在这一点只取决于我们。它所具有的**意义**不外乎是我们准备给予它的意义。将我们从背后世界的幻觉中解放出来是现象学还原的成就。它能消除人对鬼魂的信仰，据此，人在道德上的自决(Selbstbestimmung)的可能性一再受到质疑。

（译者：李云飞/广东外语外贸大学马克思主义学院）

① Husserliana VII, S. 506. 中译参见胡塞尔：《第一哲学》(下)，第705页。(译文据原文引文有所调整)——译者注

从抚摸到创伤
——列维纳斯的极端化*

雅各布·罗格津斯基[1]
（斯特拉斯堡大学哲学系）

如何不去施暴？我们如何能够不对他者施暴？不对他者的启示施暴？不对他的善良、他的“率直”——那“不会撒谎”的面容的“真诚无欺”——施暴？也不对他者的柔弱和赤贫施暴，不对这张每时每刻都暴露在不公、侮辱和谋杀的可能性之下的面容的赤裸施暴？比方说——但这显然不仅仅是一个简单的例子——当他者的面容迫使我面向了[列维纳斯]这位杰出的他者形象，这个谜（对我，对我们来说，伊曼纽尔·列维纳斯的名字和他留给我们的作品所指涉的就是这个谜）时，如何不对他者的面容施暴呢？这个问题支配着对他作品的阅读。如果我们拒绝将自己局限于门徒的姿态，如果我们拒绝将他的思想转化为“不可更改的神谕”，如果对一位思想家的真正忠诚总是含有一部分不公正和不忠诚，那么，当我们试图阅读列维纳斯的作品时，**如何不对其施暴呢**？不过，这是一个带有歧义的问题，对其可以有两种不同的理解。乍一看，它问的是**如何避免**施暴，如何找到一条道路，引领我们走出历史的狂热、生死的搏斗和对他者的过敏,[以及]如何找到一条通向和平、通向对我们想要辨读的文本的和平理解的道路。我们要处理的是一个伦理问题,伦理中的**那个**重大问题。但是,也可以用一种别样的方式来理解这个问题,用一种愤慨、反抗来理解这个问题:我**怎能不去**使用暴力呢?此时此地,我怎能不对这种思想义愤填膺呢?这种思想在要求我们禁绝一切暴力的同时,却使用了一种极端的暴力。尽管有这一禁令,它却从未停止过践踏[这一禁令],就好像它一直在藐视自己颁布的法律——或者说,**正是由于**这个禁令[,它才不断地违反它]:因为伦理性的非暴力将是一种幻想,因为对不善的暴力公正和战争的任何谴责都不可避免地要求**另**一种**暴力**,亦即善的暴力(如果这种表达有任何意义的话)。作为对伦理性的非暴力之不可能性、对"暴力经济学"之必要性的一种沉思,这个问题将把我们带回到一个已经被探索过的领域,尤其是德里达所探索过的领域。在此,我并不打算前往这个方向:相反,我将尝试探问言说所具有的这种先于任何概念与主题化的暴力,以及这种构成了列维纳斯的方法特征的**越度/夸张法**(*hyperbole*),后

---

* 本译文为国家社会科学基金重大项目"《列维纳斯文集》翻译与研究"(项目编号:20&ZD035)的阶段性成果。原作为 Rogozinski, Jacob. "De la Caresse à la blessure: outrance de Lévinas". *Les Temps Modernes* 664(3). 2011. p. 119—136. 本文的翻译得到 Jacob Rogozinski 教授的授权。原文斜体强调处,中译改为粗体。译者为补足语气在译文中增添的内容以加方括号形式标明。译文的脚注中,凡为原注的,均不作特殊标明,凡为译注的,则标明为"译注"。特别感谢周林浩对译文提出的许多精当建议!

① 雅各布·罗格津斯基(Jacob Rogozinski),1953 年 3 月出生于法国鲁贝,法国斯特拉斯堡大学(Université de Strasbourg)荣休教授。曾任教于巴黎第八大学,于 2002 年接替了法国著名哲学家让-吕克·南希(Jean-Luc Nancy)在斯特拉斯堡大学的哲学教席。研究领域包括现象学、精神分析、宗教哲学、政治哲学等,多部著作被翻译为阿拉伯语、德语、葡萄牙语、英语、土耳其语、日语、韩语等出版。代表作:《自我与肉身——自我分析导论》(*Le moi et la chair—introduction à l'ego-analyse*)。——译注

者乃是列维纳斯施行**悬搁**(*époché*)的独特方式。[①]他将其指明为"向最高级的过渡(passage au superlatif)"、"升华(sublimation)"、"增溢(surenchère)"[②]或"夸张(emphase)":"作为哲学方法的激化(exaspération)"。[③]我想要给这种方法一个名称(列维纳斯从未使用过这个名称,除非我弄错了):**极端化**(*outrance*)[④]——因为这个词和**违背**/越界(*outrage*)[⑤]出自同样的词根,意味着这样一种行为:**越过**(*passer outre*)、超越(se porterau-delà[*ultra*])到一个界限之外、超出(outrepasser)。唯有夸张的暴力才能够支撑所有的超出(l'excès),那种声称要引导我们超逾存在的思想所具有的全部过度(démesure):这已经

---

① 列维纳斯曾对自己的方法论专门作出过说明:"当主体在说的时候,他就更多地交出了自身。不论所说把自己庇护在哪里——是在字词还是在句子中,说就是开放,就是新一层级的被动性。在言谈之前,我是被一个形式所包裹着的,我存在于我的存在将我藏匿之处。说,就是破这个形式的壳而出,就是献出自身。您也看到,我将夸张视作一种前行的方法。我认为在其中我发现了卓越法(via eminentiae)。无论如何,这就是我从责任过渡到替代的方式。夸张既是一种修辞之法,又是一种表达之过度,也是一种夸大的方式和自我显现的方式。这个词很好,就像'越度(hyperbole)'这个词也很好一样:在一些越度中,概念得到了转化。描述这种转化,也是在做现象学。激化成了哲学方法!"参见列维纳斯:《来到观念的上帝》,王恒、王士盛译,北京:商务印书馆,2019年,第146—147页。——译注

② 在拍卖活动或交易活动中,surenchère指的是竞拍者或交易者为了超越竞争对手而竞相出高价,不断抬高筹码,也可引申出不断增加的含义。此外,这个词也被用来形容某种行为的过度或过激,例如政治家为了赢得选民支持而作出过度的承诺。在本文语境中,surenchère指称列维纳斯为了描摹不在场的、不可被同一化的绝对他者而在语言上采取的一种夸张的、过度的手法。结合surenchère一词的日常含义,我们选择将surenchère翻译为"增溢"。——译注

③ Cf. Levinas. "Questions et réponses". In *De Dieu qui vient à l'idée*. Paris: Vrin. 1982. p. 141—143.

④ 法语名词outrance源自动词outrer(夸张、夸大),可用来描述一种超越常规的夸张状态,表示行为、思想、态度、言辞、风格等达到了一种极端或极限的程度。在本文中,我们统一将这个词翻译为"极端化"。本文的副标题中用的便是outrance这个词。——译注

⑤ 法语名词outrage源自拉丁语中的ultra(超越、超过),可以用来表示一种超越正常界限的行为或思想。——译注

在《理想国》中得到了证实。在《理想国》中，格劳孔用一种带有讽刺意味的惊讶迎向了**超越于存在之上**（*épekeina tès ousias*）这个目标："以宙斯之名，苏格拉底，这真是一种**超凡的越度**（une *daimonikè huperbolè*）！"① 一种"超凡的越度（hyperbole démonique）"，一种准-神性（quasi-divine）的超越。

当我阅读列维纳斯，尤其是他最后一部重要作品《异于存在或超逾存在化》（*Autrement qu'être ou au-delà de l'essence*）②时，我心中总会产生这种惊讶、这种晕眩——在《异于存在或超逾存在化》中，这种增溢被越来越彻底地放大和强化了。我们怎样才能接受这种如此过度的言说，而又并不必然被其所**压倒/越过**（excédé）呢？我怎能不用一种本身就**被激化了的**暴力来抵制一种如此粗暴、如此极端化的思想？这种思想宣称，他人未能幸存，而我"幸存下来是有罪的"，甚至已然"因存在而有罪"；它指责我"犯下了并非我自由犯下的过错"；它指控我欠下了一笔"越还越多"的债务，甚至冒险对迫害进行一种令人难以忍受的颂扬："没有迫害，自我就会抬起头来"？……③需要指出的是，我们所说的越度，不仅是指本书中经常出现的诸种表达方式，在这些表达方式中，**更/越**（*plus*）之增溢（"比任何被动性都更被动的被动性""我越是公正，我就越是有罪""比任何其他人都更有罪"，等等）或**永不足**

---

① 形容词 daimonikè（δαίμονικές）源自 δαίμων（daimon），意为超凡的、精灵般的，用来形容和精灵相关的特质或事物，也可以用来形容超越普通人理解的力量或现象。在古希腊文化中，daimon 指的是精灵，介于神和人之间的神秘存在、具有特殊的力量，可传递神的意志或力量。——译注

② 在 *Autrement qu'être ou au-delà de l'essence* 中，列维纳斯特别指出他是在"存在之过程或事件"的意义上使用 essence 一词。基于此，我们将 essence 翻译为"存在化"。——译注

③ Levinas. *Autrement qu'être*（《异于存在或超逾存在化》）. p. 177. 我在这里引用的是第二版，Paris：Livre de Poche-Biblio. 1990（后续对此书的引用将会被[直接]插入在正文中）。

够(jamais assez)之增溢(一种"永不足够切近"的切近)显现了出来;而且还是指一种通过叠复或激进化而将诸动机(motifs)链接起来的特定方式,这种方式"将一个观念推到其最高级,再推到夸张的地步"。例如,从自我的独一性到对自我的**拣选**,从自我与他人的切近到[他人对自我的]纠缠,从自我向着他者的暴露到他者[对于自我]的**迫害**……要么我们从一个泛泛的概念转向一种极端情况——从心理现象转向**精神错乱**,从对他人的责任转向替代他人、毫无保留地为他人而牺牲的要求;要么我们将一种单纯的潜在性(作为"易受伤害性"的感受性)转变为一种切实的磨难(易受伤害性作为"出血",作为"致死的创伤")。如此多的夸张,如此多濒于极限的文段,既崇高又可怕,必须被严肃地、**不折不扣地**对待。关于《总体与无限》的重要动机(motif)①,德里达已然有力地强调说:"面容不是一种隐喻,面容不是一种形象。关于面容的论说不是一种寓言"②。这话也同样应当适用于越度,以及《异于存在或超逾存在化》中展开的所有动机。关于"不自在/在其皮肤之内五急六受(mal dans sa peau)"③这句习语,列维纳斯在此坚持

---

① 在翻译过程中,校者和罗格津斯基教授征询了关于 motif 一词译法的意见。罗格津斯基教授指出 motif 不应被理解为 thème 意义上的主题,而应被理解为一种反主题化的主题,或瓦格纳所提出的"主导动机(Leitmotiv)"意义上的动机。在瓦格纳看来,主导动机是一段特定的旋律,通常较短,由几个音符组成,能够代表特定的角色、情绪或者情节元素。每当相关的角色或情感出现时,这个主导动机就会被引入,以起到识别角色、表达情感、推动叙事的作用。贝多芬《命运交响曲》表达命运叩门的前奏(由三个短音符和一个长音符组成)便可以视作一种典型的主导动机。——译注

② Derrida. "Violence et métaphysique"("暴力与形而上学"). In *L'écriture et la différence*《书写与差异》. Paris: Seuil. 1967. p. 149。

③ 此处的 mal dans sa peau 是法语中的一句习语,意思是不自在、身体不舒服,字面上的含义则是"在其皮肤之内的不适"。不过,列维纳斯在使用这句习语时,更多是在字面意义上使用。伍晓明将这一表达翻译为"在其皮肤之内五急六受"。参见列维纳斯:《另外于是,或在超过是其所是之处》,伍晓明译,北京:北京大学出版社,2019 年,第 262 页。——译注

说：这"并非**在自身之内**(*en soi*)的一种隐喻"，而是"自身性(ipséité)之挛缩所具有的那种**在己-自身之内**(*en soi-même*)"(p. 172)。[①] 紧缩(constriction)、裸露(dénudation)、剥离皮肤(écorchement)，所有这些与之相伴随的语汇由此"比各种隐喻都更好"地遵循了"对于存在化之变更(une altération de l'essence)的准确比喻(trope)"(p. 175)。[这是一种]不同于所有修辞术的比喻。在此，语言会与事情本身完全吻合，与己(Soi)之扭绞——"在其自身之内时就已经是在其自身之外(en soi déjà hors de soi)"[②]——的原-现象完全吻合。[这便是]**比喻**——也是一种**过多**(*trop*)——的奇迹，言说与现象之原初相即的佯谬(然而，这种原初相即只能在其不相即、在其溢出、在其无限的超出中得到证实)：列维纳斯式的"升华(sublimation)"在此重现了康德式崇高(sublime)的过度暴力。通过无限定，通过感性形象的变形，崇高感呈现出了超感性理念(Idées)和伦理法则的不可呈现性。通过其极端化，列维纳斯式的越度呼应了一种不具法则的伦理的言说。

我们也许会问，这种越度的言说处在何种地位，它与存在论的诸范畴保持着何种关系，与现象学试图描述的诸现象保持着何种关系？我们常常把这种越度视作一种断裂的行为，一种"中断"的行为，而列维纳斯往往也倾向于授信这种解释。然而，当他声称，正是"对于诸存在论范畴的越度规定(surdétermination)将这些范畴转化为了诸伦理词语"(p. 181)；当他声称，对于他人之显现的现象学描述"转变为伦理语言"(p. 150 note)；或者，当他再次声称，"伦理语言所具有

① 中译参见列维纳斯:《另外于是，或在超过是其所是之处》，第 258—259 页。——译注

② 此处采用伍晓明先生的译文。参见列维纳斯:《另外于是，或在超过是其所是之处》，第 246 页。——译注

的诸比喻被发现很适合于某些描述结构”(p. 192)[①]时，他似乎承认现象学(和/或存在论)的方法与他自己的方法之间具有一种相即性和某种连续性。或者，换一种说法，伦理学必须奠基于现象学描述：与其说这是一个与现象学描述相决裂的问题，不如说是一个通过赋予现象学描述以伦理意义来对现象学描述进行“越度规定(surdéterminer)”的问题。这产生了几个重要的后果。首先，必须认识到，这种增溢并不等同于对现象学的某种中断(正如德里达在他的《永别了，列维纳斯》中所主张的那样)，对胡塞尔的诸种分析的忠实——当然也是不忠实的——会被坚持到底。但同时，伦理的诸“比喻”并未沦为纯粹的**诸规定**(*préscriptions*)，这恰恰是因为它们保留了**描述性的**(*descriptive*)部分，或至少保持了和描述的某种“相即性”。因此，把列维纳斯的思想视作一种“规定性的话语(phrase prescriptive)”的逻辑(正如利奥塔所做的那样)，这是错误的。或者，[人们也可以]从中得出结论说，纠缠、人质、迫害、牺牲等主题/动机(motifs)并不具有任何存在论或生存论上的稳定性，丝毫不会影响我们的具体生存：这仅仅只关乎伦理境况的终极视域在其极端的但又不切实际的可能性中的开启；这仅仅只关乎那些本应陌异于我们的经验，但却能够引导我们经验的极限-情境(situations-limites)，就如同康德那里引导着道德行动但却无法被抵达的“实践理性之理想”[②]——这[种看法]也是错误的。恰恰相反，列维纳斯式的增溢的全部意义就在于描述经验，就好像它已然面临了这些极端境况，或者必须不断面对它们。因为它既是规定性的，也是描述性的，位于存在(Sein)与应该(Sollen)的区分之下或之

① 此处采用伍晓明先生的译文。参见列维纳斯：《另外于是，或在超过是其所是之处》，第291页。——译者注

② 在我看来，这就是J. M. 萨兰斯基斯(J. M. Salanskis)如今提出的解释。

外。在这样一种彻底的层面上，所有传统的分界线都被打破了。说我必须毫无保留地为迫害我的人牺牲自己，或者说，只有当我同意如此自我牺牲时，我才是我自己，这都是一回事。

这种越度的极端化（cette outrance hyperbolique）的目标是什么？它仅仅是针对同一范畴和存在范畴吗？我们完全有理由相信，随着列维纳斯的伦理学变得越来越激进，它也反对起自身，反对起那种在它属己的话语中趋向于自身背叛（在背叛一词的任何意义上）的东西：背叛其属己的暴力，并通过揭示如下这一点而承认一种隐秘的过错：它仍然处在同一的控制之下，仍然被存在论的语言和诸概念所俘虏。在此意义上，《异于存在或超逾存在化》的方法可以被定义为一种**越度之越度**（*hyperbole d'hyperbole*），因为这本书也以一种更为审慎的方式攻击了之前作品中的某些主要论断；它通过回到这些作品**已然**越度的行动中来**成倍地增加暴力**，既是为了强化这种暴力，也是为了纠正这种暴力。我们知道，伦理言说（le dire éthique），离不开对其过去的各种所说（dits）进行的不断**否说**（*dédire*）。列维纳斯自己也承认，在《总体与无限》中，他只满足于"通过牺牲存在来赋予存在者"——在这里即他人——"以优先地位"而"简单颠倒"存在论差异的"诸相关项"。但这种颠倒只是引领着伦理"超逾存在论差异的那一运动中的第一步"。[①] 尝试以一种将其从数百年来对存在的服从中解放出来的方式，去思考自我、他者以及自我与他者之间的非关系的关系，这将从此成为伦理学的使命，成为这种越度的性命攸关之点。在这种越度中，伦理学显示自己"比存在论更加存在

---

① 参见列维纳斯为《从实存到实存者》（De l'existence à l'existant）（Vrin，1978）第二版所作的序言，或为《异于存在或超逾存在化》（*Autrement qu'être*）美国版所作的序言。

论，[此即]存在论之夸张”[1]。伦理话语的所有动机（motifs）以及这种思想的风格和氛围都将被深刻地改变。由此，自我（moi）——此前被它的自我主义式的**努力**（*conatus*）所定义，被它的同一化之权能以及它那追求享受的对世界的占有所定义——将让位于一个不具权能、不具属性的己（soi）。己的独一性和同一性完全是通过将其事先传唤给他者而被赋予的。在此，自我的越度等同于它的革职，等同于它的“失去-位置（déposition）”[2]（p. 97）。至于“面容”——《总体与无限》颂扬它的“真诚无欺”和“绝对的真切性”，可与笛卡尔式的上帝的至诚（véracité ）相媲美[3]，它自此以后将以其“两歧性”为特征，就像一个“面具”，他者的痕迹在其中“浮现又消失”（p. 148）。在越度的/夸张的比喻中再迈一步，再转一圈，此前曾是我的受害者的面容（或那教导着我的尊者之卓越），就将成为我的迫害者的面容。自我与他者之间的错综情节（intrigue）将不再从学生与其老师或儿子与其父亲之间的关系出发得到思考，而是要经受迫害、纠缠和震创（traumaisme）的考验。并且，这一错综情节被编织的场景，[自我与他者]相遇的位址，都不再相同：我们面对的不再是一种分离、一种无限的外在性，而是一种内部的错杂（intrication intime），在此，他者显示为**在同一中的他者**（*Autre-dans-le-Même*）。这些滑移、这些倒转、这些转变具有如此之大的程度，以至于在我看来，有可能从列维纳斯的“第一种伦理学（première éthique）”（《总体与无限》中的伦理）中析离出一种“第二种伦理学（seconde éthique）”。

---

① Levinas. *De Dieu qui vient à l'idée*（《来到观念的上帝》）. p. 143。

② Déposition 也有罢免的含义。——译者注

③ Levinas. *Totalité et Infini*. The Hague/Boston/Lancaster：Nijhoff. 1984. p. 172—176, etc.

这让我们对这一思想的进程提出质疑：怀疑伦理的这种激进化是否已陷入僵局；怀疑其越度的动机最终是否前后矛盾；怀疑《异于存在或超逾存在化》中所阐述的他者之思，是否会为了颂扬一种匿名的他异性（une altérité anonyme），而导致他人的**失-位**（*dé-position*）、中性化与罢免，就像在自我身上已然发生的情形那样。这种偏移并非偶然，而是列维纳斯式的增溢的不可避免的结果。正如一位敏锐的读者所指出的，问题不在于，通过这种夸张的悬搁以让那自行显示者——亦即诸现象——显示出来，而是在于，在可见者的极限处“让他异的事物被看见”：“那最高级者，远没有让事物更清晰、更可见，而是深刻地改变了它呈交给增溢的事物”①。我们要去分析的正是**他者的**这种**变更**（cette *altération de l'Autre*），但这也是对自我以及自我与他者之关系的分析。[在列维纳斯那儿，]从一本书到下一本书，始终是同样的计划、同样的目标在延伸，并且变得越来越激进？或者说，《异于存在或超逾存在化》所带来的转折是否会导致视角的彻底倒转，就像列维纳斯在[笛卡尔]《第一哲学沉思集》（*Méditation métaphysique*）第二沉思和第三沉思之间所发现的那种“革命”那样？在某种意义上，《异于存在或超逾存在化》的极端化仅仅在于将自己推向极限，发展出其思想的所有潜在的蕴涵，而并没有真正[与自身相]断裂。但这种思想也可以被带向超逾之处，**越过**（*par-delà*）自身的极限点。让我们举个例子：在《总体与无限》中，正是面容的赤裸，它的赤贫，它的绝对的脆弱，呼唤着我对它的无限责任；而这一命令是如此迫切，以至于这张恳求的面容**在最极端的情况下**会如同附体（obsession）一般纠缠着我。因此，那不停息地追逐着我的，那——在字面意义上——

---

① Calin, R. *Lévinas et l'exception du soi*（《列维纳斯与己之例外》）. Paris: PUF. 2005. p. 242。

始终-跟随(*per-sécute*)[①]我的,正是善的暴力:从面容的临显(l'épiphanie du visage)到迫害,依然保留着某种连续性。然而,这种关系的意义可以被颠倒过来,同样的术语现在可以指代他者的"恶意","在其迫害性仇恨中的邻人的面容"(p. 175)。伦理命令是如此过分——善的暴力是如此过度——以至于它只能通过那些展示恶的最极端样态的术语(迫害、仇恨、人质之境况等)而得到表达。[②]这便有使得伦理经验的对立两极难以区分的风险。如果[表达善和恶的]都是这样一些术语,那么[善和恶]会是同样的暴力,同样的迫害吗?在此,如何避免将受辱的受害者的面容与其刽子手的面容混为一谈?正是思想的极端化使它跨越了分界线,掩盖了那将他者的两种形态分隔开的深渊。这样一种越度的内涵是令人生畏的:因为,设若迫害我的面容是弱者、穷人、我的受害者的面容,或者是党卫军的面容,那么必须"为迫害者负责"的义务(以至于让自己代替他被指控,以至于为他牺牲自己……)就不会具有同样的意义。拒绝区分面容的这两副面孔,**在任何情况下**都颂扬被迫害者的"完全的被动性",[那么]伦理就会否定犹太人隔离区的反抗。

如果我们考虑自我与他者之间的关系,也会遇到同样的困难。第一种伦理学将自我与他者的关系视作一种无限的距

---

① 法语 persécuter(迫害)源自拉丁语 persequi,由两部分构成:前缀 per-表示彻底、贯穿、穷尽,动词 sequi 表示跟随、追踪。因此,在字面意义上,文中的 per-sécute 表示的是紧紧跟随,穷追不放的意思。——译者注

② 利科已经意识到,"这个悖论的异乎寻常之处,在于用恶的话语来表达伦理境况的极端被动性的程度"——参见 Ricœur, Paul. *Autrement, lecture d'Autrement qu'être de Lévinas*. Paris: PUF. 1997. p. 24,以及 *Soi-même comme un autre*(《作为一个他者的自身》). Paris: Seuil. 1990. p. 390—392。

中译可参见保罗·利科:"别样:关于埃曼纽埃尔·列维纳斯的《别于存在或超逾去在》的解读",陈文婕译,载《中国现象学与哲学评论》第三十二辑,上海:上海译文出版社,2023 年,第 307—332 页。——译者注

离，与之相反，第二种伦理学似乎将他者置于使人不堪重负的切近（proximité）之中。但这种分歧也许是虚假的，正如《总体与无限》对笛卡尔的援引所显示的，“在我之中的无限观念（l'idée de l'infini en moi）”允许我们将[自我与他者的]关系思考为一种**内部的外在性**（*extériorité intime*）（拉康也许会说，[这是]一种“外密性（extimité）”[①]）：作为一种“剩余（surplus）”，他者对于同一的一种“溢出”。在此，自我与他者的分离表现在一种直接的切近中。在此，我们可以看到对于“内在性中的超越（transcendance dans l'immanence）”的主张，对于一种内在固有性（inhérence）的主张，对于一种无-限**在**有限**中**的居住（une résidence de l'in-fini *dans* le fini）的主张。[②]他者，作为一种铭刻“在”自我“中”的痕迹，铭刻在我的肉身深处但却无限地越出了我，由此在“同一”中显示了出来：《总体与无限》已经陈述了这一主张，《异于存在或超逾存在化》的诸种分析只是通过从中引申出所有结论的方式，而明确表达了这一主张——这无疑是为了回应德里达的异议。德里达强调说，通过**将自身呈现**为同一或大写自我的一种样式，完全-他者（tout-Autre）只能在同一之语言中得到言说。[③]从列

① 雅克·拉康所提出的 extimité 这个概念，由 extérieur（外部）和 intimité（内部、内心深处、亲密性）组合而成，用来描述内部和外部的交织重叠、自我和他者的交互渗透的错综事态。——译者注

② Cf. Levinas. *Totalité et Infini*. p. XIII et 170, et *En Découvrant l'Existence avec Husserl et Heidegger*. Paris: Vrin. 1967. p. 172. 在对于 in-fini（无-限）的这种解释中，*in*-既表示“不（non）”，也表示“在（dans）”，见 Levinas. *De dieu qui vient à l'idée*（《来到观念的上帝》）. p. 105—106。

③ Cf. Derrida. “Violence et métaphysique”（暴力与形而上学）. p. 167—168, etc. 悖谬的是，当列维纳斯似乎听取了德里达的反对意见，自此之后将他者思考为“在同一中的他者”时，德里达却似乎反过来转而支持列维纳斯的立场，承认了完全-他者的可能性。在 *Faire part*（Rogozinski, Jacob. *Faire Part: Cryptes* de Derrida. Paris: Lignes. 2005.）一书中，我试图描述这种对调及其在德里达的思想上造成的后果。

维纳斯[哲学]的“第一种”[样态]到“第二种”[样态]，连续性似乎仍然占上风。除非这种“在……之中”、这种“同一中的他者”——这种内在性中的超越——的意义在第二种伦理学中被完全颠倒了……如果说之前的问题是自我的“膨胀”，是自我**向他者**的倾泻，那么现在的问题则是完全颠倒的运动，是他者**在同一中**的一种穿透：一种先于起源的**注入**，甚至在我成为我自己之前总已经刺穿了我。这些术语表面上的同形异义再一次掩盖了一种决定性的断裂。无疑，正是在这一点上，[第二种伦理学]与第一种伦理学的距离是最大的。在《总体与无限》中，根据一种既是伦理性的又是政治性的要求，列维纳斯着重强调“保守自己的秘密”对于自我而言的必要性，以及保护自己的内部性(intimité)免受他者的冒失触碰对于自我而言的必要性，因为“社会的多元化只有从这种秘密开始才是可能的”①。反之，在《异于存在与超逾存在化》中，他则强调自我对于他者的“毫无保留的暴露”，“不给主体留下任何在其秘密中的避难之处”(p. 226)②。

因此，在-自我-之中的-他者(l'Autre-en-moi)的注入**刺穿了**我，“将我从掩蔽处赶出，毫无躲避的可能”：既然它贯穿了我，穿透了我的内在**法庭**(*for* intérieur)，我们便可以说这是他者对于自我的**穿孔**。后果如何？当他者的他异性进入自我的核心时，他者身上会发生什么呢？尽管《异于存在与超逾存在化》用大量篇幅分析了这种穿孔**对自我**的种种影响——它所引起的己之创伤、分裂和扭曲——但却从未提及这种穿孔**在他者身上**造成的种种后果。因为他从一开始就把它定义为“他者在同一中的错杂，**而这并不等于他者向同一的敞开**”

① Op. cit., p. 29, cf. aussi p. 93.

② 此处采用伍晓明先生的译文。参见列维纳斯：《另外于是，或在超过是其所是之处》，第340页。——译者注

(p. 46，粗体为作者所加)，就仿佛，和自我不同，他者可以**不经改变**、绝对完好无损地经受这场磨难，免于一切接触，免于它所纠缠的自我的一切污染。自我对他者的令人心碎的敞开，这种于己而言被活剥的痛苦，得到的回应[却]是他者的谜一般的封闭。这他者护卫着自己，与受苦绝缘，与自我的不幸绝缘，即使它穿透我，并在我的肉身的最深处啃噬。“世界之黑暗从未触碰存在之光亮”①：海德格尔(在 1947 年)正是用这样一些措辞肯定了存在的圣密的(sacré)、**神圣不可触犯的**(*heilig*)特征，也就是说，无论那影响人类的灾异会有多大，存在始终是**安然无恙的**(*sauf*)，始终是丝毫无损的。奇怪的是，如果我们与列维纳斯一道“从圣密走向神圣者”(passe avec Lévinas “du sacré au saint”)②，那么，这种对于**有某种不可改变者**(*il y a de l'inaltérable*)的断言(我们应该说是假设、赌博还是信仰?)依然存在——就好像一旦跨越了某个界限，《圣经》中的**圣哉**(*kadosh*)③所意味着的“分隔(séparation)”与**美妙事情**的拯救性的保护(la garde salvatrice du *Heile*)④就会变得相似，

---

① Heidegger. “L'expérience de la pensée”. In *Questions t*. III. Paris: Gallimard. 1966. p. 21.

② 这个表达出自列维纳斯的一本书的名字。Cf. Lévinas, Emmanuel. *Du sacré au saint: cinq nouvelles lectures talmudiques*. Paris: Ed. de Minuit. 1977. ——译者注

③ 在犹太思想中，kadosh(the holy)是最常被用来表达上帝的词之一，可以翻译为神圣、圣哉。例如，以赛亚书中便有这样一句：“彼此呼喊说：圣哉！圣哉！圣哉！万军之耶和华；祂的荣光充满全地！”(以赛亚书，6：3)在希伯来语中，kadosh 意味着区分，亦即神圣领域和日常领域、世俗领域是完全分隔的。神圣者是独一的、可畏的、与世界完全区分开的，是无限和完全的他者。参见 https://hebrew4christians.com/Meditations/Kadosh/kadosh.html。——译者注

④ 作者此处显然是在指海德格尔。在《诗人何为》一文中，海德格尔写道：“技术之本质只是缓慢地进入白昼。这个白昼就是变成了单纯技术的白昼的世界黑夜。这个白昼是最短的白昼。一个惟一的无尽头的冬天就用这个白昼来进行威胁。现在不仅人失却了保护，而且整个存在者的未受伤害的东西也仍在黑暗之中。美妙事情(das Heile)隐匿自己。世界变得不美妙了。这样一来，(转下页)

乃至于**几乎**混同为一。这很可能会让我们重新审视某些划界的过于自信的理所当然：在存在与他者、存在论与伦理学之间的划界，或者，在雅典和耶路撒冷之间的划界，在我们西方宗教信仰的“两大源头”之间的划界。用乔伊斯的话来说：**希腊犹太人就是犹太希腊人——两个极端相遇了**（*Greekjew is Jewgreek—extremes meet*）。

在列维纳斯这里，这种立场当然可以在伦理上得到辩护：这是一种守护他者的关切，“以母性的方式”保护他者免受任何伤害，免受来自自我的任何攻击。这种立场基于伦理关系的绝对的不对称性，即在允许他者渗入我的同时，禁止我进入他者，禁止我通过力图“揭蔽”他者、“弄懂”他者、将他者纳入

（接上页）不仅神圣者（das Heilige）作为通向神性的踪迹仍遮蔽着，而且甚至连通向神圣者的踪迹，即美妙事情，也似乎灭绝了。除非还有一些终有一死的人能够看到不妙事情（das Heillose）作为不妙事情正在进行威胁。他们急需看清何种危险正落到人身上。这个危险就在于这样一种威胁，它在人对存在本身的关系中威胁着人的本质，而不是在偶然的危难中威胁着人的本质。”“在世界内在空间的不可见的东西中——天使就是作为这空间的其世界性统一体而显现出来的——世界性存在者的美妙成为可见的。惟有在美妙事情的最宽广之轨道中，神圣者才能显现出来。作为冒险更甚者，诗人在走向神圣者之踪迹的途中，因为他们能体会不妙（das Unheil）之为不妙。他们在大地之上歌唱着神圣者。他们的歌唱赞美着存在之球的完好无损。”在德语中，作为形容词的 heil 具有完好无损的、整全的、健康的、吉利的等含义，作为名词的 das Heil 则具有宗教意味，指最终的解脱、得救、至福、极乐、永福等。不过，海德格尔此处并没有使用 das Heil 一词，而是使用了 das Heile（将作为形容词的 heil 名词化）。孙周兴将之翻译为美妙、美妙事情。孙周兴也特别提醒我们注意此处文段中“美妙（事情）（das Heile）”、“不妙（事情）（das Heillose, das Unheil）”与“神圣者（das Heilige）”之间的词源和意义关联。参见海德格尔：《林中路》，孙周兴译，上海：上海译文出版社，2004 年，第 309、335 页。

此外，还需要注意的是，在犹太教的一神论传统中，神圣者绝对地超越于世界，不在世界之中，与世界相分隔。而在希腊的泛神论传统中，所谓“太一”并不与世界相分离，而是内在于世界之中。人可以通过“迷狂”返回到太一，与太一相交相融。海德格尔后期的存在之思秉承的显然是希腊的泛神论传统。这也是为何，作者此处要将犹太教中的 kadosh 和海德格尔《诗人何为》一文中提到的 das Heile 相互并置。——译者注

到一个概念中而侵犯他者。“我立大地根基的时候，你在哪里？……你生平可曾向晨曦发号施令？”……①那么，我是谁呢，竟敢要求完全-他者向我“敞开自身”，显露他的秘密？但是，禁止我们质疑他者，尤其是禁止我们质疑将他者注入到自我中的那一举动所产生的后果，这难道不是放弃思想这种活动本身吗？他者是否有可能以这种方式进入到同一之中，而又并没有被同一所改变，并没有变成同一之他者，一种已然被同者所变形的他者？他者在自我中的这种入侵能达到何种程度？它难道不会有毁灭自我的危险，从我之中完全剥夺掉自我-本身——我的身体，我的时间绵延，我的自身性——的危险吗？这种剥夺会让我不再有可能去欢迎他者，不再有可能通过一句**我在这里**(*me voici*)去回应(或不回应)他者的召唤。在这个主题——“同一中的他者”——中成问题的不仅在于**在之中**，即他者注入到我之中的诸样式和效果，还在于**他者**(*l'Autre*)，即这种谜一般的他异性——向来一直在我身上穿孔——的地位。“他者(autre)”这**同一个**名称，是否既适合命名与自我无限分离的绝对他者(l'absolument-Autre)，又适合命名那将与我合二为一，乃至于使我爆裂的他异性(altérité)？在-自我-之中的-他者——这他者还会是他人(autrui)吗？这他者还会有一张面容吗？人们也许会认为，并非如此，应该严格区分他人面容的临显和匿名他异性的这种预先-注入(pré-injection)，前者总是在面对面的率直中**迎面**撞上我，后者则从自我-本身的最深处纠缠着我。但是，这就会忽略了，面容不是一副“外形”，不是一张可见的面孔，不具有先天可指定的位置：面容在其每一次都独一无二的启示事件中自身给予。在这个意义上，诸如声音与伸出的手，整个身体可以**构成面容**。如果面容之

---

① 参见《约伯记》，38：4；38：12。——译者注

事件可以通过它所激发出的“扰动”——它对我的自恋式的自身感发(auto-affection)造成中断——来衡量的话,那么他者在自我中[造成]的震创性的穿透就在卓越和过度的意义上[恰恰]是“面容”,至少就如同《总体与无限》中所分析的与他人的相遇那样。如果在第二种伦理学中,面容之来临——通过面对面——趋于消失,那么这将有利于一种**比面容更甚者**(*plus-que-visage*),有利于一种不带有“面容”之临显的、不带有可见面容的启示,有利于一种不再是他人之面容的元-面容(archi-visage)。

不过,列维纳斯决不会同意这么说。这是谨慎的克制,抑或是盲目?使他远离这些问题的,乃是他的思想的极端化(outrance)。为了试图“显示他异之物”,为了接近一种**别样的他者**(*autrement Autre*)的谜,这种极端化带着他超逾了界限,超逾了每一现象的限定区域——但却没有公开承认这样一种可能性,即他者的划分的可能性。[①] 由于第二种伦理学被一种眼花缭乱的增溢所挟持,它实际上倾向于将在-自我-中的-他者等同于他人,就好像这两个术语必然是同义的——例如,有个段落将“为了**他人**的责任(responsabilité pour *Autrui*)”定义为“**他者**在自我-本身的内核里面对同者提出的要求,在自我之上的**他人**在自我之内所进行的控制[所产生]的极端紧张,**他者**对同者的震创性的支配……”[②](p. 221,着重号为作者所加)。但这种等同并不是不言而喻的。如果这个纠缠着我、迫害着我的他者真得以一种前-本源的方式触发着我,甚至在他出现在我的意识中之前就触发着我(p. 46),那么我如何才能

① 在这一点上,在我看来,在给予“他者”以不同样式上,拉康的思想要更加开放——更加“现象学”,如果我们愿意这么说的话。

② 此处翻译采用了伍晓明先生的译文,有调整。参见列维纳斯:《另外于是,或在超过是其所是之处》,第333页。——译者注

认出他，将他视**作为**他人，而不对他的不定性施暴呢？[①] 如果我们想要尊重它的给予方式，那么我们最多只能将其指称为Autre＝X（他者＝X），一种匿名的他异性。这既关乎一种**伦理上的**命令（通过避免侵犯他者的秘密来尊重他者的中性），也关乎一种**现象学上的**要求（按其自身所给予的那样来描述现象，而不把外来的规定强加给它）。然而，如果逐字理解，这一命令要求我们打破现象学的一个重要论点（因为我们不再有权以下述方式来规定它），这个论点声称，**"自身之中最初的陌异者**（最初的**非-我**）乃是**他我**（*l'autre moi*）"[②]。尽管如此，列维纳斯仍然绝对忠实于《笛卡尔式的沉思》中的这一论断，甚至当他背离胡塞尔的字面意思，拒绝将他人同化为一个"**他我**"，以便——比胡塞尔更好地——尊重最初的陌异者（Premier Etranger）的彻底的他异性时，也是如此。他的全部作品都以此见证了他对他的导师的这一论点的执着的忠诚。但是，将"最初的非我"规定为他人，这并不是唯一可能的规定，也不是胡塞尔的方法所唯一授权的规定。对于这一决定性的问题——**谁**是最初的陌异者？——这位现象学的创立者也给出了一个不同的回答：在1930年代的一些手稿中，胡塞尔实际上将"**原-素材**"（*Ur-hylè*）——自我最初从中受到触发的初级感觉的"材料"——指称为**自我陌异核**（*Ichfremdekern*），即"自我之陌异者"**在自我之中**的"核心"。因此，对在-自我-之中的-他者的发

---

① 在此，我重新回到了对列维纳斯式他者的"不可思议的在先性（insondable antériorité）"的探问。哈尔先生（M. Haar）在"他者的纠缠"中以一种相当激愤的方式阐述过这一点。Cf. Haar. "L'obsession de l'Autre". in *Emmanuel Lévinas*. Cahier de l'Herne. rééd. Paris：Livre de Poche. 1991. p.526.

② "对自身而言的最初陌异者（最初的"非我"）乃是他我"（"Das an sich erste Fremde (das erste "Nicht-Ich") is das andere Ich"），Husserl. *Méditations cartésiennes* §49. trad. G. Peiffer et E. Levinas. Paris：Vrin, 1966. p. 90，（译文有改动）。

现，这并不是列维纳斯或德里达的新发现。只不过，在胡塞尔那里，这不再是关乎他人的，而是关乎他异性——**我自己就是**这他异性——的：因为自我“与其最深的质素性的（hylétique）基础是一体的且不可分割的（*in eins mit und ungetrennt*）”①。对运动——即对位移和阻滞、紧张和放松——的这些最初感觉，以及这些**感觉状态**（*Empfindnisse*）②，这些对于热或冷、粗糙、白色等的感知性的“感受”，在我对对象的任何意向性的指向之前就已经触发了我。这一切都属于我的内在生命，与自我融为一体——同时**也**表现为与自我相异，作为对于自我内部的自我-之-陌异者（l'étranger-à-moi）的预示。在面对最初的陌异者（Premier Etranger）之谜时，所有那些在同一与他者、自我与他人、内在与超越之间的传统划界都被动摇了。新的问题随之而来。如果这个他者＝X既是我的又是陌异的，那么这种双重特性如何表现？它的陌异性——对我来说并非**绝对的**陌异——是否必然导致自我的分裂、破裂？我是否无法将这个陌异者认作是**我的**，认作我自身的一个不透明部分？我是否无法与之和解而又不与之混淆？这种内在的他异性与他人的超越性之间的关系是什么？当我遭遇他人时，我是否会将在-自我-之中的-他者的他异性（l'altérité de l'autre-en-moi）**投射到**在我之外的这个他者身上，赋予他某些特征，并将后面这个他者与前面那个他者的他异性相等同？那么，他人是否只是我的**分身**，是在-自我-之中的-他者的复制品或乔装者？在伦理层面上，其后果会是什么？如若必须至少区分出他者的两种方式、他异性的两种样式，即他人的面容和在-自我-之

① 参见N. Depraz所引用的文本，“Temporalité et affection dans les manuscrits tardifs de Husserl”（“胡塞尔晚期手稿中的时间性与触发”）. *Alter* n° 2. 1994. p. 72—73。

② 胡塞尔在《观念Ⅱ》中将在身体内被定位的触-感觉称作“感觉状态”，关乎的是身体一侧的感觉状态，而非对象一侧的某种特征属性。——译者注

中的-他者，那么，难道不是到了结束“他者”这个名称的含混的唯一性的时候了吗，难道不是到了放弃**他者的一神论**（*monothéisme de l'Autre*）的时候了吗？

这些问题，列维纳斯无法提出，因为他始终忠实于胡塞尔最初的论点，即将原初的陌异性规定为他人。通过接连的增溢，这种忠实将得到保持：首先是当他将他人等同于完全-他者，继而是当他将他人作为在-同一-之中的-他者再次引入到自我之中的时候。他每次都拒绝考虑的是**另一种他异性**（*autre altérité*）的可能性，这种他异性比他人的他异性更加彻底。不过，他有时会提到一种“不同于他人的、以另一种方式是他异的[他异性]，这另一种他异性先于他人之他异性，先于对邻人的伦理义务”。[①] 他明确指出，这种**别样的他者**，“不同于所有的邻人，超越到甚至于不在场的地步，甚至于有可能和*il y a*（**有**）之喧嚷骚动相混同”[②]，亦即与存在的非人格的“无所示意”相混同。[③] 但这种元-他异性（archi-altérité）并不是自我之中的最初陌异者的他异性，不是胡塞尔的**原-素材**的他异性：而是“上帝”之名所指称的那种他异性。这种他异性会与他所称的同一-中的-他者相等同吗？这将再次引导我们回到关于上帝的经典论题，即上帝“比自我本身更内在于自我本身（plus intime à moi-même que moi-même）”……然而，在我看来，这种神学解释是错误的，恰恰因为列维纳斯将同一-中的-他者等同于**他人**，将其视作一种不同于神圣他异性的伦理他

---

① 此句翻译参照了王恒、王士盛的译文。参见列维纳斯：《来到观念的上帝》，王恒、王士盛译，北京：商务印书馆，2019年，第115页。——译者注

② 参见列维纳斯：《来到观念的上帝》，第115—116页。——译者注

③ Levinas. *De Dieu qui vient à l'idée*（《来到观念的上帝》）. p. 115. 我不可能在此探讨他者的非-意义（le non-sens de l'Autre）与存在（l'Etre）的非-意义之间的“可能的混同”，这种可能的混同会扰动并且动摇列维纳斯的整个[思想]大厦。

异性。尽管如此，他思想的极端化却使他将它们越拉越近，以至于将面容的伦理的它性(illéité)与西奈山的"荣耀"、将"超逾存在的陈述"和上帝之名相等同(p. 243)。自此，在"他者"这独一之名下，三种不同的规定混同了起来，而他们的差异一旦显现，立即就被掩盖和否认。

正是他者的不同维度之间的这种混淆——无论是有意还是无意，这都不是问题——刻画了第二种伦理学的特征：在这一术语下，列维纳斯将等于 X 的他异性(l'altérité＝X)的某些特性(其[对于自我的]纠缠着的切近，在自我之中的预先-注入)和作为完全-他者的他人的某些特性(其无限的外在性，与自我的彻底的分隔)并置了起来。他者的这**双重状况**，这两种不兼容的特征将同时被肯定，以至于完全-他者的他异性被**如其所是**引入到自我的核心，并使其爆裂。为了描述这种悖谬性的境况(在这种境况中，成为-自身被定义为自身之裂变、从自身中拔出)，列维纳斯谈到了"剥离其皮肤的身体"，以及"血友病患者的出血"。又一次，这关乎的并不可能是简单的比喻，而是伦理性越度**在肉身上的铭写**(une *inscription charnelle* des hyperboles éthiques)。身体不再是外形，而是真正成了"自身性的收缩"；主体是"有血有肉的"，是"皮肤内的五脏六腑，并因此能够(……)献出其皮肤"(p. 124)。将自我(ego)规定为"肉身化的自我"(p. 127)，这再次表明了列维纳斯对胡塞尔的忠实，对胡塞尔的自我——原初地就是 *Ichleib*，"自我之肉(chair d'ego)"——概念的忠实。

第二种伦理学的所有动机(motifs)都被重新铭写在这一肉身的登记簿中。在这登记薄中，**皮肤**这一动机将扮演重要角色。关于"陷于自身"的自我、被铆定在其自身性上的自我，列维纳斯说这是"不自在的/在其皮肤之下五急六受(mal dans sa peau)"(p. 164 et 175)，被紧紧裹在"(他的)皮肤的涅索斯之衫"[①]中(p. 173)。他将自我-之中的-他者描写为"灼烧我肉身的尖刺",一个"在-皮肤-中的-他者(autre-dans-la-peau)"(p. 181);将自我的易受伤害性、其对他者的献身般的暴露描写为一种"超逾皮肤的裸露"(p. 84)。因此,这位思想家——或许是无意中——重新发现了弗洛伊德的论点。弗洛伊德将自我定义为一种"身体表面的投射",一种"身体-自我(moi-corps)",亦即一种**皮肤-自我**(*moi-peau*)。但皮肤[在两位思想家那里]的功能并不相同:对于精神分析的创始人来说,"皮肤"是一种**投射的表面**(身体的或心理的),是一种**刺激防御**(*Reizschutz*),帮助主体抵御来自外部世界或本我/它(ça)的刺激。[②]相反,在列维纳斯那里,皮肤关乎一种**暴露区域**(*zone d'exposition*),使得自我可以被他者穿透。皮肤不再包裹我、保护我,而是让我经受一种**外翻**(*évagination*),在这种外翻中,我的肉身的内里向外翻转,展示我最隐秘的内部。列维纳斯所谈的"裸露"是一种"活剥"的裸露,一种将我从自我中拔出的撕裂,而这是我的"本己的"皮肤撕裂了它本身:在最极端的情况下,不再有"在拥有一层皮肤和被刮破或剥离皮肤之间的对立"[③]。在

---

① 在古希腊神话中,涅索斯(Nessus)是一位著名的半人马,负责运行人渡过冥河。他在运送赫拉克勒斯和他的妻子德伊阿妮拉时,调戏了这位女乘客,被赫拉克勒斯发现。赫拉克勒斯在渡河之后用沾有九头巨蛇的毒血箭射中了涅索斯。涅索斯知道自己将死,便欺骗德伊阿妮拉说他的血是一种爱情药水,告诉她收集他伤口流出的血,把血涂在衬衫上,这样可以让赫拉克勒斯保持忠诚。后来德伊阿妮拉感到赫拉克勒斯不再爱她,就把沾有涅索斯血的衬衫给赫拉克勒斯穿。当赫拉克勒斯穿上这件衬衫时,它开始灼烧他的皮肤,最终导致他的死亡。参见 https://zh. wikipedia. org/wiki/涅索斯。——译者注

② 关于弗洛伊德的这个特别是在《自我与本我》中提出的论点,以及其理论和临床意义,我们可以参考昂齐厄(D. Anzieu)的《皮肤自我》一书(D. Anzieu, *Le Moi-peau*, Bordas, 1985)。

③ J. L. Chrétien. "La dette et l'élection"("欠债和拣选"). in *Lévinas*. Cahier de l'Herne. p. 271.

列维纳斯对于**抚摸**(*caresse*)[1]的崭新的审视方式中，所有这些动机都会重现。通过将抚摸规定为“接触的不-重合”，规定为一种“裂开”(在这种裂开中，“接近与被接近者之间的间距”[p. 144]显示了出来)，亦即，规定为自我与自我内部的他者之间的不可还原的距离，第二种伦理学似乎延续了此前在《时间与他者》，继而是《总体与无限》中所呈现的分析。不过，如果抚摸在这些著作中已经被定义为一种“对接触的超逾”——一种永远无法满足的“饥饿”，一种“无法把捉之物”[带来]的磨难[2]——那么，这些分析通过诉诸**他者**的易受伤害性、女性的“极端的脆弱性”，描写了被抚摸的肉身的不相迭合和不断的“逃逸”。这种“极端的脆弱性”导致女性隐匿自身，躲避任何肉身的接触(作为一种对女性之羞赧的“亵渎”)。在《异于存在与超逾存在化》的视角下，抚摸依然证实了某种易受伤害性，但这不再是他者的易受伤害性，亦即被爱的人的易受伤害性，而是**自我的**易受伤害性，在其对他者的虔敬和“献祭”中的易受伤害性。在抚摸他者的身体时，我使自己受了伤，我在抚摸的接触中被刮伤；我让自己被我所抚摸的身体撕破、撕裂，乃至于“将我的皮肤赠予他”。事实上，这种对皮肤的剥离先于一切抚摸、一切与他者的外在接触，因为，**我在皮肤之内拥有他者**，他者总已经穿透了我，总已经将我从自我本身中拔了

---

① 在早期的《时间与他者》和中期的《总体与无限》中，caresse 被列维纳斯专门用来形容爱欲关联中的触摸，而在后期的《异于存在与超逾存在化》中，caresse 则被列维纳斯用来形容伦理关联中的触摸。在前面的语境中，caresse 应被翻译为抚爱、爱抚，在后面的语境中，caresse 应被翻译为抚摸。本文探讨的 caresse 主要处在列维纳斯《异于存在与超逾存在化》一书的语境中，因此我们将之翻译为“抚摸”。——译者注

② 参见《时间与他者》(*Le temps et l'autre* (1946). rééd. Paris: PUF. 1983. p. 82—83)，以及《总体与无限》(p. 233—238)。这些分析无疑是针对萨特的。与列维纳斯相反，萨特将抚摸视作一种对于他者的占有：一种通过使他者肉身化来捕捉其自由的尝试(尽管注定要失败)。

出来。“相切的增溢(Surenchère de tangence)”：在此，诸动机(les motifs)[①]从[一种]越度滑向[另一种]越度——从预先-注入滑向穿孔，进而滑向剥离皮肤与出血——乃至于造成创伤，造成一种“致死的创伤”。此即抚摸以及一切与他者之关系的真实状态。改用一位作家(列维纳斯试图与之划清界限，但这位作家实际上比列维纳斯所以为的要更接近他)的话来说：**在-自我-之中的-他者，即是地狱**(*l'Autre-en-moi, c'est l'enfer*)。

我们怎样才有可能摆脱第二种伦理学的极端化使我们陷入的这个地狱呢？如何去思考肉身的接触，而又不通过一系列夸张法来对之进行越度规定呢？通过将其描述为如其所自身给予的那样，既不是作为抚摸，也不是作为创伤，而仅仅就是作为接触，作为肉(chair)与肉的触摸。通过何种独一无二的经验，这一现象才会原初地自身给予呢？在胡塞尔看来，正是在[肉与肉的触摸]这个动作中，触摸着的肉身将被触摸的肉身视为自己的肉身——此即梅洛-庞蒂所谓的“交叉(entrelacs)”，触觉的“交错(chiasme)”。正如《观念 II》或《可见的与不可见的》中所描述的那样，肉身接触的最原初的现象乃是这种自身体验。在此，当在触摸时，我的肉身**触摸到自己本身**。列维纳斯则完全有意地拒绝接受这种经典分析：因为这种分析预设了自身-感发(auto-affection)相对于他异感发(hétéro-affection)的优先性。而列维纳斯则把下面这一点作为一个原则提出来：恰恰相反，肉身化上演“在一个比自我统觉更大的情节之中；在这一情节之中，我在被结到自己身体之前就被结到他者之上了”(p. 123)[②]。如果我们接受这个假

① 参见前面关于 motif 的注。——译者注

② 此处引文的翻译采用了伍晓明先生的译文，有微调。参见列维纳斯：《另外于是，或在超过是其所是之处》，第 188 页。——译者注

设，那么我们必须得出结论说，陌异肉身的他异性必然会改变接触，使接触从自身中分离："在接触本身之中，那触摸着的和那被触摸的互相分开了，就好像那被触摸者移身而去了，始终都已然是他者，与我没有任何**共同之处**。"(p. 137)①这也是为何，"抚摸潜伏在每一次接触中"(p. 122 note)，而在每一次抚摸中，都潜伏着创伤。当他将触摸定义为一种对**他者之**肉身的撕裂着的暴露，拒绝考虑触觉的**自身**-感发的可能性时，列维纳斯在其最终的意涵上仍然忠实于胡塞尔将最初的陌异者视作他人的论点。[不过，]也恰恰是这个论点，到了该被质疑的时候了。在交叉之体验中，我实际上发现了在我的肉身和它本身之间形成了一个不可还原的间距：我经验到一个**在我之中的**陌异者，经验到一种匿名的元-他异性。这种匿名的元-他异性不可被归结为他者之他异性(l'altérité de l'Autre)——无论是**他我**的，还是他人之面容的，或是"上帝"之名所命名的他者之他异性。在自我之中，触摸者和被触摸者也是相互分离的，**就好像**我的肉身"总已经是他异的"——然而，我发现被我触及的他者肉身是**我的肉身的**另一极点；我遭遇的最初陌异者是我本己肉身的一部分，它向自己隐藏自己，并被错误地理解为一种超越之物。在系结到诸他者上之前，我首先被系结到我的肉身上，也就是说，被系结到自我本身之上。

因此，是时候回到笛卡尔了，但不是回到列维纳斯所赞扬的笛卡尔，而是回到《第一哲学沉思录》第二沉思中那个不一样的笛卡尔：那个在自我的原初真理中发现了**抵抗**他者(一个大骗子)[对自我]之控制**的基点**的笛卡尔。这个大骗子最

---

① 此处引文的翻译采用了伍晓明先生的译文，有微调。参见列维纳斯：《另外于是，或在超过是其所是之处》，第188页。此外，需要指出的是，作者此处对列维纳斯原文的引用有一处错误：作者将列维纳斯原文中的"comme si le touché s'éloignant"错写成了"comme si le toucher s'éloignant"。——译者注

后显示为是[自我的]一场幻觉，在此幻觉中，自我看不见他自己。我们必须谨防误解：如果确实要重新聚焦于自我，肯定其自身-给予（auto-donation）优先于任何超越性的给予（donation transcendante），那么，这绝不意味着列维纳斯已然可敬地描述了的易受伤害性、纠缠、震创，以及自身的所有受难，会如魔法般消失。但它们的意义将会截然不同：如果困扰我的陌异者其实就是我自己，那么我们现在可以设想，在撕裂和痛苦之外，有可能有一个与自己相和解的肉身自我（moi-chair），这个自我在某种程度上已经能够克服自己的困扰。在此视角下，整个伦理维度都需要重新考虑。因为正是我与自我本身、与我的本己肉身的源始关联，奠定了我与他者关系的可能性，而他人的他异性现在则显现为这种元-他异性的一种超越性的投射（une projection transcendante）——我首先是在自我之中遭遇到这种元-他异性的。这就留下了一个悬而未决的问题：通过这个屏幕形象，这个我投射到他者身上的幽灵，我如何仍能打开一条通向他者的道路，在纠缠和谵妄之外，**真实地**接近他人。① 从这种肉身自我的现象学——这种仍然有待阐明的**自我分析**——来看，列维纳斯的伦理学从一开始就给了我们某种反题，一种**负片意义上的**（*en négatif*）版本——在我们谈论一种摄影"负片"的意义上。它也会是其具有优先地位的**显影剂**之一。换句话说，我们与列维纳斯的切近比看起来要更为密切：我们对他的债务"在偿还的过程中不断增加"。

（译者：王光耀/苏州大学哲学系
校者：陶佳意/斯特拉斯堡大学哲学系）

① 关于所有这些问题，请参阅拙著《自我与肉身——自我分析导论》(J. Rogozinski. *Le moi et la chair, introduction à l'ego-analyse*. Paris: Cerf. 2006)。

海德格尔的用具论是死胡同吗?

朱清华
(首都师范大学政法学院)

关于海德格尔各个时期的思想的关系问题,人们一般会依据海德格尔在《给理查森的信》中公开承认的"海德格尔Ⅰ""海德格尔Ⅱ"的说法,认为他的思想从30年代早期就发生了转向(Kehre)。也有学者认为海德格尔不只是有这一个转折(Kehre),如,冯·赫尔曼(von Herrmann)就认为海德格尔有两次转折。[①]一次就是海德格尔公开承认的对基础存在论的放弃。正如冯·赫尔曼提出的,海德格尔放弃了基础存在论后,转向了存在历史之思,即居有。而第二个转折见于1949年不来梅课程"Die Kehre"。它不是通常理解的转折,而是一个持续的翻转。这已经是另外一个意义上的"转折"了。近年夏可君、何乏笔、尼尔森等也提出海德格尔的"第二次转向"的新说法,认为海德格尔在《存在与时间》之后通过回到古希腊寻求对西方的拯救失败了,所以后期在庄子思想影响下转向无用之思和等待。[②]就像在古典哲学研究领域,对柏拉图、亚里士多德思想有统一论和发展论的分歧,海德格尔学者中也存在对海德格尔思想理解的统一性和转折论的分歧。除了上述比较经典的转折论，一直也有人持海德格尔思想的统一论。近年的海德格尔研究中统一论观念尤其以托马斯·希恩(Thomas Sheehan)最为典型。他以《存在与时间》中提出的"意义"问题为核心将海德格尔各个时期的思想统一起来进行解释，取代以"存在"为核心的海德格尔思想研究范式。③卡波比安科(Capobianco)基本也持一种统一论，但和希恩的观点针锋相对，他认为海德格尔的思想以"存在"为不变的主题，并在晚期回到了早期将存在看作"给出""让""有(es gibt)"的观念。④但他认为海德格尔思想早期和晚期仍有差别，因为《存在与时间》中的若干重要观念走进了死胡同。用具分析就是其中一个死胡同。本文认为，海德格尔的思想的确不像希恩所解释的那样，是统一的整体，而是有思想演变的。但这种演变并未导致海德格尔早期思想的放弃，而用具理论也不是被放弃的部分，即使他不再用同样的说法，如上手的(zuhanden)，现成在手的(vorhanden)等术语。海德格尔后期的"用(Brauch)"是用具分析

---

① F. -W. von Herrmann, "Das Ende der Metaphysik und der andereAnfang des Denkens Zu Heideggers ' Kehre ' in " Prolegomena to anUnderstanding of Heideggers Turn," by Grondin, Jean, Graduate FacultyPhilosophy Journal14: 2—15: 1(1991), p. 108. 参见 Thomson, Lain. *The End of Ontotheology: Understanding Heidegger's Turn, Method, and Politics*. Ann Arbor: UMI Company. 1999. p. 115。

② 夏可君:《一个等待与无用的民族: 庄子与海德格尔的第二次转向》,北京: 北京大学出版社,2017 年。夏可君,《无用的神学: 本雅明、海德格尔与德里达》,南宁: 广西师范大学出版社,2022 年。Fabian Heubel(何乏笔),*Gewundene Wege nach China: Heidegger-Daoismus-Adorno*(曲通中国: 海德格-道家-阿多诺), Frankfurt am Main: Vittorio Klostermann GmbH, 2020. Eric S. Nelson, "Heidegger's Daoist Turn", *Research in Phenomenology* 49. 2019. 362—384. Eric S. Nelson, *Heidegger and Dao: Things, Nothingness, Freedom*, London, Bloomsbury, 2024.

③ Thomas Sheehan. *Making Sense of Heidegger: a Paradigm Shift*. Rowman & Littlefield, 2015. 中译本为: 托马斯·希恩:《理解海德格尔: 一种范式的转换》,邓定译,南京: 译林出版社,2022 年。

④ Capobianco, Richard. *Heidegger's Way of Being*, Toronto: University of Toronto Press, 2014, p. 5, p23.

的一个变化的形态。它跟纯粹的用具说有重要区别，但还保留了用具之使用作为存在者的存在进入无蔽状态的底色，这在海德格尔对 frui 和 uti 的化用中表现出来。

一、《存在与时间》时期的用具分析和存在论区分

关于海德格尔的思想转折之讨论，虽然有海德格尔自己的说法，但最近在海学者中争执颇大。在 1962 年 4 月海德格尔就理查森提出的关于当时人们就他思想转折的问题的答复中，可以发现，当时人们就有一种比较普遍的看法，认为海德格尔的思想在 1945 年至晚到 1947 年发生了转向。而海德格尔对此的回答是："被称为'转向'的这一实事内容到 1947 年已经震荡我的思想有十年之久了。"但他同时强调："这转变的发生却不是基于立场的改变，更不是以《存在与时间》中的提法做代价。"①这个说法为转向说和统一说都提供了依据。按照卡波比安科的分析，持统一论者一部分人的目的纯粹是为了保持海德格尔思想的统一性，而另一部分人则是为了保存在胡塞尔影响下的海德格尔早期作品的超越论-现象学立场。第一种观点以希恩为代表，在他看来虽然海德格尔各个时期有术语的变化以及论题的改变，但它们只是形式指示出他要论述的"事情自身"，即"运动（绽出的生成或时间）决定一切意义形式（事物的意义或存在）"。②卡波比安科提出在《存在与时间》中的用具（Zeug）分析在后期作品中被放弃和拒绝。因为用具分析包含着事物之所是是在人的参与、需求、关注中

---

① 孙周兴：《海德格尔选集》，上海：三联书店，1996 年，第 1276 页。

② Sheehan, Thomas. "Rewriting Heidegger". *Differenz* 10(9). 2023. p. 167—193.

的，事物是什么是根据人说它们是什么以及需要它们是什么。而后期海德格尔恰恰脱离了当代的这个过于极端人性主义的自恋的(radical humanism and narsissism)立场，称当代的本质为集置，而对此的解药是“泰然任之”，让事物如其所是地存在。卡波比安科的这个观点承接了齐默曼(Zimmerman)的结论。齐默曼提出，海德格尔在《存在与时间》中的用具论是一种主体主义的立场，后期海德格尔不再强调实用的-工具主义的活动，因为意识到，工具主义对人的生存的解释是体现在对事物的科技理解中的工具态度的怀旧形式。[①] 海德格尔是否放弃了用具分析的思路？用具分析是否是海德格尔试图走出基础存在论中要清除的对象？

无疑，海德格尔在《存在与时间》之后对基础存在论的舍弃乃是力图克服现代的主体主义。在《黑皮本》之《思索Ⅱ-Ⅵ》(GA94)中海德格尔对《存在与时间》有非常严厉的自我批判。“《存在与时间》在其途中——而非在其目标和任务中——没有控制住三个周围环境的诱惑：1)新康德主义的‘奠基’；2)‘生存上的’——克尔恺郭尔——狄尔泰；3)‘科学性’——现象学”。[②] 新康德主义对形而上学的奠基基于一种主体主义，“因为在为一种绝对明确的知识建立根基的过程中，他是绝对最先给出的和最确定无疑的，那么这样设计出来的哲学大厦就必将以人的主体性作为它的核心开端”。[③] 而雅

---

① Capobianco, Richard. *A Note on the "Early" and "Later" Heidegger: The Tool-Analysis of Being and Time*. Michael E. Zimmerman. *Heidegger's Confrontation with Modernity: Technology. Politics. Art*. Bloomington: Indiana University Press. 1990, p. 143.

② Martin Heidegger. *Überlegungen II—VI* (*Schwarze Hefte 1931/38*) (GA94). Frankfurt am Main: V. Klostermann. 2014. s. 104.

③ Heidegger, Martin. *Kant und das Problem der Metaphysik* (GA3). Ed. Friedrich-Wilhelm. Frankurt am Main: Vittorio Klosterman GmbH. 1991, p. 211.

斯贝尔斯的生存哲学对《存在与时间》的影响导致人们将它作为一种生存哲学，生存哲学却是离不开传统形而上学的框架的。第三个对《存在与时间》产生重大影响是胡塞尔现象学的超越的主体对科学和知识的奠基。海德格尔在《黑皮本》中对《存在与时间》自我批判所针对的跟他后期的自我反思所说的一样，都指向其中包含的主体主义。但海德格尔并不认为基础存在论中所有观念都是以主体主义为基础的，相反，他称"《存在与时间》中，问题是以摈除主体主义的范围来立论的……《存在与时间》所问及的'存在'绝不可能由什么人的主体来设定。"①那么用具分析本质上是主体主义的还是摈除主体主义的努力？

在《存在与时间》中，为了摒除传统形而上学主体和客体的对立，海德格尔首先将人的存在规定为"在-世界-中-存在"。用具分析是此在之在世界中存在(In-der-Welt-sein)的论述的一部分。此在寓于周围世界的存在者中，"在-之中"(In-Sein)的多重方式是，和某物打交道(zutunhaben mit etwas)，制作某物，预定和照应某物、使用某物。In 即 Innan，居住、逗留，Sein 即寓居于，In-Sein 即居住、寓居于世界中，并以操劳于世实施这种存在方式。(SZ，54，57)操劳即为了生存之故而同作为用具的存在者打交道。用具的本质在于其"为了(um zu)"的结构，总是指向其他的用具，因此用具的存在属于一个用具整体(ein Zeugganzes)。用具不能单独存在，而必定在一个用具整体中，互相附属。在生存论-存在论上，物是用具而非客体，所以，对用具的感知不是"观察"意义上的看，而这种感知的程度总是附属于用具的功用上。(SZ，67)而此在跟用具式的存在者在其生存活动中遭遇，此在在生存中总

---

① 孙周兴：《海德格尔选集》，第 1276—1277 页。

是从他自己的存在的“为何之故(Worum-willen)”出发让用具照面。此在对自己的能在做出筹划,“这个最本己的能在就是此在向来的为何之故。”①(SZ,191)从最开端处,此在都是“在外”的,寓于上手之物中,寓于世界之中,而不是密闭在一个盒子里,从这个盒子突破到外面,感知到客体。此在总是“外在”地寓于世界中。海德格尔用 In - Sein 来打破笛卡尔以来的孤立的主体,打破认为造成的主体-客体的分离以及如何建立联系的难题。此在“这个存在者可以理解自身为在其‘命运(Geschick)’中就和他在自己的世界内照面的存在者的存在捆缚在一起了”。(SZ,54)根据时间性此在的存在意味着“寓于世界内照面的存在者中的、先行于自身的存在(Sich-vorweg-schon-sein-in-(der-Welt-) als Sein-bei (innerweltlich begegnendem Seienden))”。这个整体就是操心(Sorge)。(SZ,192)就人之存在而言,其存在样式作为“被抛地筹划着的在-世界-中-存在”(SZ,181),从来也不是孤立的主体,而总是已经投身于操劳和操持活动中的“操心”。

可以看出,海德格尔的用具分析一开始就是以突破主体主义以及主体和客体的分裂为目标的。此在与其他非此在的存在者的不同之处,就在于此在能够做出存在和存在者的区分,在领会存在中跟存在者相遇。存在者的存在在此在的操劳活动中作为用具显现。海德格尔提出存在论区分(ontological difference)的根据是此在的超越性,即其在-世界-中-存在。②此在绽出性地抛投自身到世界中并筹划自身到其自身的为何之故。此在的存在就是在-世界-中-存在的“操心”。早期海德格尔提出奥古斯丁的 uti 和 Frui 概念共同构成了 curare(操

① 海德格尔:《存在与时间》(修订译本),陈嘉映、王庆节合译,上海:三联书店,1999 年版,第 221 页。

② 孙周兴:《海德格尔选集》,第 166 页。

心）现象。奥古斯丁在《基督教教导》第一卷中对事物做出重要区分：享用和利用（frui，uti）。他称："有些事物是要被享用（fruendum）的，有些事物是要被利用（utendum）的，而有些事物的功能是被享用和利用。那些可以被享用的事物使我们幸福；那些可以被利用的事物帮助我们，在我们迫近幸福的时候给我们支撑，以便我们能够抵达并抓牢那些使我们幸福的事物。而我们则被放置在两种事物之间，既享用也利用。但是如果我们选择享用那些应该被利用的东西，我们的前进就会受到阻碍，甚至被拖延，无法获得要被享用的东西，因为我们对低级事物的爱会束缚我们。"①在这段话中，奥古斯丁提出，人的功能是以两种方式"用"事物，一种是利用，一种是享用。既然我们的目标是达到幸福，而幸福是通过享用而非利用达到，那么幸福就是通过享用那最珍视的东西，即享用神（圣父、圣子、圣灵以及他们组成的圣三一）达到。②如何享用神？奥古斯丁称："我们享用那种我们因其自身之故而爱的东西，我们应当只享用那一个使得我们幸福的东西。"③进而言之，"享用某物就是为其自身之故紧紧在爱中抓住它。"④但为了达到幸福，"回到我们得以幸福的家园"，我们也需要"利用世界（utendum est hoc mundo）"。⑤也就是说，被享用的是神，而被利用的是世界中的可朽的事物，帮助我们达到对神的享用。如果不是以利用而是以享受的方式对待世间之物，并以之为

---

① Augustine. *De doctrina Christiana*, 1. 3. 3. ed. and trans. R. P. H. Green. Oxford: Clarendon Press. 1995. Pp. 14—15.

② Augustine. *De doctrina Christiana*. p. 17.

③ Augustine. *De doctrina Christiana*. p. 45

④ Augustine. *De doctrina Christiana*. p. 15. "Frui est enim amore inhaerere alicui rei propter se ipsam" ("To enjoy something is to hold fast to it in love for its own sake.")

⑤ Augustine. *De doctrina Christiana*. p. 16.

幸福，则会妨碍人达到真正的幸福。就像归家途中的人，过于享受旅途的话就会使得归家的幸福被延迟。[1] 此外，神对人则是一种利用关系。因为神无所缺乏，不是通过利用人来获取利益，神利用人是为了他自身的善，神怜悯人，为人考虑，由此神被人享受，这种对我们的利益也会反馈为神自身的善。[2] Uti 和 frui 因何构成生存论-存在论上的操心现象？

在生存论-存在论中，此在在“在-世界-中-存在”寓于世界内照面的存在者中，跟存在者打交道，是以一种“为了做什么”（um-zu）的方式，通过对用具的使用而打交道。这种使用就是利用，用奥古斯丁的术语来说，是 uti。而此在总是关涉到自己的存在自身，操心自己的能在，将自己预先抛掷到能在上去，使之成为自己一切行为的为何之故，尤其在其本真而非沉沦于世中，就是 frui。在奥古斯丁那里，Uti 是为了追求别的东西而用某物，而通过 uti 我们达到对真正的东西的 frui，享用最高的和不可改变的善，享用的东西是为其自身而爱它。享受这种最高的善就是幸福。所以奥古斯丁说享用上帝（fruitio Dei），frui 是其生活态度的基本特征。[3] 海德格尔说 frui 和 uti 共同构成操心，也就在这种利用和享用的区分上。从生存论-存在论上来说，利用和享用共同构成了此在的在世界中存在的样式，它们都是基于此在的存在论区分能力，在这种区分中以利用的方式把握存在者的存在，而以享用的方式把握此在的为自身之故的生存。利用和享用并不指向对存在者的无度滥用，用具分析也不指向技术性的掌控和操纵存在者。而这一“使用”的立场恰恰在海德格尔后期作品中得到呼应。

---

① Augustine. *De doctrina Christiana*. p. 15.

② Augustine. De doctrina Christiana. p. 45.

③ Heidegger. *Phänomenologie des religiösen Lebens* (GA60). Vittorio Klosterman GmbH Frankurt am Main. 1995. s. 271.

二、后期的“用”与存在与存在者区分

海德格尔在后期不再通过此在作为达到存在理解的中介，而着手直接将存在展示出来。跟基础存在论形成对照的是，他重新阐释了存在与存在者的区分，而跟用具之使用在这一区分中被赋予重要意义。这在海德格尔1946年对《阿那克西曼德之箴言》的重新翻译和阐释中得以呈现：κατά τό χρεών διδόναι γάρ αυτά δίκην και τίσιν άλλήλοις της άδικίας（传统翻译：根据必然性它们为其不正义而相互惩罚和相互补偿）。海德格尔从存在和存在者的区分出发解释这句箴言为“……根据用（Brauch）；因为它们（在克服）非嵌合（Unfug）中让嵌合（Fug）从而也让牵系（Ruch）相互归属。”①这句箴言中关键性的词语是 τό χρεών，本意是必然性，海德格尔将 χρεών 的意义回溯到其词根 ήχειρ，手，从而解释其含义为把手伸向某物，处理它，同时也表示交付到某人手上，并进一步解释为 Der Brauch（“用”或“使用”）。Der Brauch 在德语用法中一般指的是“风俗习惯”，在旧时用法中有“使用”的含义。这两个用法有一定的联系，即被需要的东西（Benötigte）在利用的过程中就变成了习惯的、通常的东西（das Übliche）（GA5，367）。当海德格尔用 Brauch 来理解 χρεών 的时候，他考虑的是 Brauch 的哪个含义？事实上，他首先排除了这两个含义，而要回到其词根的意义。海德格尔像通常他所做的那样对词源学进行并不学究气的考察。在他的追溯中，brauchen 就是 bruchen，拉丁文是 frui，跟果实（Frucht）和享用（geniessen）有关。Frui

---

① Martin Heidegger. *Holzwege*（GA5）. Frankfurt a. M.：vittorio klostermann. 1950. s. 372. 海德格尔：《阿那克西曼德之箴言》，载《林中路》，孙周兴译，北京：商务印书馆，2017年，第425页。

(享用)遂被海德格尔确定为 brauchen 的基本含义。也就是说,在海德格尔的这个解释中,brauchen 最本源的意义是享用意义上的“用”。何谓享用?当然不是指饕餮贪食,满足口腹之欲。海德格尔认为奥古斯丁给出了 frui 的本源意义,“要是并非手头拥有某种特别受珍视的东西,那么当我们说 frui 时又是指什么意思呢? Quid enim est aliud quod dicimus frui, nisi praesto habere, quod diligis(要是并非手头拥有某种特别受珍视的东西,那么,当我们说 frui 时又是指什么呢)?”① (GA5,367)对奥古斯丁而言,最受珍视的是上帝,他所指的 frui 是享用神(fruitio Dei),以此作为人之极乐。虽然享用也是“用”,但和通常所说的利用意义上的用完全不同。就如奥古斯丁的上帝被“用”但绝不是被利用。Frui 这种用不是将被用者当成达到目的的工具,而恰恰用自身就是自身的最终实现。这跟在亚里士多德的 energeia 概念中所呈现的那样,目的就在实现过程中,看就是已经看见,思就是已经实现了思。海德格尔将用和安享融通起来,是为享用。Brauch 是对果实的享用,相当于亚里士多德的 energeia(实现)概念。在《阿那克西曼德之箴言》海德格尔也明确地提到了这一点。存在是入于无蔽状态而在场,这就是亚里士多德的 energeia 所表达的意义。(GA5,371)Brauch 在亚里士多德的 energeia 意义上,是存在者就其自身的实现,存在者作为如其自身的存在者在场显现。

后期海德格尔的存在和存在者的区分(dif-ference, Unter-shied)跟早期以超越论为基础的存在论的区分有所不同。早期的区分强调此在这一存在者与众不同之处在于总是关涉到自己的存在。此在在存在论的区分中超出存在者,在

① 海德格尔:《阿那克西曼德之箴言》,《林中路》,第 419 页。

其用具性中把握其存在。而后期的区分则是指存在自身的居有活动。在海德格尔对箴言的解释中，存在与存在者在 χρεών 中得以区分和关联。存在者通过被“用”而得以到场存在，进入澄明之中而无蔽。那么 χρεών 到底是如何促成存在和存在者、在场和在场者的这种独一无二的关系的？在海德格尔的存在的真理之揭示意义上，τό χρεών 乃是聚拢、嵌合存在者、使得存在者成为统一的整体的方式。在存在层面上 χρεών 将在场交给在场者，将其保护在在场中。(GA5,366)海德格尔认为这里的 τό χρεών 有两重意义：1)它命名了在场者的在场显现(es das Anwesen des Anwesenden nennt)；2)思考了在场显现和在场者的关系(die Beziehung des Anwesens zum Anwesenden gedacht ist)。τό χρεών 恰恰就是存有的本现以及存有和存在者的区分方式。(GA5,363)κατά τό χρεών 中的 κατά表示从上而下，表达出“存在与存在者的关系只能来自存在，只能基于存在之本质。”(GA5,362)①海德格尔将 τό χρεών 作为存在者的存在的古老名称，(GA5,362)而并不将它作为一个存在者一样的“什么”，作为“用”，存在“让存在者到场”。恰如其分的“用”给出作为“之间”的裂隙，在场者在到来和离去之间的逗留就在此裂隙中。在“用”中通过嵌合让在场者在场显现，同时规定了在场者逗留的限度。而越出此裂隙之外则是非嵌合的，也就是不正义的，存在者倾向于持留和固守，脱离于嵌合。克服这种无所牵系的非嵌合，让在场者在场，就是让逗留者归属与嵌合，相互牵系，使之归属于 τόχρεών。(GA5,363)

“用”不但是“让在场”意义上的存在者和存在的区分，也包含着存在者的存在的统一性。箴言中的 αυτά(它们)被解释

---

① 海德格尔：《阿那克西曼德之箴言》，《林中路》，第 414 页。

一切在场者："诸神和人、神庙和城市、大海和国家、鹰和蛇、树和灌木……"(GA5,353)①。这些在场者不是漠不相关地集合在一起，各自自为地存在和在场，而是在相互牵连中共属一体地统一在场，"在场者在在场的统一体中共属一体，每一个在其逗留中对其他在场"。存在者是在一种相互关联和共属一体中在场的。这种共属一体不是通过某种背后的、更高的东西或者更普遍的概念将它们囊括起来，而是"在在场显现自身中有一种被遮蔽的聚集之相互逗留在统治着"。(GA5,343)逗留中的共属一体性根本上有别于很早以来的那种将在场显现和在场者混为一谈的形而上学的总体。将存在把握为存在者的做法乃是存在的遗忘。海德格尔也称这种遗忘为存在与存在者差异的被遗忘，即遗忘了存在。对存在的遗忘使得在场显现自身被当成了存在者中的最高的和最普遍的存在者。形而上学的存在历史在存在与存在者的差异被遗忘、存在的本质被掩盖下开启，"存在历史始于存在之被遗忘状态"。(GA5,364)②但存在遗忘并非思想的健忘和疏忽，更不是思想的错误，而是存在自身的自我抑制和拒绝之面相在起作用。易言之，存在遗忘的历史也是存在自身的本现的历史。只是这种本现是存在的自我抑制和拒绝在起主导作用。存在历史乃是西方思想的命运。存在者整体的共属一体状态乃是"用"所起的作用。

根据海德格尔在存在与存在者的差异中对"用"的阐释，自然、诸神、国家都在"用"中到场，存在与存在者的关系就在在场自身中显现，"在场作为这种关系达乎词语"(GA5,365)。③而 χρεών 恰恰就是对这一关系的命名。τό χρεών 并非外在于存

① 海德格尔：《阿那克西曼德之箴言》，《林中路》，第 402 页。
② 海德格尔：《阿那克西曼德之箴言》，《林中路》，第 416 页。
③ 海德格尔：《阿那克西曼德之箴言》，《林中路》，第 417 页。

在者的某个主宰者，它就是那聚拢、嵌合（Fug，fugen）存在者的“用”，也是存在之本现。而克服不正义（ἀδικία），所表达的是对非嵌合的克服。在场者通过“用”而聚拢，聚拢乃是裂隙的嵌合，遵从一定的秩序。而在场者终会归于不嵌合，不正义受到惩处，非嵌合被克服。① 在场者始终就处于到场和离开之间的裂隙中。

三、用具分析失效了吗？

在《存在与时间》中，存在者通过成为用具性被理解，无论是上手性（Zuhandenheit）还是在手性（Vorhandenheit）都是用具的特性。用具总是以“为了……”的“作为……”结构中被理解和解释。由这种用具的因缘关联整体构成世界意蕴，存在者的意义是在这个意蕴整体中被确定的。意义不是给对象贴标签，“作为（als）”是从此在筹划的之所向获得。在这里海德格尔的意义理论似乎涉及一种主体主义，但这种主体主义跟形而上学的主体主义完全不同。形而上学上的主体是孤立的、跟客体分离的绝对自我，而海德格尔的此在分析却完全不诉诸这样的自我，此在的“此”已经是一个时间-空间意义领域。在世界中存在的本质特征使得此在和存在者总是绑定的，此在的操心总是从其实际性（Faktizität）把握其能在和筹划之所向。

“在世界中存在”是此在的存在规定，是其存在的基本建构。这一点海德格尔并没有随着转向而放弃。此在在世界中遭遇的存在者，首先仍然是以其被“用”的特征而展示其意义。在海德格尔 1940 年代后期和 1950 年代的著作中，海德格尔

---

① 海德格尔：《阿那克西曼德之箴言》，《林中路》，第 412 页。

已经明确放弃了基础存在论，但当他讨论物和世界的时候，物之物化也仍然是作为某种特别的用具嵌合在存在者整体中。就如在诗人的召唤中天地神人聚拢为四重整体的世界，“物在世界中逗留……物由于物化而实现世界（GA12，19）。”[①]但并非因此世界失去了在《存在与时间》中对存在者的意义的那种统一性、彼此影响的诠释学地位，只是海德格尔在这里将世界与物的关系用“居有（ereignet）”来表述，“世界与物的区-分（Unter-schied）居有物进入世界之实现，居有世界进入物之赐予（GA12，23）”。[②]在区分的“之间”有一种亲密性（Innigkeit），让世界与物各自成其本质（GA12，22）。[③]酒壶之支撑和容纳以及馈赠，桥梁的连接，人造物之用具特征并未消失，只是世界之为世界的丰富性反馈到了物的意义上。在这种意义上，对物的使用可以说就是在居有层面上的奥古斯丁的享用（frui ）以及亚里士多德的实现（energeia），让存在者以完满实现的方式到场，人也达到了与物以及世界的协调，得以诗意地安居。

卡波比安科称用具特征造成了“集置”的世界架构，这种说法是有偏颇的。作为集置的本质的机巧，来源于存在离弃，成熟于数学的计算思维，实现于现代的科技中。而人对用具的使用并不必然导致数学思维为本质的机巧。就如中国古代有非常成熟的技艺，但并未自行发展出现代科技。《存在与时间》中存在者的用具特征也并非必然走向集置。应该指出的是，海德格尔在《存在与时间》中对存在者作为用具的存在分析还只是从日常生存层面上和生存论层面上，尚未进入存在自身的发生层面。而在《阿那克西曼德之箴言》中对“用”的分

---

① 海德格尔：《语言》，载《在通向语言的途中》，孙周兴译，北京：商务印书馆，2017年，第13页。

② 海德格尔：《语言》，第17页。

③ 海德格尔：《语言》，第22页。

析则直指存在自身。人对存在者不是纯粹的利用，更非功利算计地对待存在者。那种恰如其分的“用”是存在居有的发生方式，在其澄明之中存在者被揭示。如同诗人特拉克尔的《冬夜》召唤物（雪花，钟声，屋子，盛宴），召唤人（终有一死者），召唤神、天空和大地（恩惠之树），在天地神人的亲密性中世界被召唤到场。[1] 屋子作为遮风避雨的场所的基本用具特征并未被取消，只是这种意义和世界的相互居有中，又获得了新的含义。

① 海德格尔：《语言》，第 22 页。

心性现象学视域下理学的意识发生*

邓国坤
（浙江大学哲学学院）

心性现象学是一门会通现象学、唯识学、儒学，并且"探讨并认识心性或人类意识的本质，藉此追问物性或世界万物的本质"的学问[①]。它强调对于现象学、唯识学与儒学意识结构的横向研究，以及其意识发生的纵向研究。在倪梁康教授的《心性现象学》《意识现象学教程》《心的秩序》《缘起与实相——唯识现象学十二讲》；耿宁教授的《心的现象——耿宁心性现象学研究文集》《人生第一等事——王阳明及其后学论'致良知'》；张伟教授的《心性与体知——从现象学到儒家》等著作中，现象学与唯识学的意识发生已经得到较为全面、系统、深入的研究。关于意识结构的问题将在另文论述，此暂不展开。例如倪梁康教授比较了现象学与唯识学的意识发生：以原自我现象学或阿赖耶现象学为第一阶段、前自我现象学与末那现象学为第二阶段，自我现象学与六识现象学为第三阶段[②]。以心性现象学的视域、方法和理论研究宋明理学的意识发生是一件尚待全面、系统研究，且具有一定重要意义的工作。

相较于现象学与唯识学的原自我、前自我、自我或阿赖耶、末那、六识的三阶段式的系统的意识发生建构，儒学意识发生的三阶研究并未建立。倪梁康教授在《心性现象学》中构建了“未发与已发”的元意向性—意向性的二阶段结构③；并且指出了儒学未发—已发意识与八识的关系，“令人联想到佛教唯识学中作为初能变的‘阿赖耶识’和作为二能变的‘末那识’。它们都是在作为三能变的前六识（即对象意识）产生前的意识活动”④。但是其具体的三阶段式的比较研究并未展开。在《缘起与实相》中，他提及前自我或末那识类似于儒家的良知的定义⑤。耿宁教授《人生第一等事》《心的现象》也提出了类似儒学意识二阶理论。在《心的秩序》中，倪梁康教授研究了孟子的良知四端，并且指出同情（恻隐之心）是原本道德意识⑥。以仁爱、同情为本原意识的观点还出现了心性现象学以外的研究中，例如张祥龙教授的《孔子的现象学阐释九讲》，黄玉顺教授的《生活儒学与现象学》，卢盈华教授的《道德情感现象学》。关于良知与自身意识或自证分的比较研究属于意识结构的横向研究，暂不展开论述。统观心性现象学以及其他的研究，儒学的意识发生研究大体以未发与已发的二阶理论，以及同情与仁爱为本原的道德意识为主。但是上述三者能否构成现象学与唯识学意识发生的三阶理论？其三者的关系如何？或者三者的发生秩序为何？另外同情与仁爱的道德意识能否作为人类整个意识（包括道德意识与非道

---

* 基金项目：2021 年度国家社会科学基金青年项目“象山学阐释演变史”（21CZX033）的阶段性成果。

① 倪梁康：《心性现象学》，北京：商务印书馆，2021 年，序言第 1 页。

② 倪梁康：《缘起与实相》，北京：商务印书馆，2019 年，第 26—28 页。

③ 倪梁康：《心性现象学》，第 47 页。

④ 倪梁康：《心性现象学》，第 102 页。

⑤ 倪梁康：《缘起与实相》，第 17 页。

⑥ 倪梁康：《心的秩序》，广州：中山大学出版社，2020 年，第 130 页。

德意识)的本源？儒学的未发研究是否完全等同于现象学的前自我或唯识学的末那识研究？儒学的已发研究能否完全等同于现象学的自我或唯识学的六识研究？儒学的意识发生与现象学、唯识学意识发生有何异同？事实上，宋明理学或许能够进行现象学与唯识学的原自我与阿赖耶识、前自我与末那、自我与六识的三阶段式的系统建构。其原因有三，一是理学具备类似原自我、前自我、自我的三类意识，即生物之心、本心、意识和身觉；二是理学的生物之心、本心、意识与身觉存在明确的意识发生逻辑或秩序；三是理学的意识发生与现象学、唯识学虽然有所差异，但也存在类同的的意识发生建构。所以，理学的意识发生也可以进行现象学与唯识学的三阶段式研究。

下文将首先参照心性现象学的原自我与阿赖耶识，前自我与末那识，自我与前六识概念，将理学的生物之心、本心、意识和身觉分别与之比较，并探讨其异同。其次，参照原自我与阿赖耶识，前自我与末那识，自我与前六识的意识发生逻辑或秩序，论证理学中生物之心、本心、意识和身觉的意识发生逻辑或秩序。三是总结理学的意识发生的总体特征，并且与现象学、唯识学意识发生的总体特征进行比较与互鉴。倘若理学意识发生秩序得以建构，将能够推进心性现象学的儒学意识发生研究，也有助于学界对理学的意识哲学的理解与阐释。

一、原自我：生物之心

在心性现象学中，现象学与唯识学意识发生的三个阶段已经得到明确说明，并且指出了三类意识。以下将就现象学与唯识学的三类意识与理学的三类意识进行比较。首先要指出的，理学的三类意识与现象学、唯识学的三类意识是不同哲学的概念。其会通指出仅仅是其类同的本质特征，而各自的内涵是不同或差异的。

首先，倪梁康教授指出，原自我或阿赖耶识“本身并不以对象性的方式显现自身；二是深藏不漏的，通常是未被意识到的，至少不是以对象性的方式被意识到的，因而在此意义上是无意识……原自我是纯形式的、无内容的自我的原禀赋：原追求或原意向”①。在具体论述中，原自我或阿赖耶识具有如下特征：第一，它是生命的产生与维系的本质，如“受生命终者、根身的执持者、缚解的连系者。他为了业果缘起的要求而建立，它就是生命的本质”②；第二，它是意识的本源与构造者，“原源泉”“构造着所有体验时间性的意识”“最终的和真正的绝对者”③；第三，它是显而不漏的无意识“对于日常的、知识的目光而言显而不漏”④，“无意识的意识”⑤；第四，它是一种纯形式的原意向，如“原自我是纯形式的、无内容的自我的原禀赋：原追求或原意向”⑥。

关于原自我或阿赖耶识，理学是否存在类似的意识呢？理学并无与之完全一致的意识，但是拥有类同却又差异的意识。此即生物之心。何为生物之心？生物之心最早可以追溯至《易经》的生生思想，以及其代表话语“复其见天地之心乎”。理学普遍以生物之心为天地之心的本质，亦即认为天地之心即是生物之心。例如“天地以生物为心者也”⑦，“盖谓天地以

---

① 倪梁康：《缘起与实相》，第26—27页。

② 倪梁康：《缘起与实相》，第11页。

③ 倪梁康：《缘起与实相》，第13页。

④ 同上。

⑤ 倪梁康：《缘起与实相》，第12页。

⑥ 倪梁康：《缘起与实相》，第26—27页。

⑦ 朱熹：《朱子全书》第二十三册，朱杰人、严佐之、刘永翔主编，上海：上海古籍出版社，2002年，第3279页。

生生为德，自'元亨利贞'乃生物之心也"[①]，"天地生物之心，固未尝息"[②]"大抵言天地之心者，天地之大德，曰生则以生物为本者，乃天地之心也"[③]。此天地之心或生物之心乃是宇宙万事万物（包括人的身体与意识）生起或发生的本源。例如，"天地之心者，生万物之本也"[④]。因此陈来教授明确将"生"纳入理学意识的研究，"生是仁的基础"，"仁是爱的人性依据"[⑤]。此生物之心的内涵是生物不已之心，或者使万物生生不息之意，例如朱子指出，"天地以生物为心。天包着地，别无所作为，只是生物而已"[⑥]。同时，它也使得宇宙生生不息，"且如程先生言：'仁者，天地生物之心。'只天地便广大，生物便流行，生生不穷"[⑦]。

与此同时，宋明理学家认为此天地生物之心亦在人心之中，或者人以天地生物之心为心，于是人亦具有一种"生物之心"。例如，"而人物之生，又各得夫天地之心以为心者也"[⑧]；"一人之心即天地之心"[⑨]；"天地以此心普及万物，人得之遂为人之心，物得之遂为物之心，草木禽兽接着遂为草木禽兽之心，只是一个天地之心尔"[⑩]。理学甚至认为人之所以为人，

---

① 朱熹：《朱子语类》，黎靖德编，杨绳其、周娴君校点，长沙：岳麓书社，1997年，第1610页。

② 朱熹：《朱子语类》，黎靖德编，杨绳其、周娴君校点，第1610页。

③ 张载：《张载集》，章锡琛校，北京：中华书局，1978年，第113页。

④ 邵雍：《邵雍集》，郭彧点校，北京：中华书局，2010年，第163页。

⑤ 陈来：《仁学本体论》，北京：生活·读书·新知三联书店，2014年，第310页。

⑥ 朱熹：《朱子语类》，黎靖德编，杨绳其、周娴君校点，第1280页。

⑦ 朱熹：《朱子语类》，黎靖德编，杨绳其、周娴君校点，第85页。

⑧ 朱熹：《朱子全书》第二十三册，朱杰人、严佐之、刘永翔主编，第3279页。

⑨ 程颢、程颐：《二程集》，王孝鱼点校，北京：中华书局，2004年，第13页。

⑩ 朱熹：《朱子全书》第十四册，朱杰人、严佐之、刘永翔主编，上海：上海古籍出版社，2002年，第117页。

正是以天地生物之心为心，“仁者人也，天地之心也。人得天地之心以为心，生生不息，乃成为人”①。陆象山认为人的生物之心生起一切意识，“自可欲之善，自于大而化之之圣，圣而不可知之神，皆吾心也。心之所为。犹之能生之物，得黄钟大吕之气，能养之至于必达，使瓦石有所不能压，重屋有所不能蔽”②，乃至“宇宙便是吾心，吾心即是宇宙”。在此，象山明确指出吾心乃是能生之物，可以生出生起一切意识，包括人类意识乃至整个意识或心灵宇宙。善（道德意识）、圣（创生一切意识）、神（创生意识却神妙莫测、不可知悉）是指具体意识内涵、功能与境界。吾心能为善，是指吾心能生发道德意识。吾心能为圣，是指吾心能够创造或创生一切意识。因为圣的本质便是创生性，所谓“天地之生生万物，圣人之生生万民，固其理也”③。吾心能为神，是指吾心能为善为圣却又神妙莫测，不可知悉。

综上所述，生物之心的核心要义是生物不已之心，具体可以析为能生、生物、生生不已三种义涵。所谓能生，是指万物得以生起的可能或本源；所谓生物，是指此心可以不断地生起事物（包括意识）；所谓生生不已，是指此心可以不断地生起万物，或者使得事物生生不息。因此，生物之心可以作为意识乃是宇宙生起的本源，以及人类心识发用的本体。

关于天地之心的论说，或许已经超出了心性现象学所讨论的范围。因为天地之心是一种非经验中能够本质直观的超越之物，不属于意识现象学研究的领域，或者属于宗教现象学研究的范围。因为理学“天地”类似于上帝或自然的超越之物。在本文中暂不开论述。但是作为人的意识之中的生物之

① 刘宗周：《刘宗周全集》第三册，吴光主编，杭州：浙江古籍出版社，2012年，第312页。

② 陆九渊：《陆九渊集》，钟哲点校，北京：中华书局，1980年，第228页。

③ 胡宏：《胡宏集》，吴仁华点校，北京：中华书局，1987年，第7页。

心(人所具有天地之心的本质),则仍旧属于心性现象学研究的领域。因为此生物之心存在于人心之中,并且作为类似于原自我或阿赖耶识的意识。生物之心具备原自我与阿赖耶识的四个特征,即生命的产生与维系的本质;意识的本源与构造者;显而不漏的无意识;纯形式的原意向。下文言及的天地之心,乃是言说人之所得的生物之心,而并非言说超出心性现象学领域的超越之物,仍旧属于意识现象学领域的内涵。因此本文将以人的生物之心(仁心、吾心、良知)作为意识发生的本源意识或最终意识,进而探讨理学的意识发生。

在心性现象学视域中,生物之心与现象学的原自我和阿赖耶识类似。第一,生物之心乃是生命产生与维系的本质,例如"凡发生万物,都从这里起,岂不是天地之心(生物之心)"①"良知是造化的精灵。这些精灵,生天生地,成鬼成帝,皆从此出,真是与物无对"②。此是说生物之心生起万物(包括人类意识);"人得天地之心以为心(仁心、吾心、良知),生生不息,乃成为人"③,此是说人类得以成为人,乃至生命生生不息,以及生命之维系与发展也是由于生物之心。正是由于生物之心是人类生命产生于维系之本质或本源,所以称"天地之心(生物之心),生生不穷者也"④。第二,生物之心乃是意识的本源与构造者。此论将在下文意识发生秩序论述,即由生物之心生起本心,由本心而生起意(意识),由意识生起身觉。此暂不展开。但陈来教授指的"生是仁的基础","仁是爱的人性依据"⑤

① 朱熹:《朱子语类》,黎靖德编,杨绳其、周娴君校点,第1793页。

② 王守仁:《王阳明全集》,吴光等编校,上海:上海古籍出版社,1992年,第104页。

③ 刘宗周:《刘宗周全集》第三册,吴光主编,第312页。

④ 胡宏:《胡宏集》,吴仁华点校,第6页。

⑤ 陈来:《仁学本体论》,第310页。

的生物之心生起道德意识的例子，也在一定程度上显示生物之心生起意识，或者生物之心乃是人类意识的本源。第三，生物之心显而不漏的无意识。生物之心是一种生起并维系生命，生起并构造意识的意识，但是显而不露地默默起作用。它不能被日常的认识所意识到，更不能以对象化的方式把握，如"圣而不可知之神，皆吾心也"①；只能通过"以用见体"的方式，例如"复见天地之心"，"惟一阳动，则生意始发露出，乃始可见端绪也。言动之头绪于此处起，于此处方见得天地之心也②，或者通过修身、尽心、知性、知天而见道的方式或者纵向性本质直观的方式予以说明、澄清。第四，生物之心乃是一种纯形式的关于生成的愿意向，例如"说无便死了，无复生成之意，如何见其心"③；宋明理学认为，生物之心实质上一种"生成之意"，亦即"生意始发露出"之生意④。此生成之意只是一种原意向，其是一种使万物生成或生起万物的禀赋或追求。因此有学者解释天地之心（生物之心）时提出，"据天之主宰性言，'天心'指天意"⑤。它类似于"注意活动始终已经预设了在先被给予的意向性"⑥，具体为生物不已的意向性，或者细分为能生，生物，生生不息的意向。

然而，理学的生物之心与原自我和阿赖耶识只是在特征上的相似，在具体内涵上却有巨大的差别。阿赖耶识的具体内涵，例如能藏、所藏、执藏、能熏、所熏等，是生物之心所不具备的。若论藏而言，可说心是理之所藏，但与阿赖耶识完全不

---

① 陆九渊：《陆九渊集》，钟哲点校，第 227 页。

② 朱熹：《朱子语类》，黎靖德编，杨绳其、周娴君校点，第 1610 页。

③ 朱熹：《朱子语类》，黎靖德编，杨绳其、周娴君校点，第 751 页。

④ 朱熹：《朱子语类》，黎靖德编，杨绳其、周娴君校点，第 751 页。

⑤ 陈壁生：《论"天地之心"——与唐文明、吴飞商榷》，载《哲学动态》，2023 年，第 10 期，第 66—75 页。

⑥ 倪梁康：《缘起与实相》，第 12—13 页。

同,"'心与理一,不是理在前面为一物。理便在心之中,心包蓄不住,随事而发。'因笑云:'说到此,自好笑。恰似那藏相似,除了经函,里面点灯,四方八面皆如此光明灿烂,但今人亦少能看得如此'"①。同理,生物之心的仁心说、生物说,生生不息说、万物一体说也是阿赖耶识所不觉备的。但是生物之心与阿赖耶识都类同于现象学的原自我。于是两者在某种程度上通过原自我进行一定的会通。概而论之,理学的生物之心乃是为宇宙万物(包括意识)的生起建立一种根据,作为意识乃至万物发生的本原、本体与原意向。生物之心偏重于意识发生的"发生"方面,但是对于意识发生之"意识"方面,是远远不如唯识学的阿赖耶识与现象学的原自我具有丰富的内涵,或者说两者具有不同的内涵。但是,生物之心与阿赖耶识与原自我同样具备生命的产生与维系的本质;意识的本源与构造者;显而不漏的无意识;纯形式的原意向四种特征。

二、前自我:本心

前自我或末那识是指"对象意识形式形成之前的心识活动和心识能力……这个阶段的发生现象学所面对的并不是空乏的形式,而是含有具体的实事。它在一定意义上可以被定义为'本性现象学',这个本性,是指人的某种不习而能的良能以及不学而知的良知"②。除了本性的研究,倪梁康教授还认为应当研究"习得现象学或习性现象学,它探讨习性之基质的自我"③。具体而言,前自我或末那识具有如下特征。第一,

---

① 朱熹:《朱子语类》,黎靖德编,杨绳其、周娴君校点,第78页。
② 倪梁康:《缘起与实相》,第27页。
③ 倪梁康:《缘起与实相》,第17页。

前自我是不间断的思量，即“恒省思量”①。第二，前自我保持心识的连续性与同一性的非对象化意识，如“更多是指反思前的非对象化的自我意识”，“解决意识之间断以及统一的维续的问题”②。第三，前自我“会使所有心识活动变为我的”③，以及“非客体化的自我意识和与此相关的种种情绪就已经出现，并持久地贯穿在意识之中”④。

关于前自我或末那识的研究，心性现象学已经有大量的论述。例如《心性现象学》《缘起与实相》《心的秩序》；耿宁的《人生第一等事》《心的现象》等都对作为前自我的良知或本心，进行了充分的论述。除了上文指出的未发与已发的理学意识发生，以及孟子的良知四端研究外，还有倪梁康教授指出，“未发是指一种本原的、先天的道德意识，即在表象活动与情感活动发生之前的非对象的、非意向的、无客体的道德意识”⑤；“人格现象学与儒家心学走到了一起……先天是指心的活动尚未发生的状况，后天则指心的活动已经发生的状况”⑥。又如耿宁教授在《人生第一等事》指出的良知具有的三重涵义，都是对理学的作为前自我的良知或本心的研究。在上述研究中，理学的良知或本心基本等同于现象学的前自我和唯识学的末那识。

但是相较于前自我与末那识的研究，仍有一些地方需要进一步探讨。因为前自我与末那识具有以下特征，不间断的思量；保持心识的连续性与同一性的非对象化意识；“会使所

① 倪梁康：《缘起与实相》，第 14 页。
② 倪梁康：《缘起与实相》，第 15 页。
③ 倪梁康：《缘起与实相》，第 16 页。
④ 同上。
⑤ 倪梁康：《心性现象学》，第 47 页。
⑥ 倪梁康：《心性现象学》，第 69 页。

有心识活动变为我的”。关于这三种特征，以前的研究似乎主要论述了“非对象化意识”，“亦即非对象的、非意向的、无客体的道德意识”。其实，理学的本心也具有不间断的思量；保持心识的连续性与同一性的非对象化意识；“会使所有心识活动变为我的”的特征。第一，关于不间断的思量的思量，类似于孟子“心之官则思”的思①。孟子思并非现在的思考之意，而是更接近末那识的“恒省思量”之意。其中孟子四端之心表现了心之思量的具体功能，例如是非之心指感知、思考与判断等感知功能；恻隐与羞恶之心代表了情感的功能；辞让之心代表了一种意欲的功能，因为辞让是一种行为，例如孔融让梨。象山与阳明更提出本心具有感知、思虑、辨别、判断、抉择、主宰、立志等天赋权能。

第二，关于“不间断的思量”的不间断，与“保持心识的连续性与同一性的非对象化意识”也是本心所具备的。因为理学将本心视为人的先天具有的、恒常不变的心之本体。本心虽然有时被遮蔽，但仍旧作为心之本体而存在。只要做发明本心等工夫，本心即可恢复。而且本心的良知良能作为人类之知、情、意等的天赋权能是先天的存在，不会因后天的影响丧失的，因而在此意义上是可以保持心识的连续性与同一性的，亦即不间断性。

第三，本心“会使所有心识活动变为我的”。因为由本心之良知良能而发用才是人类的自我层面的整个意识，例如象山所言“吾心即是宇宙”。只是当本心没有遮蔽而发用则是善心、诚心、真心、实心等意识，而当本心被遮蔽而发用则是恶心、伪心、假心、虚心等意识。在心之本体与发用的关系而言，无论是善心、诚心、真心、实心等意识，还是恶心、伪心、假心、

① 《孟子·告子上》。

虚心等意识都是本心之发用。所以作为“本体”本心具备“会使所有心识活动变为我的”的功能，因为所有的发用都是依从本体而生发，那么发用即本体之发用，亦即自我层面的所有心识活动都是本心的心识活动。

当然，理学之本心与现象学的前自我与唯识学的末那识虽然在特征上具有类似之处，但是在内涵上具有较大的差异。例如末那识执阿赖耶识而为自身，以内部世界为对象，产生我执、法执等内涵等，理学的本心是不具备的。同理，理学本心说的体用、未发与已发、心与理等思想，也是末那识与前自我所不具备的。但是唯识学的末那识都具有现象学的前自我的特征，因此两者也可通过前自我进行一定程度的会通。因为理学本心与现象学的前自我与唯识学的末那识同样具备不间断的思量；保持心识的连续性与同一性的非对象化意识；“会使所有心识活动变为我的”三种特征。

三、自我：意识与身觉

自我或六识是指“对象意识或客体化行为……也讨论非客体化行为（心所、情感—意愿行为）。心识进行这些行为并构造出对象，对象反过来作用于心识并将影响积淀与其中”①。其中“眼识、耳识、鼻识、舌识、身识”“用现在较为通行的语言来说就是‘视觉’‘听觉’‘嗅觉’‘味觉’‘触觉’”②。在具体论述中，自我或六识具有如下特征。第一，自我是“心识构造起自己的对象”的对象意识或客体意识③。第二，自我具有“意义构成”的横向意识活动与“意义积淀”的纵向历史积淀

① 倪梁康：《缘起与实相》，第 28 页。

② 倪梁康：《缘起与实相》，第 187 页。

③ 倪梁康：《缘起与实相》，第 19 页。

的功能[1]。第三，六识的自我具有本性与习性[2]。

关于自我与六识的研究，目前的理学意识研究主要关心对象意识或客体化行为的研究，例如倪梁康教授在《心性现象学》中提及儒家心学的意向性[3]，并且指出耿宁教授的观点：阳明学首先关注道德意识活动，与"胡塞尔的观点相背，但与舍勒的立场相符的"[4]。但是倪梁康教授也指出，儒学具有"格物、致知、诚意、正心、修身"等意识，"被放置在整个意识哲学的偏远位置上"[5]。倪梁康教授引用的欧阳德的话语"凡知视、知听、知言、知动，皆知觉也，而未必其皆善"；罗钦顺的话语"良知乃真识，而知觉当为分别事识无疑矣"，并且指出分别事识相当于现象学的意向意识，或现象学的客体化行为[6]。

阳明学重视良知的观点应当是符合阳明学实情的，但是若说阳明学轻视知觉则似乎有待商榷。关于良知与知觉的问题，阳明提出，"良知不由见闻而有，而见闻莫非良知之用，故良知不滞于见闻，而亦不离于见闻"，又如"'多闻，择其善者而从之，多见而识之'，既云择，又云识，其良知亦未尝不行于其间；但其用意乃专在多闻多见上去择识，则已失却头脑矣"。按照阳明的观点，良知应当与知觉处于不即不离的关系。其中，良知是体，知觉为用。主张体用合一，知行合一，致良知（良知在日常知觉与行为中扩充完善）的阳明，应当会将知觉作为其良知学说的重要一部分的。除此以外，阳明还有许多关于知觉以及构造对象的话语，例如"身之主宰便是心，心之

---

① 倪梁康：《缘起与实相》，第 22 页。
② 倪梁康：《缘起与实相》，第 22 页。
③ 倪梁康：《心性现象学》，第 45—46 页。
④ 倪梁康：《心性现象学》，第 46 页。
⑤ 倪梁康：《心性现象学》，第 46 页。
⑥ 倪梁康：《心性现象学》，第 46 页。

所发便是意，意之本体便是知，意之所在便是物”，又如“指心之发动处谓之意，指意之灵明处谓之知，指意之涉着处谓之物”①，此处的意之灵明处谓之知的知便是意向活动，意之涉着处谓之物的物便是意向相关项或意向对象。更为著名的南镇观花更能显示这一点，“‘你未看此花时，此花与汝心同归于寂；你来看此花时，则此花颜色一时明白起来，便知此花不在你的心外”。此处的心外无物很符合现象学的观点，此处的“看”是意向活动，而“此花颜色一时明白起来”便是意向对象。由上可见，阳明学既重视良知，也重视良知在知觉的发用。

放眼至整个儒学，道德意识固然是儒学的重要内涵，但是也有学者重视知觉的，例如有先秦儒学的格物致知；及程朱之学的格物穷理；王廷相甚至提出由知识而成圣，例如“体道之妙由于识，具识之至谓之圣，是故圣人所以为道之宗也”②。同为心学的陆象山有一段话语可以呈现良知与知觉的关系，“无识知之病，则此心炯然，此理坦然，物各付物，归其有极。归其有极矣，所过者化，所存者神，上下与天地同流”③。象山认为，只有去除偏见、私心、物欲带来的识知之病，才能够“此心炯然，此理坦然”地认识万物，并且做到“物各付物”，亦即如实地、如其所是地认识万物本相，或者让物以其自身所是的样子显现。然后在其极（此心此理）的指引下运用与创生万物，达到与天地合一的境界。此处“此心炯然，此理坦然”的认识是意向活动，“物各付物”是意向相关项。因此在理学意识哲学中，也是具备现象学的自我与六识的思想的。

统观理学的意识和身觉，基本具有自我或六识的特征。第一，理学的意识和身觉是“心识构造起自己的对象”的对象

---

① 王守仁：《王阳明全集》，吴光等编校，第90—91页。

② 王廷相：《王廷相集》，王孝魚点校，北京：中华书局，1980年，第509页。

③ 陆九渊：《陆九渊集》，钟哲点校，第10页。

意识或客体意识[1]。阳明曾系统指出身体之视、听、嗅、味、触之觉，以及意之中的知本体，“目无体，以万物之色为体；耳无体，以万物之声为体；鼻无体，以万物之臭为体；口无体，以万物之味为体；心无体，以天地万物感应之是非为体”[2]；以及“耳目口鼻四肢，身也，非心安能视听言动？心欲视听言动，无耳目口鼻四肢亦不能，故无心则无身，无身则无心。但指其充塞处言之谓之身，指其主宰处言之谓之心，指心之发动处谓之意，指意之灵明处谓之知，指意之涉着处谓之物”[3]；以及“目不耻其无聪，而耳之所涉，目必营焉；足不耻其无执，而手之所探，足必前焉；盖其元气充周，血脉条畅，是以痒疴呼吸，感触神应，有不言而喻之妙”[4]。上述话语的目所具有的视觉，构造对象为万物之色；耳所具有的听觉，构造对象为万物之声；鼻所具有的嗅觉，构造对象为万物之臭；口所具有的味觉，构造对象为万物之味；以及“感触神应”是的感触是指身体的触觉，其构造对象为感通。宋明理学非常注重身体具有的触觉，但与唯识学的触觉有所不同。例如程颢指出“医书言手足痿痹为不仁，此言最善名状。仁者以天地万物为一体，莫非己也。认得为己，何所不至？若不有诸己，自与己不相干。如手足不仁，气已不贯，皆不属己”[5]。此处谈论的身体对于手足的感触便是身体的触觉便是触觉的一种；其构造对象即为“手足之仁，气之一贯”的一体感通，乃至“万物一体”之感通。此时宋明理学触觉的主要内涵。上述五觉对应唯识之眼识，耳识，鼻识，舌识，身识；而“意之灵明处谓之知”的知是意识，构

① 倪梁康：《缘起与实相》，第 19 页。

② 王守仁：《王阳明全集》，吴光等编校，第 95 页。

③ 王守仁：《王阳明全集》，吴光等编校，第 90—91 页。

④ 王守仁：《王阳明全集》，吴光等编校，第 55 页。

⑤ 程颢、程颐：《二程集》，王孝鱼点校，第 15 页。

造对象为“意之涉着处谓之物”的物。意有时也被概称为心，因为心在中国哲学是一个多义词，可以统称心、意、识。就其内涵而言，宋明理学的意并非仅仅是指意欲、意志、意愿等知情意中之意的方面，还有情的一面，例如寒意、惧意、乐意等；以及知的一面，例如意念、意之明觉等。统合宋明理学之意兼具知情意三方面而言，它大概等同于现象学的自我。阳明可言“心无体，以天地万物感应之是非为体”，亦即心(意)为意向活动，其构造对象为“天地万物感应之是非”(事物及其性质判断)。类似的话语还有很多，例如“意之本体便是知；意之所在便是物。如意在于事亲，即事亲便是一物；意在于事君，即事君便是一物；意在于仁民爱物，即仁民爱物便是一物”①。王龙溪曾明确著有《意识解》指出心与意的区别，“直心以动，自见天则，德性之知也。泥于意识，始乖始离。夫心本寂然，意则其应感之迹；知本浑然，识则其分别之影”②；以及提出良知与识的关系“良知无知，识则有分别。向请教：譬如明镜照物，镜体本无黑白而黑白自辨，乃照之用也。以照为明，奚啻千里？若直下认得无知本体，百凡感应，一照而皆真，方不落生死，不是识神用事”③。而且由上可见，阳明学派是明确和严格区分良知与识，以及强调“识”的存有及其内涵。

至于自我所具有的“具有意义构成的横向意识活动与意义积淀的纵向历史积淀的功能”④，以及“六识的自我具有本性与习性”⑤，理学的意识和身觉也是具备的。关于意义构成的横向意向活动在上文已经阐明，关于意识积淀的纵向历史

① 王守仁：《王阳明全集》，吴光等编校，第991页。

② 王畿：《王畿集》，吴震点校，南京：凤凰出版社，2007年，第192页。

③ 王畿：《王畿集》，吴震点校，第145页。

④ 倪梁康：《缘起与实相》，第22页。

⑤ 倪梁康：《缘起与实相》，第22页。

积淀的功能以及具有本性与习性的特点可以一并说明。因为意乃是本心之所发，因此意具有本心与发用之心（亦即本性与习性），并且认为发用之心（习性）的聚集而影响本心（本性）。例如阳明认为本心（本性）与发用之心（习性）乃是体用合一的关系，“体即良知之体，用即良知之用”①。所以作为心之所发的意识由本性与习性两个方面组成。其中，本性会影响习性，“良知不由见闻而有，而见闻莫非良知之用”②；反过来，习性也会影响本性，一个是习性可以遮蔽本性或使本性不起作用，“人性皆善，中和是人人原有的，岂可谓无？但常人之心既有所昏蔽，则其本体虽亦时时发见，终是暂明暂灭，非其全体大用矣”③；又如习性可以扩充本性，例如象山的“扩充本心”，阳明的“致良知”，都是主张使本性扩充乃至圆满。因此在六识中的自我是本性与习性并存的，已发之习性通过意义积淀的功能作用于本性，从而影响本性之显隐存续。

当然，理学的意识与身觉与现象学的自我与唯识学的前六识虽然在特征上具有类同之处，但是在内涵上具有较大的差异。例如唯识学六识中根、境、识的关系，六识相分由阿赖耶识变现，因缘说，身识等，理学的意识和身觉学说，是不具备的，甚至提出不同的观点。而现象学中关于“心识构造起自己的对象”“意义构成”“意义积淀”功能也并非理学意识哲学中原有的概念术语。但是理学的意识与身觉与现象学的自我、唯识学的六识同样具有三种特征，即自“心识构造起自己的对象”的对象意识或客体意识，具有“意义构成”的横向意识活动与“意义积淀”的纵向历史积淀的功能；六识的自我具有本性与习性。

---

① 王守仁：《王阳明全集》，吴光等编校，第 63 页。
② 王守仁：《王阳明全集》，吴光等编校，第 71 页。
③ 王守仁：《王阳明全集》，吴光等编校，第 23 页。

四、理学的意识发生秩序

在《缘起与实相》中，倪梁康教授论述了赖耶缘起与唯识学的三能变学说，以及两者之间的“无过度的联结”[①]。然后，他又以发生现象学阐释唯识学的意识发生，“八识的发生上的次序：在阿赖耶识、末那识、前六识之间有一个生成的先后顺序，同时它也是一个发生学的奠基顺序”[②]；“从纵意向性的角度来看，阿赖耶识和末那识又先于前六识，并在此意义上为前六识奠基”[③]；“这里有一个发生的顺序：首先出现的是第八识……若它对自己的心相过于执着，就会产生作为自我意识的第七识……从作为自我意识的第七识又产生作为对象意识的第六识(意识)，从第六识再进一步产生出作为感觉材料的前五识”[④]。关于现象学的意识发生在《缘起与实相》中已经得以说明与澄清，例如以原自我现象学或阿赖耶现象学为第一阶段、前自我现象学与末那现象学为第二阶段，自我现象学与六识现象学为第三阶段[⑤]。而且在《心性现象学》的导论与纵意向性与发生现象学章节[⑥]，以及《意识现象学教程》的第一编绪论第 1 章和第三编对意识发生的说明：发生的奠基中[⑦]，倪梁康教授已经对现象学的意识发生进行全面、系统、深入、细致的论述，并基本形成了原自我、前自我、自我的意识

① 倪梁康:《缘起与实相》，第 6—7 页。

② 倪梁康:《缘起与实相》，第 7 页。

③ 倪梁康:《缘起与实相》，第 9 页。

④ 倪梁康:《缘起与实相》，第 145 页。

⑤ 倪梁康:《缘起与实相》，第 26—28 页。

⑥ 参见倪梁康:《心性现象学》，第 40—122 页和第 263—388 页。

⑦ 参见倪梁康:《意识现象学教程》，北京：商务印书馆，2023 年，第 11—26 页和第 183—396 页。

发生逻辑或秩序。上述研究为理学意识发生研究提供了基本参照与研究基准。

在意识发生领域，理学提出了许多的相关思想，例如“未发与已发”“先天与后天”，“心之所发便是意，意之所在便是物”，本身就是一种心性（意识）的发生说明。而新儒家熊十力先生的“良知呈现说”具有从本体生起功用或现象的意识发生义涵。牟宗三先生强调的“纵贯系统”，“性便是道德的创造性。有这个创造性作为我们的性，我们才能连续不断、生生不息地引发德性之纯亦不已”①，并且主张“我们的生命之源、智慧之源、道德创造”的流通贯彻②，都含有道德意识的发生意蕴。但是上述的意识发生思想并未得到全面、系统、深入地研究，而且道德意识也不等同于全部意识。将其与现象学与唯识学的意识发生研究相比，上述论说更缺乏一种理论的系统性和明晰性。理学的意识发生难以得到说明，或许与理学没有像现象学与唯识学一样“系统的”意识哲学有关。但这并不表示理学没有意识发生哲学，只是理学对于意识的论说大多是零散的而非系统的、实践性的而非理论性、甚至是偶然提及的而非专题化的。其历史跨度自先秦儒学而及当代新儒学，其中心性论发达的宋明理学尤为代表。学界要研究儒家的意识发生，一是需要从众多的意识哲学材料中提炼出儒家意识哲学的精髓，二是需要参照已有的意识发生研究，主要是心性现象学的研究。

参照心性现象学的意识发生研究，理学其实也提供了意识发生的逻辑或秩序。而且理学意识发生中的生物之心、本心、意识与身觉三类意识，可以类比现象学的原自我，前自我、

---

① 牟宗三：《中国哲学十九讲》，台北：台湾学生书局，1983 年，第 368 页。
② 牟宗三：《中国哲学十九讲》，第 441 页。

自我或者唯识学的阿赖耶识、末那识、前六识。理学意识发生秩序是"由生物之心生起本心，由本心而生起意（意识），由意识生起身觉"。此处的"身觉"是指包括视觉、听觉、嗅觉、味觉、触觉等身体之知觉。按照倪梁康教授的观点，"眼识、耳识、鼻识、舌识、身识用现在较为通行的语言来说就是'视觉''听觉''嗅觉''味觉''触觉'①，身觉类同唯识学的前五识。"

理学认为，由生物之心生起本心。理学关于此论述较多，但是大多是非系统的。其中较为系统化的、主题化的、理论化的理论是朱熹、陆九渊、王阳明的相关论说。所以以下将以宋明理学的三种代表阐述理学的意识发生秩序，分别为朱子学的生物之心生四德说，象山学的生物之心发此理说，阳明学的生物之心发生表德说。对于此生物之心，朱熹、陆九渊与王阳明有不同的说法，如仁心、吾心、良知等，但都是指向生物之心。程朱称其为"仁"或"仁心"，"且如程先生言：'仁者，天地生物之心。'只天地便广大，生物便流行，生生不穷"②又如"盖仁之为道，乃天地生物之心即物而在"③。此仁乃是统摄仁义礼智四德之"大仁"（生物之心），不同于四德之一的"小仁"（恻隐之心）。吴澄曾予以解释，"仁义礼智四者统于一。一者，仁也。仁者，天地生生之心也"④。此仁有时也被称为爱之理，亦即爱（恻隐之心）的本体或根据，"在天地则块然生物之心，在人则温然爱人利物之心，包四德而贯四端者也。或曰：'若子之言，则程子所谓爱情、仁性，不可以爱为仁者，非欤？'曰：不然。程子之所谓，以爱之发而名仁者也；吾之所论，以爱之

① 倪梁康：《缘起与实相》，第187页。

② 朱熹：《朱子语类》第3卷，黎靖德编，杨绳其、周娴君校点，第85页。

③ 朱熹：《朱子全书》第二十三册，朱杰人、严佐之、刘永翔主编，第3279页。

④ 吴澄：《吴文正集·卷二十四》。清乾隆二十一年刻本。

理而名仁者也”[①]。陆象山称其为“吾心”或“能生”之心，如上述“自可欲之善，自于大而化之之圣，圣而不可知之神，皆吾心也。心之所为。犹之能生之物”[②]。这是指吾心乃能生之心，可以生起一切意识。阳明学称其为“良知”，例如“良知不假学虑，生天生地生万物，不容自已之生机”[③]，“良知即是天植灵根，自生生不息”[④]“良知是造化的精灵。这些精灵，生天生地，成鬼成帝，皆从此出，真是与物无对”[⑤]，“天地万物，俱在我良知的发用流行中，何尝又有一物超于良知之外”[⑥]。因为阳明学的良知有多种表述，有时指本心；有时指知；有时指天理；有时指天地之心，如“其心即天地之心”[⑦]。由于各自学术的差异，生物之心在朱子学、象山学、阳明学具有不同的名称，但是其核心义涵是没有改变的，亦即生物不已之心。因为朱熹的仁心、陆九渊的吾心、王阳明的良知都是强调能生、生物、生生不息的义涵。

为何生物之心具有这么多指称，让人产生混乱的意义混淆的印象？这其实涉及宋明理学的一个使用概念或语言哲学的普遍特征。因为阳明与其他宋明理学家都喜欢使用不同的概念可以实质指向一个事物，或者一个概念可以用不同的概念指涉，作为良知的这个“事物”便是如此。其实，此并非阳明如此，陆象山，二程，朱子也是如此。例如二程回应“天与上帝之说如何”的问题指出，“以形体言之谓之天，以主宰言之谓之帝，以功用言之谓之鬼神，以妙用言之谓之神，以性情言之谓

---

① 朱熹：《朱子全书》第二十三册，朱杰人、严佐之、刘永翔主编，第 3279 页。
② 陆九渊：《陆九渊集》，钟哲点校，第 228 页。
③ 王畿：《王畿集》，吴震点校，398 页。
④ 王守仁：《王阳明全集》，吴光等编校，第 101 页。
⑤ 王守仁：《王阳明全集》，吴光等编校，第 104 页。
⑥ 王守仁：《王阳明全集》，吴光等编校，第 117 页。
⑦ 王守仁：《王阳明全集》，吴光等编校，第 845 页。

之乾”①。象山指出:“情、性、心、才,都只是一般物事,言偶不同耳。”②这些话语似乎让人难以理解,或者让人感觉宋明理学家“混淆概念”或“概念不明”。但从宋明理学视域上看,因为宋明理学家认为,从语言的角度可以分出许多不同的概念。但是从实在的角度而言,那么许多概念的实质或内涵都是一致的。黄玉顺教授曾引用弗雷格的话语予以评论,“这些不同的指号,指称着同一对象,但是传达着不同的涵义”③。反而言之,同一个事物也可以被阐释为不同的概念,例如阳明学的良知这个“事物”便是如此。在宇宙论中,良知指生发宇宙万物的生物之心。在伦理学中,良知是指能够恻隐、羞恶、辞让、是非的本心(即良知良能)。在概念上,宇宙论的良知与伦理学的良知在发生秩序上是有先后与差异之分的。因为在逻辑上讲,宇宙论的良知生发出伦理学的良知,如同朱熹认为生物之心的仁生发其恻隐之心的仁。但是在阳明眼中,它们都是同一个事物。此可参考阳明的另一常言话语:“但指其充塞处言之谓之身,指其主宰处言之谓之心,指心之发动处谓之意,指意之灵明处谓之知,指意之涉着处谓之物:只是一件。”④若以今人能够理解的方式解读,良知具有宇宙论的生物之心的涵义,也具有伦理学的四端之心的涵义;但是这两者涵义都出自同一个事物(即良知)。阳明在不同的语境或场合中使用他们。例如在强调同一性时,阳明认为在实质上而言,两种概念或涵义应当合二为一;在强调差异性时,阳明会区分两者,例如下文生物之心(天地之心)生起恻隐之心。在阳明学中,良

---

① 程颢、程颐:《二程集》,王孝鱼点校,第 1225 页。

② 陆九渊著,钟哲点校:《陆九渊集》,第 444 页。

③ 黄玉顺:《生活儒学与现象学》,济南:山东大学出版社,2023 年,第 24 页。

④ 王守仁:《王阳明全集》,吴光等编校,第 90—91 页。

知作为生起宇宙万物生物之心，亦即存在论的本源；而且作为人之恻隐、羞恶、辞让、思考、感知、分别生发的本体，即心性论的本体。于是，良知经过阳明的改造，已经不同于孟子的“良知良能”意义上的作为本能的良知，而是成为既是意识与宇宙本源又是心性本体的概念。

关于生物之心生四德说，朱熹从天地以生物之心为心；生物之心具有元亨利贞四德；人得天地之心为心（朱熹称为仁心），且其心类比元亨利贞而有仁义礼智四德。因为人有仁义礼智四德，便可以生起四端之心的本心。具体论证如下：首先，朱熹认为天地之心生起元亨利贞四德，“盖天地之心，其德有四，曰元亨利贞，而元无不统；其运行焉，则为春夏秋冬之序，而春生之气无所不通”。[①]此处的元亨利贞乃是对春夏秋冬四季之气的本质的概括，例如春是气之生，夏是气之发，秋是气之杀，冬是气之藏。由于气之生发杀藏，理学将其归为元亨利贞四德。由于春夏秋冬之气皆是由生物之心生起，无生物之心是生生不息，则不会有春夏秋冬之气。因此元亨利贞四德生于生物之心。其次，朱熹认为“人物之生，又各得夫天地之心以为心者也”[②]，亦即认为人具有天地的生物之心，即仁心。最后，朱熹类比天地的生物之心生起四德，那么人的仁心也生起四德，即仁义礼智。仁义礼智发用则为爱恭宜别之情，亦即四端之心，例如“其德亦有四，曰仁义礼智，而仁无不包；其发用焉，则为爱恭宜别之情，而恻隐之心无所不贯”。[③]陈来教授指出朱熹此论属于宇宙论与道德论的类比思维，“朱子又说：‘生底意思是仁，杀底意思是义，发见会通是礼，深藏不测是智。〔节〕’。这里所谓生的意思是指宇宙间生命、生生

---

① 朱熹：《朱子全书》，朱杰人、严佐之、刘永翔主编，第3279页。

② 同上。

③ 同上。

的意思，本属宇宙论，但在朱子这里，宇宙论的意思和道德论的意思可以互通互换，如说仁的意思是生，也可以说生的意思是仁，仁和生成为相互说明的概念；又如义是杀的意思，也可以说杀的意思是义，等等。生与仁的连接是道学的一大发明，到朱子则将此种连接扩大，把仁义礼智通通和自然世界的属性连接起来，使仁义礼智更加普遍化，即具有宇宙论的普遍意义。这可以说是一种天人合一思维的体现"①。与上述论证类似的朱熹的宇宙论论证。朱熹以"甑蒸饭"之喻阐释生物之心生起本心。朱熹提出："天地以生物为心，譬如甑蒸饭，气从下面滚到上面又滚下，只管在里面滚，便蒸得熟。天地只是包许多气在这里无出处，滚一番便生一番物，他别无勾当，只是生物。不似人便有许多应接所谓为心者。岂是切切然去做。如云天命之岂谆谆然命之也。但如磨子相似，只管磨出这物事，人便是小胞，天地是大胞，人首圆象天，足方象地，中间虚包许多生气，自是恻隐。不是为见人我一理后方有此恻隐。而今便教单独只有一个人也自有这恻隐。"②朱熹认为生物之心只管生起万物（包括意识），如甑蒸饭生出许多蒸气；然后恻隐之心（本心）便是这些生气，"中间虚包许多生气，自是恻隐"。此论证基本思路是生物之心生起恻隐之心，如同甑蒸饭生出许多蒸气，因此仍旧属于宇宙论的路径。但此朱熹此说是从天地之心这一超越之物出发进行论证，而且使用天地之心与人类之心进行类比论证，或者从宇宙论的思路进行论证，似乎不太符合现象学的研究基准。但这确实是中国哲学较为流行的思想观点，亦即"天生万物""天赋于人"等观点。人之所有皆禀赋于天，所以天人在本真上是一致的。天地之心生

① 陈来：《朱子思想中的四德论》，载《哲学研究》，2011年，第1期，第26—33、44、128页。

② 朱熹：《朱子语类》，黎靖德编，杨绳其、周娴君校点，第2033页。

起四德，那么仁心自然也会生起四端之心。其实，生物之心之生发自然有其条理（陆象山思路），自然有其表德（阳明学思路）。所以除了朱熹理路之外，还有其他的论证思路。

关于生物之心发此理说，陆象山是从此心或吾心（生物之心）出发进行论证的。陆象山认为生物之心生起一切意识现象，例如"自可欲之善，自于大而化之之圣，圣而不可知之神，皆吾心也。心之所为，犹之能生之物"①。陆象山乃至提出："宇宙便是吾心，吾心即是宇宙。"此是说吾心生起宇宙（心灵宇宙或意识宇宙，而非物理宇宙）一切现象。此宇宙意识包含自我意识在内，因为象山认为自我也是宇宙的一份子。在生物之心生起自我意识乃至宇宙意识的前提下，吾心会生发"理"，例如"万物森然于方寸之间，满心而发，充塞宇宙，无非此理"②。此处象山明确指出理是由"心而发"的，即吾心生发此理。其实，此理应该是此心之生发，或意识发生的条理、秩序、法则、规律、本能等。象山所讲的本心其实就是此理，例如"爱其亲者，此理也；敬其兄者，此理也；见孺子将入井而有怵惕恻隐之心者，此理也；可羞之事则羞之，可恶之事则恶之者，此理也；是知其为是，非知其为非，此理也；宜辞而辞宜逊而逊者，此理也；敬此理也，义亦此理也"③。理与本心皆是由吾心（生物之心）生发的，所以可称吾心生起本心。此外，象山认为生物之心生发之理有许多的，远远不止于四端，"岂是人心，只有这四端而已。"④在象山学中，思虑、辨别、判断、抉择、主宰、立志等良知良能皆属于本心之权能。但是孟子单就以四端之心指示人心的仁义礼智四理，"孟子就四端上指示人。岂是人心，只有这四端而已，又就

① 陆九渊：《陆九渊集》，钟哲点校，第227页。

② 陆九渊：《陆九渊集》，钟哲点校，第423页。

③ 陆九渊：《陆九渊集》，钟哲点校，第5页。

④ 陆九渊：《陆九渊集》，钟哲点校，第423页。

乍见孺子入井皆有惕恻隐之心一端指示人，又得此心昭然。但能充此心足矣”①。陆象山此论似乎更为符合现象学的研究基准。因为象山是从心的现象出发，运用“明心”“见道”的纵向性本质直观方法探讨生物之心生起本心。

关于生物之心发生表德说，王阳明将生物之心称为良知，认为其生起自我意识乃是宇宙意识。阳明指出人心可以达至天地之心境地，如“惟圣人纯于义理，而无人欲之私。其礼即天地之体，其心即天地之心”②。阳明曾系统指出生物之心生起是非之心与疾痛的发生顺序，例如“夫人者，天地之心。天地万物，本吾一体者也，生民之困苦荼毒，孰非疾痛之切于吾身者乎？不知吾身之疾痛，无是非之心者也”③。此是指出生物之心（天地之心在人则为生物之心）遇见“生民之困苦荼毒”会生起“疾痛”与“是非之心”。而生起“疾痛”与“是非之心”之前提，即是人是天地之心或具有天地之心（即生物之心），以及人由于天地之心而与万物合一。在发生逻辑上讲，生物之心生起是非之心等本心，而本心自会生起疾痛等情感。除了是非之心，阳明认为生物之心自然生发恻隐、羞恶、辞让、思考、感知、分别等权能皆是良知之“表德”。例如“澄问：‘仁、义、礼、智之名，因已发而有？’曰：‘然。’他日，澄曰：‘恻隐、羞恶、辞让、是非，是性之表德邪？’曰：‘仁、义、礼、智，也是表德。性一而已：自其形体也谓之天，主宰也谓之帝，流行也谓之命，赋于人也谓之性，主于身也谓之心；心之发也，遇父便谓之孝，遇君便谓之忠，自此以往，名至于无穷，只一性而已。’”④在此，阳明明确指出，恻隐、羞恶、辞让、是非皆是“天、帝、命、性、

---

① 陆九渊：《陆九渊集》，钟哲点校，第 423 页。

② 王守仁：《王阳明全集》，吴光等编校，第 845 页。

③ 王守仁：《王阳明全集》，吴光等编校，第 1070 页。

④ 王守仁：《王阳明全集》，吴光等编校，第 15 页。

心”之表现的德性，亦即其发生。此“天、帝、命、性、心”实质上是生物之心。此“恻隐、羞恶、辞让、是非”之发用，即成为对象意识时，便是“遇父便谓之教，遇君便谓之忠”。纵观阳明的思路，由此天地之心，意识乃至宇宙得以生起，恻隐、羞恶、辞让、思考、感知、分别的权能得以发生。

相较于现象学与唯识学的原自我的意识发生论述，理学上述三种生物之心生起本心论在理论论证上或许是不充足、不完善、不太规范的，但是也基本阐释了理学生物之心生起本心的三种理路。朱熹的论证是将仁义礼智和自然世界属性类比统合的宇宙论思路，陆象山则是通过对心进行纵向性本质直观而后进行描述与说明的路径。王阳明是从最终意识的良知出发，以纵向本质直观其生起宇宙以及发生德性。相较而言，陆象山与王阳明的路径似乎更符合心性现象学的基本特征。但是此三种论证都从不同的角度阐述了生物之心生起本心的意识发生秩序。

当生物之心生起本心后，本心会生起意（根据唯识现象学的习惯可称意识）。许多儒者对此皆有所论述。而且倪梁康教授与耿宁教授的心性现象学的理学研究中已经有所涉及此领域。此即未发已发的意识发生研究。但是本心生起意的秩序与学界如今研究的未发与已发研究基本类似，但又不完全一致。因为由本心而生起意并不仅仅本性与习性的研究（亦即道德意识发生的研究），它还涉及“心识构造起自己的对象”，“意义构成”与“意义积淀”的研究。换而言之，本心生起意除了道德意识发生，还有道德之外的意识发生；以及意识构造对象的和意义积淀的研究。关于本心与意的发生关系，可以参照“心之所发便是意”，此是显然的由本心生起意识，例如“心之所发便是意”①。

---

① 王守仁：《王阳明全集》，吴光等编校，第6页。

此意识乃是一种构造对象的意向意识，例如“意之本体便是知；意之所在便是物。如意在于事亲，即事亲便是一物；意在于事君，即事君便是一物；意在于仁民爱物，即仁民爱物便是一物；意在于视听言动，即视听言动便是一物。所以某说无心外之理，无心外之物””①。由本心所发的意识本体是“知”。此意之知便是一种意向活动，而“意之所在便是物”的物便是意向相关项。所以“心外无物”也涉及意向活动与意向相关项的意向性理论。类似的话语还有著名阳明“南镇观花”。陆九渊也存有类似思想。象山明确指出“物为己验”，即物体乃是自己的意识经验。因此，他明确指出，统摄万事万物的宇宙即是意识的构造物，如“宇宙即是吾心，吾心便是宇宙”。王龙溪的《意识解》阐述了本心与意识的区别，以及意识构造起“知、情、意”意识以及构造意识相关项。例如，他指出“直心以动，自见天则，德性之知也。泥于意识，始乖始离。夫心本寂然，意则其应感之迹；知本浑然，识则其分别之影。万欲起于意，万缘生于识”②。由于本心（德性之知）生起意识，然后生起了知情意等意向活动“万欲”，以及构造了作为意向相关项“万缘”。万欲是指意欲。但按照逻辑，认知与感受的意向活动也应在其中。“万缘”似乎有点佛教意味，因为其“缘”是指阿赖耶识变现然后为自己所攀缘的相分。所以这个万缘实际上意识活动所构造的意识相关项。

当意识生起后，意识会生起身觉。以意识为根据，视、听、嗅、味、触等身体功能才会形成认识。理学认为身心是合为一体的两个事物。它们的关系是二而一，一而二，例如“身者心之区宇也，身伤则心亦从之矣”③，“主于身者为心”④；“根本枝

---

① 王守仁：《王阳明全集》，吴光等编校，第6页。

② 王畿：《王畿集》，吴震点校，第192页。

③ 邵雍：《伊川击壤集》，郭彧点校，北京：中华书局，2013年，序言，第2页。

④ 朱熹：《朱子语类》，黎靖德编，杨绳其、周娴君校点，第80页。

叶本是一贯，身心内外元无间隔”[1]。在阳明学中，身心的二而一，一而二的关系被发展至极致。关于意识与身觉的关系，阳明提出“耳目口鼻四肢，身也，非心安能视听言动？心欲视听言动，无耳目口鼻四肢亦不能，故无心则无身，无身则无心。但指其充塞处言之谓之身，指其主宰处言之谓之心，指心之发动处谓之意，指意之灵明处谓之知，指意之涉着处谓之物”[2]。在此，阳明认为身心一方面是关联贯通、不可分离的两个事物，“心欲视听言动，无耳目口鼻四肢亦不能，故无心则无身，无身则无心”。此处的心应当是指“心之发动处谓之意，指意之灵明处谓之知”，亦即唯识学的意识或现象学的自我。因为“心欲视听言动”的心乃是进行客体化行为或构造对象意识的心，亦即“意在于视听言动”之意识。而且在理学中，心是一个多义词，或统称词。例如生物之心、本心、意、知、情、善心、恶心都可能统称为心。按照语境，此处的心是意识或自我。另一方面阳明又指出身心只是同一事物的不同方面的指涉而已，例如“但指其充塞处言之谓之身，指其主宰处言之谓之心”[3]。若依后者而言，两者实为同一事物；若依前者而言，两者似乎还是有一些区别。身有视听言动（身觉），但是需要心的参与，否则可能会出现理学中的视而不见，听而不闻，嗅而无臭，食之无味等情况。于是两者成了相互依存，共同成就身觉的关系，“非心安能视听言动？心欲视听言动，无耳目口鼻四肢亦不能”。所以意识与身体功能似乎有相互依存，相互作用的关系。

关于意识与身觉的关系，若从横向关系而论，尤其是论生

---

① 朱熹：《朱子全书》第二十三册，朱杰人、严佐之、刘永翔主编，第1835页。
② 王守仁：《王阳明全集》，吴光等编校，第90—91页。
③ 王守仁：《王阳明全集》，吴光等编校，第90—91页。

起知（知识、是非等）、情感、意欲，乃至万事万物的客体化意识，意识与身体功能在绝大多数时候都是缺一不可的。因为意识（自我）要构造一个对象意识，很多时候都要借助视、听、嗅、味等身体功能，方能够构造一个立体的、全面的对象意识。当然，意识也在极少时候不需要视、听、嗅、味、触等身体功能来构造对象意识，例如想象、回忆等。而且某些特殊意识也是不需要视觉、听觉、嗅觉、味觉、触觉等身参与的，例如寂静意识（定），或者进行自我反思、明心见性等意识活动。甚至在日常生活中，也有些时候不需要视觉、听觉、嗅觉、味觉、触觉等身觉参与，例如专心某一意识活动时会视而不见，听而不闻，嗅而无臭，食之无味，触而无感等。若以纵向的视角而论，自然可以认为意识生起身觉，因为身体功能只有依靠意识方能形成认识（即身觉），此与唯识学的意识和前五识关系是一样的，“意识能了别前五识所有的所缘境，是前五识的所依，意谓前五识加入或在意识引导下才能形成认知”①。在这个意义上，意和身觉的关系也符合倪梁康教授指出的“从第六识再进一步产生出作为感觉材料的前五识”②。

综上所述，理学意识发生秩序是由生物之心生起本心，由本心而生起意识，由意识生起身觉。由于生物之心生发其德，生发其理，发生表德，于是人类具有能够恻隐、羞恶、辞让、是非，乃至感知、思虑、辨别、判断、抉择、主宰、立志等良知良能的本心。此本心之发用便成为意识，意识（自我）具有本性与习性。由意识的发用或参与，视、听、嗅、味、触等身体功能得以形成身觉（类似前五识）。而在整个人类意识之中，生物之心是普遍存在、贯穿其中的意识本源，因为它生生不息地持续

---

① 陈兵：《佛教心理学》，西安：陕西师范大学出版社，2016 年，第 63 页。

② 倪梁康：《缘起与实相》，第 145 页。

生发意识，或者使得意识不断发生，最终构造意识之流。而且本心、意识、身觉都是由生物之心发用生起的，从这个角度也可称生物之心是人类意识的本体，因为有其发用则有其本体。例如它作为爱之理；作为表德的四端的本体。正如阿赖耶识可以是一种论述意识乃至意识宇宙缘起的宇宙论，也可以是一种万法唯识的实相论。但是理学的意识发生秩序的具体内涵与唯识学的意识发生是不同的，因为唯识学的意识发生是，首先出现第八识；对自己的心相过于执着而产生第七识；第七识又产生第六识；从第六识再进一步产生出前五识。然而现象学与唯识学一样，都与具备了现象学原自我、前自我、自我的意识发生秩序。因此参照现象学与唯识学的意识发生，理学也具备了自身的意识发生逻辑或秩序。

五、理学意识发生的特征

通过比照现象学与唯识学的三类意识以及其意识发生秩序，上述已经分析并构建了理学意识的三种类型及其意识发生秩序。以理学意识的三种类型分析以及意识发生秩序研究为基础，现在基本可以确立心性现象学中儒学意识发生理论。因为理学意识具有可以类比现象学的原自我、前自我、自我或唯识学的阿赖耶识、末那识、六识的三种类型意识，即生物之心，本心、意识与身觉。而且，理学意识构建起可以类比现象学与唯识学的意识发生秩序的类同的意识发生秩序。当然，理学意识发生与现象学、唯识学意识发生只是一种类同，即在本质特征上相同，但是具体内涵上存在差异。正如现象学与唯识学的意识发生也存在一定的异同，理学与上述两者的异同是可以被理解与接受的。而且理学与上述两者的在意识发生的异同也可以做进一步探讨和总结。

如果将理学的三类意识及其意识发生秩序与现象学和唯识学的三类意识及其意识发生秩序比较的话，那么我们便可以清晰地得出理学意识发生与现象学、唯识学意识发生的异同，并且得出理学意识发生的本质特征。理学意识发生与现象学、唯识学意识发生可以在三个方面进行比较，分别是理论内涵的异同，理论构成上的异同，理论旨向上的异同。

在理论内涵上，理学意识发生与现象学、唯识学意识发生的异同具有两个方面。一个是两者在具体内涵上的异同，一个是两者在总体内涵上的异同。关于两者在具体内涵上的异同，在上文中生物之心与原自我、本心与自我、意识与身觉和自我与六识的比较中已经有清晰的论述。故此不再重复。关于两者在总体内涵上的异同，则需要进一步说明。相较而言，现象学的意识发生内涵以意识及其可能的认识论、以及"从根本上转变我的生活方式，使我从一种受自然态度支配的素朴的世界生活转向一种现象学的超越论生活"的人生论为主①。唯识学的意识发生以阿赖耶缘起论（类同于本体论），末那识论（类同于人生论），前六识论（类同于认识论）为主②。理学的意识发生包含的内容较多，包括宇宙论，如生物之心生起宇宙万物；以及心性论，如生物之心、本心与发用之心等；以及伦理学，如仁义礼智为代表的道德规范；以及认识论，如心外无物，物各付物等；以及工夫论，例如回复本心、致良知等；以及本体论，例如生物之心（仁）是爱之理，本心是人心之本体等。在上述各种内涵中，宇宙论、伦理学、心性论三者较为重要，或者更为显著地予以论述和呈现；而认识论、工夫论虽然也具备于其中，但是重要性与显著程度显然不如宇宙论、伦理学、心

① 朱刚：《心性与生活方式的转变——论胡塞尔现象学还原的工夫论意义》，载《道德与文明》，2022年，第6期，第96—110页。

② 倪梁康：《缘起与实相》，第7页。

性论。因此，倪梁康教授与耿宁教授强调儒学重视道德意识（伦理学），而知觉论（认识论）处于偏远的位置。这个观点基本能够呈现理学意识发生的基本特征，但是通过对理学意识发生的全面考察，或许这个观点可以做一定的补充。此便是理学意识发生包括宇宙论、心性论、伦理学、认识论、工夫论、本体论等内涵，但是其中认识论的地位与重视程度显然不如其在现象学与唯识学中的地位与重视程度。

在理论构成上，理学意识发生与现象学、唯识学意识发生也存在较大的差异。通过对零散的而非系统的、实践性的而非理论性、甚至是偶然提及的而非专题化的话语中，可以分析并归纳出理学意识的三种类型，并且梳理或构建其意识发生的秩序。但是这种分析、归纳与梳理、建构是存在一定问题的，因为这并非从同一系列著作的、体系性的、具有理论规范性的文本直接给出的。这其中可能会加入研究者的视域、方法和理论的影响，甚至会因为诸多有所差异的话语的统合而产生一定的不统一性或者相互矛盾之处。当其与胡塞尔现象学和以玄奘著作为主的唯识学比较时，这个缺点或不足之处更为明显。因为胡塞尔现象学与玄奘唯识学关于意识发生都是一种系统的、理论性、专题化、规范性、同一系列著作的论述。鉴于上述原因，理学意识发生仍旧是难以研究的，或者研究中难免会出现一定问题的，或者仍然需要长时间的持续研究。但是这种材料的分析与统合，理论的归纳与建构仍然是有效的，因为它起码可以对心性现象学的意识发生提供一定的相关材料、研究经验和理论模型。

在理论旨向上，理学意识发生与现象学、唯识学意识发生存在可能也存在一定的异同。胡塞尔现象学的意识发生研究是以纵向性本质直观的方法描述、分析和说明意识的纵向发生。它的最终旨向是构建严格的科学、挽救欧洲科学的危机等，以及“在揭示出世界、自我与我们的超越论意义、进而转变我对这三者的看法的同时，也在我之中创建了一种新的现象学的人格习性，引发我的整个心性的转变，最终以必然的方式规定我的生活的整体实践，从根本上转变我的生活方式，使我从一种受自然态度支配的素朴的世界生活转向一种现象学的超越论生活”①。唯识学的意识发生是通过修止观而证见的佛学方法构建阿赖耶缘起论与心识论。它的最终旨向是破除我法二执，转识成智，证见人生与世界的实相，获得常乐我净之德，乃至达究竟位，“出障圆明，能尽未来化有情类，复令悟入唯识相、性”②。理学的意识发生是通过修身、正心、知性、复天而见道的理学工夫构建心生万物的宇宙论、心性论、以仁为本的道德论。它最终旨向是为了澄明人类(包括意识)与万物的本源与本质，促使人类通过做工夫而认识自我并使自我圆满，然后通过实践使得人类过上道德的生活，并达到天人合一之境地。相较而言，现象学、唯识学、理学的理论旨向都有构建意识哲学、认识世界、转变自我、成就生活、超越世间的共同特征。其不同之处，或许是其超越世间的不同方式以及其到达境界(或称为超越世间后的显现形态)。

六、结　语

在心性现象学中，意识发生是非常重要的研究领域。现象学与唯识学的意识发生已经得到较为全面、系统、深入的研究，而理学的意识研究尚未得到上述研究。参照现象学与唯识学的意识发生，其实理学也可以进行相应的意识发生说明

---

① 朱刚:《心性与生活方式的转变——论胡塞尔现象学还原的工夫论意义》,第 96—110 页。

② 韩廷杰:《成唯识论校释》,北京：中华书局,1998 年,第 599 页。

与澄明。因为理学除了“未发与已发”的道德意识发生，还具备类似原自我、前自我、自我的意识发生逻辑或秩序。具体而言，由生物之心生起本心，由本心而生起意识，由意识生起身觉。其中，生物之心类似原自我与阿赖耶识，本心类似前自我与末那识，意识与身觉类似自我与前六识。当然这种类似只是在本质特征上的类同，但是在具体内涵上存有一定的差异。然而总体而言，理学的意识发生也可以进行现象学与唯识学的三阶段式建构。

在总体特征上，理学意识发生与现象学、唯识学意识发生可以在理论内涵，理论构成，理论旨向进行比较。在理论内涵上，现象学的意识发生认识论和人生论为主；唯识学的意识发生以本体论，人生论，认识论为主；理学的意识发生包括宇宙论、心性论、伦理学、认识论、工夫论、本体论等内涵，其中认识论的地位与重视程度显然不如其在现象学与唯识学中的地位与重视程度。在理论构成上，胡塞尔现象学与玄奘唯识学关于意识发生都是一种系统的、理论性、专题化、规范性、同一系列著作的论述，而理学意识发生思想是零散的而非系统的、实践性的而非理论性、甚至是偶然提及的而非专题化的。在理论旨向上，现象学、唯识学、理学都试图构建意识哲学、转变自我、成就生活、超越世间，但是其超越世间的方式以及其到达境界有所不同。上述理学的意识发生研究可以推进心性现象学中的儒学意识发生研究，也有助于理学的意识哲学的理解与建构。但是它也是需要一项需要继续研究与探讨的工作。因为上述研究只是构建了理学意识发生主要内涵、秩序和特征，尚有许多需要进一步研究的工作，例如许多相关文献、思想及其历史演变需要整理与研究；以及其与理学的意识结构的关系等等。

尼采的“永恒轮回”学说

——基于海德格尔和德勒兹的视角*

周　悦

(首都师范大学)

“永恒轮回”学说可能是尼采哲学中最基本同时也最令人困惑的一个。虽然我们很难轻易地回答什么是尼采的根本学说，但不论是从查拉图斯特拉的教义来看，还是从尼采哲学整体的关联来看，“永恒轮回”都占有不可或缺的地位。但另一方面，“永恒轮回”学说也最具迷惑性，最容易造成误解。卡尔·雅斯贝尔斯(Karl Jaspers)认为这是尼采哲学的“决定性观点”，同时也称其是值得怀疑的。① 米兰·昆德拉(Milan Kundera)以生命之轻与责任之重的交错对比，来表达“永恒轮回”世界的选择与纠葛；② 对伯恩德·马格努斯(Bernd Magnus)来说，“永恒轮回”应该被视为尼采式的“存在主义命令”；③ 而对埃里克·奥格(Eric Oger)来说，“永恒轮回”应该被理解为“关键的考验”；④ 我们该如何看待这些相互矛盾的说法呢？

在对“永恒轮回”的众多解释中，海德格尔和德勒兹代表了两种突出解释。虽然二者都是将尼采的“力”“权力意志”

和“永恒轮回”学说编织在一起，连贯尼采的整个哲学体系并以此来解释尼采对其他主题，如形而上学、虚无主义的批判。然而，他们却得出了完全不同的结论：海德格尔通过对其20世纪30、40年代的尼采讲座进行整理，完成了对尼采形而上学的解释，“永恒轮回”表达了存在者整体的存在方式，展示了同一的存在。德勒兹通过对差异、力与生成的强调，主导了60年代法国对尼采脱离形而上学的解释，“永恒轮回”表达的是选择性的存在类型，展示了差异的重复。本文在考察海德格尔和德勒兹关于“永恒轮回”解释的基础上，试图表明二者思想分歧的基点在于对存在和差异的立场不同，而这种分歧直接激发了德勒兹对存在的单义性、差异与重复的进一步思考。

为此，本文主要围绕着三个任务而展开：首先从三个思考角度对海德格尔关于“永恒轮回”的解释作一简要分析，然后在考察德勒兹对“永恒轮回”解释的基础上，讨论在哪些方面与海德格尔有所相似又有所分歧，最后对二者的共识与分歧作总结，并从中梳理这一分歧对德勒兹差异存在论思想的影响。

---

* 本文系国家社科基金项目“教师专业伦理形象构成性研究”(课题编号：BEA200110)阶段性研究成果。

① Olney, Charles. “A New Metaphysics: Eternal Recurrence and the Univocity of Difference”. *The Journal of Speculative Philosophy* 34. no. 2. 2020. p. 179—200.

② Kundera, Milan. *The Unbearable Lightness of Being*, trans. Michael Henry Heim. New York: Harper Collins. 1999.

③ Magnus, Bernd. *Nietzsche's Existential Imperative*. Bloomington: Indiana University Press. 1978.

④ Oger, Eric. “The Eternal Return as Crucial Test”. *Journal of Nietzsche Studies* 14. 1997. p. 1—18.

一、海德格尔对尼采“永恒轮回”的解释

通过对尼采在《快乐的科学》《查拉图斯特拉如是说》和《善恶的彼岸》中关于“永恒轮回”描述的分析，海德格尔向我们传递出这样一个信息：“永恒轮回”学说的重点不在其内容，而在于如何思考这一学说。

其一，是对“永恒轮回”学说的思考态度：作为形而上学之基本立场。在对《查拉图斯特拉如是说》第三部分之“康复者”的解释中，海德格尔指出，侏儒以及查拉图斯特拉的动物们思考“永恒轮回”的态度是“跑掉”或“旁观”“蹲坐在旁”“注视着”。①若以上述方式看待“永恒轮回”，非但不能让我们获得任何切身的体验，反而会带来种种肤浅蹩脚的误解以及对存在者整体的真正思想的曲解。②不同于侏儒及查拉图斯特拉动物们“守在外面，蹲坐于一旁”③的态度，对“永恒轮回”的思考首先要求我们“站在当中”。如何“站在当中”呢？根据尼采的笔记，就是要把这个思想“吞食”。④海德格尔通过对“吞食”一词的词义追溯，指出这意味着我们应该把“永恒轮回”作为关于“存在者整体之基本立场”的思考，并以它为基点去统摄、贯通和支配其他思想，使之整合为一个内在的统一体。⑤也正是在这个意义上，海德格尔将“永恒轮回”学说比作尼采哲学的根。⑥

---

① 海德格尔：《尼采》，孙周兴译，北京：商务印书馆，2016 年，第 325 页。

② 同上。

③ 海德格尔：《尼采》，第 327 页。

④ 海德格尔：《尼采》，第 347 页。

⑤ 海德格尔：《尼采》，第 348 页。

⑥ 海德格尔：《尼采》，第 264 页。

其二，是对“永恒轮回”学说的思考角度：作为虚无主义之克服。“永恒轮回”既是虚无主义的表达，否定了世界或存在者整体的某种“意义”；又是对虚无主义的回应，这种思想也将提供动力，让我们从混沌中创造出新世界。根据海德格尔的总结，“永恒轮回”和虚无主义的这种交互关系体现在两个向度上：虚无主义的问题只有在“永恒轮回”的意义上才是最极端的和最完整的；反过来，“永恒轮回”也只有在虚无主义和瞬间的意义上得到思考之际，才能得到真正的思考。①

就像“上帝之死”被昭示后引发的两种极端反应，“永恒轮回”学说的宣示也会产生两种截然相反的反应。尼采首次在《快乐的科学》中就表达了这两种反应方式：要么是受到沉重打击，气得咬牙切齿，狠狠地诅咒这个胡说八道的恶魔；要么是把它看作从未听过的如此神圣的道理。② 在《查拉图斯特拉如是说》中，这两种对立则更为明显。在“幻影和谜”这一节的前半部分，查拉图斯特拉将两种轮回思想的反应对照起来：“‘站住！侏儒！’我说道，‘有我就没有你！可是我是两人中的较强者—：你不懂得我的深渊似的思想！这个思想——你承受不了！’”③

侏儒们面对“永恒轮回”的反应是，瘫倒在地，看到“莫大的悲哀降临到世人头上”，感到“万事皆空，一切相同，一切俱往！”④“一切劳动都是徒劳，我们的葡萄酒变成毒酒，邪恶的目光把我们的田和心烤焦。”⑤“确实，我们对死亡也已感到太

---

① 海德格尔：《尼采》，第469页。

② 海德格尔：《尼采》，第280页。

③ 尼采：《查拉图斯特拉如是说》（译注本），钱春绮译，生活·读书·新知三联书店2014年版，第178页。

④ 尼采：《查拉图斯特拉如是说》（译注本），第152页。译文有改动。

⑤ 尼采：《查拉图斯特拉如是说》（译注本），第153页。

厌倦了;我们现在还醒着而且活下去——在墓穴之中!”[①]然而另一端,“永恒轮回”被宣示后还有一种可能性：这是一个神圣的、伟大的时刻,“规划自己成为你自身,规划自己成为这样的生命：渴望最终的永恒肯定和印记?”[②]

这两种极端反应正是“永恒轮回”的两种性质：消极虚无主义和积极虚无主义。“其中一方面是：一切皆虚无,一切都是无关紧要的,以至于没有什么是值得的——一切都相同。另一方面是：一切皆轮回,每个瞬间都是重要的,一切都是重要的——一切都相同。”[③]在“一切都相同”的表象下,存在着的是一条看上去相当狭窄的鸿沟。然而鸿沟的两端却是决然不同的东西:“一切都是无关紧要的”——消极虚无主义和“没有什么是无关紧要的”——积极虚无主义。这也就是说,“永恒轮回”共享着一个面孔,内里却是两种实质：侏儒思考的是消极的轮回,是否定“瞬间”的轮回;而查拉图斯特拉所思考的是积极的轮回,是肯定“瞬间”的轮回。二者“势不两立”,互不相容。这两种对立的反应和性质预示着两种不同的选择：选择做侏儒还是选择做自己？是被这个重负所压垮还是成为你自身?[④]

尼采提供的路径是深入虚无主义的根底,用积极的和肯定(瞬间)的“永恒轮回”来克服虚无主义的消极实质。海德格尔引用尼采的话:“欧洲第一个完全的虚无主义者,却已经在自身中彻底经历了虚无主义本身——他在自身之后、自身中间、自身之外都具有虚无主义”(《权力意志》,序言第三节),[⑤]

---

① 尼采:《查拉图斯特拉如是说》(译注本),第153页。

② 海德格尔:《尼采》,第261页。

③ 海德格尔:《尼采》,第467页。

④ 汪民安:《尼采的“同一物的永恒轮回”》,载《同济大学学报(社会科学版)》,2015年,第1期,第31页。

⑤ 海德格尔:《尼采》,第457—458页。

表明对虚无主义的克服需要满足两个条件：一是只能从内部进行，就像牧人狠狠咬断蛇头；二是只能采取极端的、但颠倒了的立场取而代之。[①] 现在，“最不受欢迎的客人”已经到门口了。尼采最极端的但颠倒了的立场——“永恒轮回”——就是邀请虚无主义走进客厅，然后把随之而来的恐怖和毁灭变成后续的创造。对尼采来说，必须让人经验这种摧毁一切的虚无主义，才能清理一切，才能为新生做好准备。毁灭是创造的基本成分，那种消极的、令人恐惧的虚无主义也是积极的、具有建设性的虚无主义的基本成分。这样看来，尼采的“克服”倒更像是“激活”，以“永恒轮回”的传达将虚无主义推至极端化，然后把极端的否定、毁灭和痛苦当作存在者固有的成分加以肯定，如此才能把虚无主义的消极实质转化为“人类所能获得的最高的肯定形式”。[②]

转化的关键在于理解“瞬间”的意义。在尼采看来，超感性世界的建立源于对生成变化、时间流逝、存在者不再存在的憎恶、怨恨和痛苦，这根本上是受到“复仇精神”的驱使。为了从“复仇精神”中解脱出来，“永恒轮回”以肯定生成与流逝的方式拯救生命、克服虚无，而解脱的关键是“瞬间”。

在《查拉图斯特拉如是说》“幻影和谜”这一节，尼采试图对“瞬间”作出描绘：“身后的这条长路：它通向永恒。向前去的那条长路——它是另一个永恒。这两条路背道而驰；它们正好碰头在一起——在门道这里，就是它们的相会之处。门道的名字写在上方：‘瞬间’。”[③]

“瞬间”，也可以说是此刻，刹那，正是查拉图斯特拉和侏儒在面对“永恒轮回”时的一个重要分水岭。侏儒只看到一切

① 尼采：《权力意志》，孙周兴译，北京：商务印书馆，2013 年，第 248 页。
② 海德格尔：《尼采》，第 292 页。
③ 尼采：《查拉图斯特拉如是说》(译注本)，第 179 页。

在无限地重复，一切在无望地转圈，而没有看到在循环中“瞬间”的重要性。如果一切都只是单纯的时间循环，那么“瞬间”根本就无足轻重，它轻飘飘地流逝，毫无自身的重量。所以，查拉图斯特拉才会指责侏儒，把永恒轮回“弄得太轻松了”。与侏儒相反，他所理解的“永恒轮回是”对“瞬间”的强调：“瞬间”不是一个简单的过渡时刻，而是整个轮回中最具决定性的时刻。过去和将来（两条道路）都聚焦于此，“瞬间”因而承载着非同凡响的重量。也正是在这样的时刻，生成具有了自身的光芒，得到了无限的肯定。海德格尔敏锐地把握到尼采“瞬间永恒化”的意象，并从生存论的意义上理解“瞬间”。在海德格尔看来，进入“永恒轮回”的圆环之中还远远不够，至关重要的是此在在行动中对当下“瞬间”的时机性决断。海德格尔将人置于这个“瞬间”之中，处于“瞬间”之中的人，具有双重方向，“他就会让相对而行者本身达到碰撞，但又并不让它们静止下来，因为他展开和经受着被发送者（指向未来）与一道被给予者（指向过去）的冲突”。[①]“瞬间”处在冲突的中心，处在过去和将来碰撞的焦点之上，并决定着轮回的路径。而人置身的这个“瞬间”（Augenblick），经由海德格尔的解释，增添了生存论意义上的“时机”的意味，具体指向此在在实际处境中的选择、争取和决断。

其三，是对“永恒轮回”的思考向度：作为“存在”之在。通过引用尼采的遗稿，“为生成打上存在之特征的烙印——这乃是最高的权力意志。一切皆轮回，这是一个生成世界向存在世界的极度接近——此乃观察的顶峰”，[②]海德格尔意欲表达“权力意志”赋予“永恒轮回”以存在特性，暗含着将生成“永

---

① 海德格尔：《尼采》，第327页。

② 海德格尔：《尼采》，第979页。

恒化”和“持存化”的倾向。海德格尔认为,“永恒轮回”表达的是生成之物(非持存之物)的在场方式,但生成之物是在最高的持存化中在场的。故,“永恒轮回”的生成之物并非不同者,而是相同者本身,即,同一之物。着眼于同一之物的在场状态,“永恒轮回”思考的是生成者生成持续的持存化过程。在海德格尔看来,固然尼采以“永恒轮回”颠倒了柏拉图主义“存在”与“生成”的位置,但它提供的仍然是一种关于存在者整体存在方式(存在者如何存在)的解释,这种做法并不能消解柏拉图主义,反而是以一种极端的方式导致了它的实现。

通过上述思考方式,海德格尔将尼采的“永恒轮回”固定在形而上学的基本架构中。“权力意志”和“永恒轮回”作为本质和实存两大范畴,本质统一地构成了尼采形而上学之基本立场。海德格尔对“永恒轮回”更具决定性的批判,来自他的讲演录《谁是尼采的查拉图斯特拉?》。在那里,海德格尔评价“永恒轮回”本身就是复仇精神。作出这个判断的依据是,海德格尔强调的仍然是“永恒轮回”“存在”之在这一面,而作为生成本身的存在再次被遗忘。

二、德勒兹对尼采“永恒轮回”的解释

德勒兹的《尼采与哲学》引领了60年代法国接受尼采哲学的浪潮。黑格尔的辩证法是《尼采与哲学》一书的主要攻击对象,但只要细心,我们会发现德勒兹在多处暗示了海德格尔才是自己真正的哲学对手。德勒兹提供了一种与海德格尔思路完全不同的对尼采的系统化解释,在他的解释里,尼采是彻底思考生成和差异的思想家,而尼采能够拥有这种思维形象的决定性因素就是其“永恒轮回”学说。

按照德勒兹的说法,“永恒轮回”有两个侧面:1)作为时

间可能性的宇宙学说和物理学说，永恒轮回肯定了“生成之在”；2）作为肯定者轮回的伦理思想和选择性思想，永恒轮回肯定了“生成之在”的“自我肯定”，在这一方面，它被进一步描述为双重肯定和双重选择的复杂学说。将“永恒轮回”的宇宙学和伦理学这两个侧面联系起来，是德勒兹解释的特征之一。另一特征在于，他将“永恒轮回”和力的能动反动以及权力意志的肯定否定连接起来。

据德勒兹解释，尼采对“永恒轮回”的描述预设了他对平衡状态以及最终状态的批判。①实际上，这两种状态同属于对生成的压抑。“永恒轮回”的第一个侧面，即，它是一种纯粹生成的学说，基于一个逻辑结论——流逝时间的无穷无尽性。生成不可能有起点，不可能有停滞，也不可能有终结。如果生成有起点，那么它就已然是形成的事物了；如果生成可以停滞，那么它早已是定型的东西了；如果生成可以设想一个终点，那么它总会到达。因此，生成永远生成，绝对纯粹。纯粹生成的另一个前提是力的无限性。世界中的力在永恒不断地生成、不断地流转易形，不会有一个“此刻”“瞬间”是“绝对的现在”或“绝对的存在”。在这个意义上，德勒兹将尼采的“永恒轮回”解释为“生成之在”。②

对于“此刻”的流逝，德勒兹的回应是说，这一“此刻”必须同时是现在和过去、现在和将来。所以，每一个“此刻”，都包含着过去和将来的维度；每一个“瞬间”，都是对无限过去和无限将来的一次全新的综合。在讨论“此刻”与过去和将来的关系时，显然，德勒兹也考虑到了海德格尔标记为于“瞬间”相交的两条道路。初看起来，他的立场似乎与海德格尔非常相似，

---

① 德勒兹：《尼采与哲学》，周颖、刘玉宇译，郑州：河南大学出版社，2015年，第102页。

② 德勒兹：《尼采与哲学》，第104页。

但需要区别的是：德勒兹把捉到的不是相交的两条道路，而是一个圆锥体。①

因为在他看来，过去和将来不是被同化到现在，而是现在是过去和将来的综合体，它已经流逝了。这也就是说，德勒兹并没有专注于"此刻"，而是专注于"此刻"的流逝，以及专注于现在、过去和将来在每一此刻中形成的综合性关系。这种综合性关系，奠定了此刻与其他时刻的关系的基础。从这个意义来理解的"永恒轮回"，实质上是无限过去和无限将来向当下这一时刻的轮回。无限的过去和无限的将来，都在当下这一时刻被综合和生成为现在，生成为新的差异。因此，"永恒轮回"并非某一事件的轮回，而是说，轮回本身是一个事件；也并非是永恒轮回形成了综合的过程，而是说，轮回指的就是这种无限重复的综合过程本身，在其中，多样性和差异都得到了肯定。

德勒兹借此澄清，如果我们把"永恒轮回"理解为"存在的轮回"，这是对它的误解。因为，并不是存在处于轮回之中，而是只要轮回肯定生成和消逝，那么轮回自身就构成了存在。②在德勒兹看来，存在不是对生成的否定，而是"生成的肯定本身即是存在，而多样性的肯定本身即是统一。"③对于这一点，他明确指出，"轮回是生成之在，是生成本身的存在，是在生成中被肯定的存在。"④如果我们把"永恒轮回"理解为"相同者的轮回"，这也是对它的误解。因为，永恒轮回虽然是一种"重复"，但德勒兹认为这种重复不是相同者的重复，而是差异的

① 德勒兹这样总结过去与现在的共存："这就是柏格森著名的圆锥体的象征意义"。参见 Deleuze, Gills. *Difference and Repetition*, trans. Paul Patton. New York: Columbia University Press. 1995. p. 83。

② 德勒兹：《尼采与哲学》，第 105 页。

③ 德勒兹：《尼采与哲学》，第 52 页。

④ 德勒兹：《尼采与哲学》，第 53 页。

不断再生和差异化的重复。所以，德勒兹解释的“永恒轮回”不再是“相同者的轮回”。恰恰相反，它是力的差异的轮回。因为在每一时刻，力和力之间的差异都会被综合。在每个瞬间，正是内在的权力意志驱使所有的力和其他力构成关系，驱使力不断地处于生成变化中，在下一时刻又构成新的关系，如此生生不息，“永恒轮回的世界是强度中的世界，是差异的世界，这个世界并不预设一或同，相反，它就建立在唯一的上帝坠落之处或者同一的自我的废墟之上。”①

从第一个侧面（宇宙学和物理学）理解的“永恒轮回”，使我们能够审视其第二个侧面。根据德勒兹的说法，“永恒轮回”的第二个侧面是一种伦理的和选择性的思想。

首先要解决的问题是，“永恒轮回”如何成为一个伦理思想？尼采在《快乐的科学》中如是说道：

> 倘若这想法压倒了你，恶魔就会改变你，说不定会把你辗得粉碎。“你是否还要这样回答，并且，一直这样回答呢？”这是人人必须回答的问题，也是你行为的着重点！或者，你无论对自己还是对人生，均宁愿安于现状、放弃一切追求？②

尼采认为，渴望（肯定）或拒绝（否定）生命的轮回取决于一个人是上升类型还是下降类型：上升类型肯定生命，肯定快乐和痛苦以及它的轮回，而下降类型仇视生命，使其成为它的敌人。如果按照尼采的标准——“做任何你想做的事，但首

---

① 德勒兹著、大卫·拉普雅德编：《〈荒岛〉及其他文本：文本与访谈（1953—1974）》，董树宝等译，南京：南京大学出版社，2018 年版，第 181 页。

② 尼采：《快乐的科学》，黄明嘉译，上海：华东师范大学出版社，2007 年，第 317 页。

先要成为有能力的人”，那么，永恒轮回就应该具有落在每个人行动上的份量。每个人都被允许按照自己的意愿行事。

尽管永恒轮回的思想被解释为一种伦理学说，但它并不是康德意义上的规范性伦理，它不具普遍价值性。然而德勒兹坚持，如果以康德绝对律令的方式来表述——“无论你想要什么，用这种方式来想：你也想要它永恒轮回”[①]——永恒轮回的伦理层面，或许可以得到最好地理解。德勒兹此举意在说明，尼采为我们提供的是像康德一样严格甚至是更严格的伦理标准。这种严格既不是哲学的，也不是科学的，而是“实用的”。在这种情况下，“实用”的意思是指，“永恒轮回”是一种心理考验，考验的是一个人必须承受的最重分量：

> ——假如恶魔在某一天或某个夜晚闯入你最难耐的孤寂中，并对你说：“你现在和过去的生活，就是你今后的生活。它将周而复始，不断重复，绝无新意，你生活中的每种痛苦、欢乐、思想、叹息，以及一切大大小小、无可言说的事情皆会在你身上重视，会以同样的顺序降临，同样会出现此刻树丛中的蜘蛛和月光，同样会出现现在这样的时刻和我这样的恶魔。存在的永恒沙漏将不停地转动，你在沙漏中，只不过是一粒尘土罢了！”[②]

我们先来注意尼采问题的假设：“如果”。在这里，我们还可以借鉴内哈马斯的改写方式：“如果我的人生将再次出现，那么，它只能以相同的方式出现。”[③]这至少表明，“永恒轮回”

① 德勒兹：《尼采与哲学》，第 146—147 页。

② 尼采：《快乐的科学》，第 317 页。

③ 亚历山大·内哈马斯：《尼采：生命之为文学》，郝苑译，杭州：浙江大学出版社，2016 年，第 168 页。

不是一个哲学的或科学的基本构想，相反，尼采是想从他的学说中创造出一种隐喻效果，一个思想实验，“一个关于对自我的见解”。[①]对于这个压在个人身上的“最重分量”，德勒兹和海德格尔一样也呈现了两种反应方式：彻底的绝望或完全的兴奋。[②]

对应这两种不同的反应方式，德勒兹引导我们关注“永恒轮回”的另一面：它是一种“选择”。德勒兹指出：“进行选择的是永恒轮回的思想。它使意志成为一个整体。”[③]换句话说，“选择”不是非此即彼，而是“永恒轮回”本身。因此，在这种情况下，意愿、肯定、创造、接受、渴望与“选择”具有相同的意义——因为构成“永恒轮回”的是整体的选择，而不仅仅是对部分的选择。

接下来需要解决的问题是，如果“永恒轮回”使意志成为一个整体，那么虚无的意志是否也轮回呢？对于这个问题，德勒兹区分了两种选择方式：

第一种选择是，虚无的意志不进入轮回。通过从意志中清除一切脱离永恒轮回的东西，意志和行动从而变得完整，正如德勒兹所言：“它使意志变为创造。”[④]这也就是说，永恒轮回剔除了虚无的意志和反动力，因为它们无法延续和生成。然而，一旦有一些反动力达到了它们力的极限，并试图在“虚无的意志中找到强大动力”，[⑤]这时候便不再满足于第一种选择方式而欲求第二种。

---

① 亚历山大・内哈马斯：《尼采：生命之为文学》，郝苑译，杭州：浙江大学出版社，2016 年，第 168 页。

② 海德格尔：《尼采》，第 280 页。

③ 德勒兹：《尼采与哲学》，第 148 页。

④ 同上。

⑤ 同上。

第二种选择是，虚无的意志进入轮回，但永恒轮回使得虚无的意志达到完满以至消解：在反对一切能反对的东西之后，它转而反对自身，于是反动力自身发生嬗变成为能动的力而消解了自身。具体来说，如果虚无主义的实质是反动力的胜利，那么对虚无主义的克服，则需要否定的权力意志转向肯定。然而，只有当反动力转向自我否定、自我毁灭的时候，权力意志的否定才能变为肯定。在德勒兹看来，“永恒轮回”正是实现这种转化的推手。只有虚无的意志与“永恒轮回”相联系的时候，才会解除它与反动力的联盟，才会让否定成为反动力本身的否定。① 那么，这种摆脱了与反动力勾连的虚无主义，是什么样的呢？以尼采的划分，便是完成的、积极的虚无主义。过于这一嬗变过程，德勒兹是这样描述的：“能动的否定或能动的毁灭是顽强的精灵，它摧毁自身之内的反动，把这种反动连同自己交给永恒轮回检验，甚至不惜以自身的衰败为代价。”②

这相当于是说，对自身的否定是反动力变得能动的唯一途径。通过将否定的东西转化为自身的积极毁灭，因而无条件地成为永恒轮回。这是类型的转变，力量再次变得能动。这是肯定的否定。因此，这个意义上的“永恒轮回”就不简单是选择性的思想，更是选择性的存在。③ 因此，从这个角度我们发现，无论是哪一种选择，都通过转化消除了否定的和同一的因素，只有肯定者和被肯定者才得以进入轮回之中并且轮回只意味着差异本身。

在 1968 年出版的《差异与重复》中，德勒兹对“永恒轮回”作了进一步地阐释。他再次强调“永恒轮回”的重复绝非相同者之重复，而是不同者之重复。这两种重复的根本区别在于对

---

① 德勒兹：《尼采与哲学》，第 149 页。

② 德勒兹：《尼采与哲学》，第 151 页。

③ 德勒兹：《尼采与哲学》，第 152 页。

待“差异”的态度不同：前者是基于相似性或同一性来探讨差异，在此类重复中，差异由相似或同一产生；后者是把相似性甚至同一性视为本质差异的产物，在此类重复中，“永恒轮回”就是差异为其自身。众所周知，柏拉图通过区分原型-理念、摹本-再现[表象]（representation）、拟像（simulacrun）-摹本的摹本这一等级结构，以确立“理念”的至高同一性，并以此确保摹本之于原型的内在相似性，再现[表象]是这一思想图景的主要特征。在柏拉图主义的体系中，拟像因其模糊、扭曲的性状处于最低位，隶属于相似性原则，受其抑制、贬黜。与之相应，差异在传统哲学中也一直受同一性逻辑的束缚、驱逐，或被边缘化，或被模糊化。但在德勒兹看来，对柏拉图来说更重要的区分并非来自原型和与之可能类似的摹本，而是摹本和拟像。① 与抬高原型，贬低摹本，抑制拟像的传统思维不同，德勒兹关注的是不再受同一性支配的拟像领域，这样的拟像领域是差异不断产生和重复出现的场所。需要注意的是，这里的差异指的并不是事物与拟像之间的区别，恰恰相反，“事物即拟像本身”。②“永恒轮回”只关涉着拟像、幻象且只让它们回归。③

三、共识和分歧

海德格尔对“永恒轮回”的解释，基于他对尼采形而上学的总体定位。不可否认，这种定位启发了德勒兹，尽管德勒兹

---

① 如德勒兹所言，“但在更为深刻的层面上，真正的柏拉图式区别不但发生了移置，而且还改变了本性：它不再是原初之物与影像之间的区别，而是两种影像之间的区别。”参见德勒兹：《差异与重复》，安靖，张子岳译，上海：华东师范大学出版社，2019 年，第 222 页。

② 德勒兹：《差异与重复》，第 125 页。

③ 德勒兹：《差异与重复》，第 222 页。

的解释落于完全不同的方向上。这意味着，二者对“永恒轮回”的解释既具有一定的共识，但也存在根本的分歧。就上文而言，共识主要在于：

其一，二者都对“永恒轮回”作了整体性的理解。相较于亚瑟·丹托（Arthur Danto）①、阿诺德·祖博夫（Arnold Zuboff）②等哲学家偏重于从宇宙学方面对“永恒轮回”的解释，海德格尔和德勒兹都基于对尼采哲学的整体认识，综合尼采已出版的和未出版的文本，避免对“永恒轮回”的简化认识并保持了“永恒轮回”的宇宙学和伦理学之间的基本联系。其二，二者都强调了“瞬间”永恒化的意象。海德格尔和德勒兹都反对通常的线性结构的时间表象，而关注包含过去和未来的相互伸达的永恒性瞬间。这种瞬间的永恒性是尼采“永恒轮回”思想的核心要点之一。其三，二者都肯定了“嬗变”的决定性影响。德勒兹承认“永恒轮回”思想带来的剧变，是任何东西都无法比拟的。在接受“永恒轮回”的瞬间，意志从否定的意志嬗变为肯定的意志。这种意志不再是虚无的意志。同样，海德格尔通过“吞食”这一用语表达出接受“永恒轮回”思想具有

---

① 比如 Danto 就提到：“总的来说，该学说在尼采出版的著作中以如此奇特的措辞呈现，或暗示或间接地陈述，而没有特别的论证或证明。”A shorter version of Danto's commentary on the eternal return, “The Eternal Recurrence”, appears in Robert Solomon ed., Nietzsche. A Collection of Critical Essays (Indiana: University of Notre Dame Press, 1973), p. 317. 出于对尼采在已出版作品中对永恒轮回论述的不满，Danto 转向未出版的笔记寻找更多的证据，然而据他所言，在笔记中发现的只有“极其混乱”的词语。参见 Danto, AC. *Nietzsche as Philosopher: Expanded Edition*, New York: Columbia University Press. 2005. p. 205。

② Zuboff 出于对可能性后果的不同考量也提出过“永恒轮回”无关紧要的看法：不仅一个人当前的人生永远会再现，而且它的大量可能的备选项也永远会再现。参见 Zuboff, Arnold. “Nietzsche and Eternal Recurrence”, *Nietzsche. A Collection of Critical Essays*, Indiana: University of Notre Dame Press. 1973. p. 350—352。

的深刻变化，并将接受它的人形象化为咬掉蛇头的“牧人”。

然而，表面的相似并不能让我们忽视二者内在的分歧。围绕上文主题，分歧主要在于：

其一，海德格尔主张“永恒轮回”是“存在之在”，是生成逼近存在、趋向存在的象征，这意味着一种持存化的过程。德勒兹主张“永恒轮回”肯定的是“生成之在”，存在内在于生成之中，一切“存在”皆不过是“生命—生成”之流中的一个相对稳定的“瞬间”。[①]这一分歧基于二者对“此刻”“瞬间”的理解不同。如前所述，海德格尔强调的是凝聚在此刻中的永恒，此刻不是稍纵即逝的瞬间，不是倏忽而过的一霎那，而是将来与过去的碰撞并指向此在的生存“决断”；德勒兹强调的是此刻的流逝、生成和变易，流逝的此刻不是把过去和将来拉到自己这里，而是作为自身与过去和将来共存于一综合体中。[②]

其二，海德格尔主张“永恒轮回”是同一的永恒轮回，是生成的不可穷尽的持存性，“权力意志”作为这种持存性在相同者的轮回中意愿自身。[③]德勒兹依据力的差异和权力意志的综合而理解的“永恒轮回”，不再是同一或“一”的轮回，而是差异和多样性的“永恒轮回”。[④]在《差异与重复》中，德勒兹进一

---

① 克莱尔·科勒布鲁克：《导读德勒兹》，廖鸿飞译，重庆：重庆大学出版社，2014年，第151—152页。

② Marc Rölli指出，正是在时间性的问题上，德勒兹对海德格尔的方法提出了挑战。德勒兹引入了“Aion”这一概念以反对将过去和将来按时间顺序集合在活生生的现在之中，并认为只有在将来和过去从当下抽离的瞬间，当下才是真正有生命的。参见Rölli, Marc. *Gilles Deleuze's Transcendental Empiricism*, trans Peter Hertz-Ohmes. Edinburgh: Edinburgh University Press. 2016. p152.

③ 海德格尔：《谁是尼采的查拉图斯特拉?》，载海德格尔：《演讲与论文集》，孙周兴译，上海：生活·读书·新知三联书店，2005年，第127—128页。

④ 在《尼采与哲学》中，德勒兹作出如下总结：“永恒轮回绝不是一种同一的思想，而是综合的思想，是强调绝对差异的思想……永恒轮回不是‘同一’或‘一’的回归，而是属于多样性和差异的回归。”参见德勒兹：《尼采与哲学》，第101页。

步补充，“永恒轮回”是个永恒的离心圆，而处于圆心处的就是差异。①

其三，海德格尔主张“最后的人”“恶的”“渺小的”“卑鄙的”会一道轮回，如内哈马斯所指出的，海德格尔洞悉的查拉图斯特拉最深刻的思想在于——如果他再次存在，那么，与这个世界有关的一切事物，善的与恶的(包括小人在内)，也都必定会再次存在。而在德勒兹的意义上，查拉图斯特拉的“动物们”“侏儒们”以及“最后的人”是无法进入轮回之中的，因为“永恒轮回”的选择性原则先行消除了它们所认识的那种同一的、相似的、否定的轮回。

我们发现，正是在关于“永恒轮回”的问题上，德勒兹明确与海德格尔拉开了距离。我们姑且称这种距离为分歧。②本文试图表明，造成这些分歧的内在基点是二者对存在与差异的立场不同。德勒兹坚持认为，形而上学既没有能力思考自在之差异，也没有能力思考与统一者具有同等重要性的分离者(行分化者)。③德勒兹的这一坚持直接指向海德格尔的“存在论差异”。④在海德格尔整个思想道路中，对“存在论差异”思考的侧重点有所不同：前期重在辨析存在者与存在之间的“区分”，强调差异是存在和存在者的根本差异；⑤后期他打开了思考“差异”的全新境界——存在者之存在与作为存在的存

---

① 德勒兹：《差异与重复》，第 104 页。

② Marc Rölli 的表述则更为激进。他指出，海德格尔对尼采“永恒轮回”中“重复”概念的解释让德勒兹与海德格尔彻底决裂。参见 Rölli，Marc. *GillesDeleuze's Transcendental Empiricism*，trans Peter Hertz-Ohmes. Edinburgh University Press. 2016. p155。

③ 德勒兹：《差异与重复》，第 120 页。

④ 德勒兹在《差异与重复》开篇就肯定了海德格尔“存在论差异”的时代氛围。参见德勒兹：《差异与重复》，第 1 页。

⑤ 海德格尔：《论根据的本质》，载海德格尔：《路标》，孙周兴译，北京：商务印书馆，2001 年，第 142 页。

在之间的差异。这是指，存在内部的亲密的区分化，即，存在本身显隐一体的运作。存在“显”为存在者之存在，但此一“显”同时即“隐”，存在“隐”入存在者中蔽而不显。就差异而言，海德格尔后期关注使得“存在论差异”得以可能的差异化运作本身——“作为差异的差异”，即，一种差异化的分解(Austrag)活动。这一分解活动在“同一者”自身之中发生，从自身之中出发，并且返回于自身。这一“同一者”在海德格尔那里被刻画为“Ereignis”，它实际上就是存在自行显现而又自行隐蔽的二重性运作。从“Ereignis”来看，这种差异化的运作不是对立分离的运动，而是共属一体的运动。

德勒兹对海德格尔“存在论差异”之洞见性予以肯定，但也对其关于差异之思考的彻底性和原初性提出了质疑。根据德勒兹的说法，“差异”最终达到的是“差异自身”——自在和自为的差异。它并非存在运动的一个时刻，而是与本然的存在不可区分。我们可以从两个角度来接近这个“差异自身”：第一个角度是，“差异”的生产性和个体化。在德勒兹看来，虽然亚里士多德、莱布尼兹、黑格尔等哲学家都强调了差异的生产性，但他们都是将差异束缚于概念之中，作为对其他概念的谓词来理解的。德勒兹指出，差异可以超越这一概念并仍然保持生产性和进行个体化的能力。他将“差异”定义为一种“事件”——既不按照某种既定的模式来展开，也不以对立或客体的同一性为先决条件。“差异”的每个界限都指向一种“诸差异的萦绕，一种自由的多元主义”，[①]其中运作的是，既独立于连续性又拒斥同一性的个体化原则。第二个角度是，差异的本体论。在德勒兹那里，哲学就是本体论，本体论就是

① 乔·休斯：《导读德勒兹〈差异与重复〉》，廖鸿飞译，重庆：重庆大学出版社，2020年，第55页。

意义的本体论。[1]意义自身是被生产出来的。存在也是被生产出来的，既不如海德格尔陈情为被抛的原初时刻，也不如黑格尔限定为历史起源尽头处的终极奖赏，而是来自未曾个体化的/区分的物质与已然个体化的物质之间。[2]

以上述意义思考的"差异自身"就是德勒兹用"存在的单义性"所表述的内容。他指出："单义性的要点并不是'存在在唯一的、相同的意义上被述说'，而是存在在唯一的、相同的意义上述说着它的全部个体化差异（différences individuantes）或内在样态（modalités intrinsèques）。"[3]换言之，"存在的单义性"指的就是，个体化的存在者在相同意义上述说存在。但若如此，不同存在者之间的差异是什么呢？某一个体又如何区别于其他个体呢？德勒兹将这种"差异"的根源诉诸"权力的程度"或"感受的能力"。于此，德勒兹提出了一种新的"差异存在论"，在其中，存在被设想为"差异自身"，通过强调生产性的生成力量而自我展开并显露自身，与诸个体化差异关联在一起，既不高于存在者，也不具有相同的本质，更不作为基础和总体原则的同一性。这也就是说，德勒兹认为更原初的差异是存在者之间的、不同强度的个体化差异，而非海德格尔所说的存在者和存在之间的差异。此外，海德格尔的差异仍然基于同一，存在和存在者的差异基于存在和存在者的共属一体，而德勒兹认为差异比同一更为原初。

德勒兹关于"差异存在论"的想法基于对尼采"永恒轮回"学说"重复"概念的再创作。在海德格尔对"永恒轮回"的解释中，"重复"是同一的，"生成"要求占有"存在"的位置，这里的

---

① 乔·休斯：《导读德勒兹〈差异与重复〉》，第 64 页。
② 乔·休斯：《导读德勒兹〈差异与重复〉》，第 65 页。
③ 德勒兹：《差异与重复》，第 71 页。

"存在"指的是形而上学中存在者不变的本质。就德勒兹而言,以一种新的方式思考"永恒轮回"意味着把它理解为"差异"的"重复"。在德勒兹的解释中,"永恒轮回"即生成之存在,它完全是一种纯粹的、源始的、自在的差异,"重复"即差异的自为。[①] 总之,德勒兹对"永恒轮回"的解释表明,"重复"的根本在于它是一种主动差异,是一种使存在者多样化为创造性的和原始性的主动力量;而这样一种主动力量是永远重复的。在这个意义上,"重复"是诸差异无定形的存在,是将一切事物都推至"最极端化"形式,并通过这样一种形式消解同一性、"撕扯"表象。如此一来,轮回的基底不是存在,而是差异。[②] 不是相同或相似轮回,而是永恒轮回是轮回者唯一的相同与相似。轮回即生成自身的生成——同一(devenir-identique)。[③] 据此,德勒兹称"永恒轮回"为言说差异的单义性存在的充分实现。[④]

四、结　论

按照海德格尔的解释,"永恒轮回"是通向尼采形而上学主结构的"前厅",[⑤]是"存在"之在的象征,表达的是权力意志的最高程度——意欲自身的轮回,与此展示的是同一的轮回,即,相同者的重复。在他的构想里,"权力意志"和"永恒轮回"

① 德勒兹:《差异与重复》,第220页。

② 德勒兹:《差异与重复》,第407页。

③ 德勒兹:《差异与重复》,第80页。

④ 德勒兹:《差异与重复》,第107页。"永恒回归是完成者自身的无界限性,是述说着差异的单义性存在。"

⑤ 海德格尔通过引用尼采1884年写给奥维贝克的信:"而在此之前,我已经用我的查拉图斯特拉为我的'哲学'建造了一个前厅",阐述尼采的《查拉图斯特拉如是说》与《权力意志》这两部著作是前厅和主结构的关系。参见海德格尔:《尼采》,第4页。

本质性地共属一体，一道回答了西方形而上学“本质”和“实存”两大问题，并因其主体性特征和虚无主义规定，构成了形而上学的极端类型和完成形态。而按照德勒兹的解释，“永恒轮回”与一个内含诸差异的世界关联在一起，这个世界本质上是混沌的，是被并合的、没有同一性的拟像。在他的构想里，“权力意志”和“永恒轮回”的关系是强度与潜在的区别：前者是生成，是自在的差异；后者是被生成所道说的存在，是自为的差异，是对差异的肯定、再生、重复和返回。①

德勒兹与海德格尔关于尼采“永恒轮回”解释的不同，基于二者对存在与差异的不同立场。在德勒兹看来，海德格尔对“差异”的思考不够彻底和原初。这主要体现在两个方面：第一个方面是，德勒兹认为海德格尔所思的“差异”仍是存在与存在者的根本差异，而不是“差异”自身的概念。第二个方面是，德勒兹认为海德格尔的倾向是同一先于“差异”，“跨越”这一差异进入其本源与统一，而不是“差异”更为原初，先于同一。通过试验性地解释“永恒轮回”学说，德勒兹意图表达“重复”并非是相同的、相似的、否定的轮回，而是指一种“差异”与“差异化”的主动力量，这种主动力量永远重复并不断生成创造。

本文试图从二者关于“永恒轮回”解释的遭际处呈现出其既合又分的关系。或许我们可以这样认为，是尼采的“永恒轮回”打开了德勒兹与海德格尔分离的切口。正是透过这一切口，德勒兹发展了自己关于存在的单义性、差异的重复等思想，这既使得“永恒轮回”成为德勒兹文本实践的一种创造性装置，也使得“永恒轮回”开敞一个空间，并在此空间中始终保持张力和活力。

---

① 海德格尔和德勒兹的立场哪一个更接近于尼采呢？对这个问题作出回答并不容易。因为，与此相关的前提是，尼采哲学是否有统一的立场。受篇幅所限，本文对此不做详细考察。

硕博论坛

“石头有世界吗?”
——论罗姆巴赫结构现象学对于胡塞尔和海德格尔的突破

朱锦良
(维也纳大学哲学系)

一、问题的提出:石头有世界吗?

石头有世界吗?这个问题曾在慕尼黑的一场海德格尔学术研讨会中引起争议。然而,这似乎又是一个很不该问的问题,因为答案非常明显,甚至连环保主义者都会觉得,认为“死去的”自然还有“世界”,也即还有生命、本己的感知和尊严,这是可笑的。而此问题的可争议之处恰在这里,因为它触及了人性与物性的边缘。在传统哲学中,人和物的区别在于理性或逻各斯。所谓“人是理性的动物”,正是在抓住这一本质的差异化特征(也即“种差”)的基础上,给人下的定义。对传统基督教哲学来说,人作为上帝最宠爱的造物而被赋予了理智,也即获得了近似于神的能力,从而能够在精神层面上与神为一。当代哲学逐渐从这种以理性为核心的人性标准中退出,转而以“生命/生活”为核心来理解人。在这个基础上，理性主义及其知识建构被冠以人类中心主义之名而被质疑，反过来，“非理性主义”尽管含义模糊，但也概括了一种新的哲学总体取向。

但问题在于，即便我们不以理性为标准，人、动物和石头还是有区别的。用海德格尔的话说，区别在于：“1）石头（材料性的东西）是无世界的（weltlos）；2）动物是贫乏于世界的（weltarm）；3）人是构成世界的（weltbildend）。”①在这里，人、动物、石头的区分标准是世界。世界是海德格尔此在分析学的关键术语。对海德格尔来说，世界不是对象的全部集合，不是与此在并置的另一种存在者，而是存在论-生存论上的世界性，它所表达的毋宁是世内存在者的结构性含义，是人生活在世界上寻视操劳而产生的意蕴（Bedeutsamkeit）之统一体。这种意蕴统一体就是我们称之为世界的东西。世界关乎生存和领会。而“无世界的”相当于不生存和无领会。在《存在与时间》中，人被标识为“此在”，此在就是在其生存中领会存在的存在者，故此，此在相比于其它存在者都更具“优先性”②。如此看来，海德格尔哲学中仍然保持着人的独特地位。在海德格尔的视角中，他反对两种有关人与世界的观点，一种是把人视为世界的一部分，另一种是把人视为世界的主人和奴隶。③因而，若是同情地理解海德格尔，那么，此在的这种独特地位并不等同于传统哲学中将人类视为“万物的主人”的观点。然而尽管如此，海德格尔将石头视为“无世界的”仍然足

---

① Heidegger, Martin. *Die Grundbegriffe der Metaphysik. Welt-Endlichkeit-Einsamkeit*. (GA 29/30) Frankfurt am Main: Klostermann. 1983. S. 263.

② 关于此在的“优先性”，参见《存在与时间》第3—4节。海德格尔：《存在与时间》，陈嘉映、王庆杰译，北京：生活·读书·新知三联书店，2006年。

③ Martin Heidegger, *Die Grundbegriffe der Metaphysik*, S. 262—263.

以让人们联想起传统哲学那里人与物、有生命的精神和无生命的自然之间的截然划分。所以，罗姆巴赫记录道：那些争论的专家"在其中看到了一种人类中心论，这同时也是一种欧洲中心论，因为只有在欧洲，人才在形而上学的方式中被抬高成为万物的唯一主人"①。

因而，对"石头是否有世界"的发问，是对一种在哲学中始终起作用的人类中心论或欧洲中心论的发问，是对某种专门的形而上学的发问和质疑。罗姆巴赫在文章中举例说，在印度，人们认为"人并不高于万物而存在，而是与它们一道处身于同一个层次中"，他们将动植物称为"动物兄弟"和"植物姐妹"②，在日本的"石园"中，"石头像罕见的花卉、像艺术品一样被崇敬，甚至被敬为神"③。由此看来，在不同的文化世界中，存在着与传统西方不同的形而上学理解。突破传统西方哲学的形而上学视域以及进入一种新的形而上学视域，就能踏入一种对于石头之生命和世界的全新理解。因而，罗姆巴赫论断道："石头只是在它的世界中的石头，与此相似，人也只是在他的世界中的人。"换言之，人和石头都各有其世界。④罗姆巴赫借用佛教偈语"一花一世界"说，"一朵花开放(erblühen)，一个世界涌现(aufgehen)"，同理，"一块石头开放，一个世界涌现。"⑤

综上，石头有无世界的问题，可以切分为以下层次：1)人

① 罗姆巴赫：《作为生活结构的世界——结构存在论的问题与解答》，王俊译，上海：上海书店出版社，2009年，第278页。

② 罗姆巴赫：《作为生活结构的世界——结构存在论的问题与解答》，第278页。

③ 同上。

④ 罗姆巴赫：《作为生活结构的世界——结构存在论的问题与解答》，第280页。

⑤ 同上。

的独特性问题；2）人与自然关系问题；3）人类主体性的自身建构问题。近代以来的哲学向来都是通过回答人类主体性的自身建构问题，来解答人与自然的关系问题，从而再次回到人的独特性上来。在某种意义上我们必须说，人类的独特性是毋庸置疑的，谈论人类的独特性并不等同于谈论人类中心主义，问题仅仅在于我们以怎么样的方式来理解这种独特性。[①]因而，不同哲学答案之殊异则全部聚焦于人类主体性的自身建构问题上。这也正是罗姆巴赫哲学的用力之处。简言之，罗姆巴赫的结构现象学乃是一种对于从胡塞尔到海德格尔现象学的进一步“突破”，其突破的核心在于：首先，罗姆巴赫赞同海德格尔，不再像胡塞尔那样在“意识”内部为意义和有效性的源泉奠基，也即不是在“先验主体”中完成人类的自身建构和作为“对象性”的世界建构；其次，罗姆巴赫认为海德格尔此在基本生存论建制中的“世界”仍然是以“视域”为基础的概念先天，世界是被领会的意蕴整体，而并未表达出那种与存在者真正活生生在一起的东西；最后，罗姆巴赫用结构现象学来揭示诸现象之不同层次的攀升，也即所谓深层现象或深层结构的现象，从而表明世界是活生生的“共创”，结构是活的、演进式生成着的。

二、罗姆巴赫的“结构”思想

迄今为止，我们在哲学上还主要是从法国结构主义者那里频繁听到结构一词。但罗姆巴赫不属于法国结构主义的谱系，他毋宁想要通过解读胡塞尔和海德格尔，而开辟一条“德

---

① 本文并不旨在对“人类的独特性”给出一个详实的讨论，也不能就海德格尔关于“此在的优先性”做深入探讨。在此仅仅需要指出的是，在“人类是自然的主宰”和“人类是自然的罪魁”之间，还有很多种关于“人在宇宙中之地位”的不同理解。而我们能够意识到，罗姆巴赫给出了他自己的一种。

国结构主义"[①]的道路。对于罗姆巴赫来说,法国结构主义还是从"确定的对象"来理解事物的关系结构,因而还逗留于"体系"思想中,他们具有一种"存在论的稚朴性(ontologische Naivität)"[②]。"结构"毋宁是一个可以类比于"逻各斯"和"存在"的哲学基本词。但结构思想已经从根本上脱离了西方传统形而上学的苑囿,反倒在东方(比如中国和印度)思想中得到同气相求的呼应。因而,对罗姆巴赫来说,"结构"是"现象学的道"。他化用老子《道德经》中的话说:"我让它敞开并仅仅给予它质朴的名称,那个被给予的名称对它来说具有以下最深刻的洞见:无名。我称之为'道',道路。"[③]在《结构存在论》一书的导言中,他通过比较"逻各斯"和"道"在东西方思想中产生的决定思想整体走向的影响,而引出对结构的讨论。"逻各斯讨论在,道讨论无;逻各斯讨论知识,道讨论无知;逻各斯讨论意志,道讨论无为。"[④]人们通过"逻各斯"把握事物那种作为已有者和既成者的"本质(to ti en einai)",并且这种把握变成了"高于"(über,超越)事物的东西[⑤];但"结构"恰恰是事物的"不可把握性(Unfasslichkeit)"[⑥],是尚未或从未被确定下来的可被确定性,因而,将结构表达出来所运用的不是

① Rombach, Heinrich. *Substanz System Struktur. Die Hauptepochen der europäischen Geistesgeschichte*. Freiburg/München: Alber. 2010. S. XIX. 罗姆巴赫把狄尔泰、胡塞尔和海德格尔归入"德国结构主义"的先驱。

② Rombach, Heinrich. *Strukturontologie. Eine Phänomenologie der Freiheit*. Freiburg/München: Alber. 1971/1988. S. 16.

③ 罗姆巴赫:《现象学之道》,收录于《作为生活结构的世界——结构存在论的问题与解答》,王俊译,上海:上海书店出版社,2009年,第89页。

④ Heinrich Rombach, *Strukturontologie. Eine Phänomenologie der Freiheit*, S. 9.

⑤ Heinrich Rombach, op. cit., S. 12. 罗姆巴赫说:"逻各斯命名的是一种'高于'事物的经验方式。"

⑥ Heinrich Rombach, op. cit., S. 10.

“诠释学(Hermeneutik)”,而是“密释学(Hermetik)”。举个例子,一个杯子并不是生来就是“酒杯”,恰恰是在它与“酒”的相遇中,从杯子过渡到了酒杯。在这个“酒杯”的“生成(Genese)”中,结构蕴含在“酒文化”中发挥着作用。[①] 所以,根本而言,“结构”毋宁就是“结构生成(Strukturgenese)”,它表达的是一种反对本质主义或基础主义的、因面向世界整体关联而变得不可捉摸的、具体化地实现着的、动态的事件之发生。在此视角下,事物不是孤零零的独立事物,而是关系中的事物、变化着的事物,因而根本上,我们只有认识到事物所处的“格局(Konstellation)”[②],才能理解它到底是什么。

欲要更清楚地厘清“结构”的哲学含义,则需要深入到西方思想的历史中。这正是罗姆巴赫 1965 年最初开始谈论结构思想时所做的工作。他在《实体-体系-结构》一书中将西方思想总体上概括为以三个基本词引导的哲思,分别是古代的实体思想,近代的体系思想和当代以及未来的结构思想。实体思想栖身于古希腊对于实体(Substanz)概念的规定以及欧洲中世纪奠基于此的基督教哲学中。罗姆巴赫认为,实体思想起源于农业文化对于谷物的基本经验,人们将“种子”理解为“持久的基本持存(Grundbestand)”[③]。种子抽芽、开花、结果,然后复归为种子。种子在一个生长过程中作为核心而成为不变为一的东西,这个“基本持存(Grund-bestand)”即“实体(Sub-stanz)”。这使得古希腊人可以从纷繁复杂的、变化着

---

① Heinrich Rombach, *Strukturontologie. Eine Phänomenologie der Freiheit*, S. 11.

② 格局是罗姆巴赫常用的术语:“格局意味着,某物就是它所占据的位置。”(Heinrich Rombach, op. cit., S. 46)

③ 罗姆巴赫:《实体-体系-结构》,收录于《作为生活结构的世界——结构存在论的问题与解答》,王俊译,上海:上海书店出版社,2009 年,第 2 页。

的偶性特征中看到始终不变如一的本质特征，从而建立起一个不再是一片混沌的、严格的秩序世界。以实体为基础，连同必然性、科学、秩序、真理、有效性、永恒等观念，建立起了古希腊人的“世界”观。

开端于近代的体系（System）思想已经在根本上不同于实体思想，因为它的主要特征是：“能被称为存在者的不是单个事物，而是说，在单个事物之前，总是有一个诸单个要素的整体关联在最严格的必然性关联中被给予了。”①体系高于它所统摄的一切要素，诸要素是在一个体系的整体关联中发挥其功能。而某个体系总体来说也属于一个更大的体系。体系之间互相区别，但体系在更大的体系中互相关联，它们因为内在于一个总体秩序的本质领域而成为“科学的”。最大的总体秩序领域，也就是笛卡尔称之为世界科学或“普遍数学”的科学体系。实体思想的典型是谷粒和果实，体系思想的典型是机械论和机器，比如说钟表。钟表指示此时此地的时间，也在一个更大的体系中指示彼时彼地的时间（比如时差下的时间），并且根本上它符合于一个静止的时空坐标系。在这样一个时空坐标系中，我们可以谈论下午三点的上海跟上午三点的纽约是“同时的”；然而，倘若我们在爱因斯坦相对论的时空理解中，一个高速运行中的宇宙飞船上的时间和地球上的时间，就无法谈论“同时性”②。

结构思想是一种属于未来时代的思想，但在罗姆巴赫看来，体系思想实际上“起源于”结构思想。体系思想是结构思想在发展过程中的一个分支、一个前阶段，或者说，一个将关系和功能固定化后的结果。“体系依赖于其固定性和确定性，而结构

---

① 罗姆巴赫：《实体-体系-结构》，第 4 页。

② 关于“同时性不存在”，参见卡洛·罗韦利《时间的秩序》（杨光译，湖南科学技术出版社，2019 年）第一部分“时间的崩塌”，尤其是第 9 页和第 24—39 页。

只有在不断变化中才能保持其本质。”①结构思想在时间线上可以追溯到更早的源头。一个是基督教的“赋灵经验(Begeistung)”的基本经验。基督教信徒在耶稣死而复生的事件中得到这样的体悟:“基督在每个个体中以极乐圣灵的形态复活并继续活下去。”②这个事件意味着什么?罗姆巴赫解释道,这意味着圣灵与每个个体是“一”,所有人都是“继续活着的基督”。罗姆巴赫从中发现的结构思想的核心要义是:“整体不是‘高于’个体而存在,而是‘内在于’个体之中而活着。”③另一个源头是被罗姆巴赫称为“完整结构存在论的代表”④的中世纪神学哲学家库萨的尼古拉(1401—1464)。库萨的尼古拉将上述“个体与整体为一”的新思想表述为“非它(Non-aliud)”:“每一个个体最内在的本质是‘非它”,它是各自当下的,也即不是别的(Nichts anderes),同时也是对其整体的精确表达,这个整体作为同一个“非它(Nichts-andere)”而在一切个体中。”⑤库萨的尼古拉还有一句隽语:“在眼中人就是眼,在脚中人就是脚。”⑥眼和脚尽管各有不同,但是,它们跟人这个整体是合一的。也只有合一的时候,

---

① Rombach, Heinrich. Die Gegenwart der Philosophie. Überlegungen zu einem strukturontologischen Problem. In: Hrsg *Von der Notwendigkeit der Philosophie in der Gegenwart. Festschrift für Karl Ulmer zum* 60. *Geburtstag*, Kohlenberger, Helmut / Lütterfelds, Wilhelm Wien/München. 1976. S. 17.

② 罗姆巴赫:《实体-体系-结构》,第 6 页。

③ 同上。

④ Rombach, Heinrich. *Der Ursprung. Philosophie der Konkreativität von Mensch und Natur*. Freiburg 1994. S. 57.

⑤ 罗姆巴赫:《实体-体系-结构》,第 6 页。

⑥ 罗姆巴赫:《意义》,收录于《作为生活结构的世界——结构存在论的问题与解答》,王俊译,上海书店出版社,2009 年,第 26 页。完整的引用是:“手在眼中不是手,脚在眼中也不是脚,而是只要眼自身直接在人之中,那么它们(所有一切)在眼中都是眼,并且因此只要脚直接在人之中,所有器官也就在脚之中。所以,所有器官通过那些所有的直接在人之中,并且人或者整体通过所有器官在那所有之中,就如同通过所有之中的所有,整体在部分之中。”(《论博学的无知》卷二,第 5 页[*Docta ignorantia* II, 5]

也即，在眼配合着脚，脚配合着眼的时候，“眼在现实地行走(sich ergehen)，而脚认出(erkennen)了地面”①。

“个体与整体为一”的观点贯穿在“结构存在论”的基本认识中。而要说清楚这一点，最好借助于结构和体系的对比来阐明。对罗姆巴赫来说，体系和结构是紧密关联在一起的。体系思想家们，比如哥白尼、布鲁诺、伽利略、开普勒和牛顿，都发现了结构，但是，他们混杂了传统实体思想的残余。因而，体系思想可以看做是实体思想和结构思想杂交后的一个不成熟的产物。首先，体系思想的一个重要特点是，要素(Element)作为部分而服务于整体，整体拥有一个“先导统治地位(Prädomination)”②而统摄所有要素。体系可以离开要素而成立，但要素离不开体系。例如前述钟表的例子，若是其显示的某个当下时间不属于日历和计时体系中的某个点，这个时间就是毫无意义的。但是，结构思想恰恰是要克服这种“整体的先导统治地位”。它不再遵从传统的部分和整体的划分来看待个体要素，故此，罗姆巴赫采用“环节(Moment)”而不是“要素”来讨论部分和整体的关系。“环节”不是既成规定性的“载体”，环节与环节通过相互关联而自由地表达出“功能(Funktion)”。而功能就是“一个环节关联于另一个环节所产生的东西”③。环节与环节之间发生关系，但并不预设它们必然朝着某个目的性整体而去。它们有着从自身出发而去的朝向，但并不拥有一个先导决定性的整体目标。在这个过程中，整体不再能作为一个独立的实在来理解，它也并不高居于诸环节之上。整体是以一种“指

① 罗姆巴赫：《实体-体系-结构》，第 6 页。

② 罗姆巴赫说：“放弃整体的先导统治地位是一个存在论上的艰难条件，但也只有这种放弃，才是把握结构思想的前提。”(Heinrich Rombach, *Strukturontologie. Eine Phänomenologie der Freiheit*, S. 89)

③ Heinrich Rombach, op. cit., S. 25.

“现象学——如其在这里被理解的——不是一个奠基于当代意识的地基上的哲学之‘流派’，而是致力于一种全新意识之产生的共同劳作。使之显现，而不只是显示显现；现象行，而不只是现象学。”①这里包含着罗姆巴赫对“现象学”的理解。就像海德格尔曾说，我们处理的不是现象学，而是现象学所处理的东西。罗姆巴赫也不把现象学理解为一门学科或学派，而是理解为“全新意识之产生”②。概括而言，罗姆巴赫关心的不是现象在“自我”（不管是经验主体还是先验主体）中的构成，而是诸种现象在历史性演进中的自我形成和自我发展——这里当然仍然脱离不开人类此在的作用，但诸现象的显现之地基并不只是人类意识，而是人类与其周边处境所构成的结构性场域（Feld）的共同创造。

1）胡塞尔

对罗姆巴赫来说，理解胡塞尔现象学的关键是意向性和构成。胡塞尔在布伦塔诺的启发下，采用“意向性”来描述意识的特征。意识具有意向性结构，每个意识到的对象都有其相应的意识行为。由此，对象不再是作为事先确定为客观世界中的“现成在手之物”来理解，而是作为意向行为的相关项来理解。因而，这种对象不是对立于意识的客体，而是内在于意识的“对象性”。但这样一来就会遭来“经验唯心论”的批评：这种对象之物仅仅只是意识内部的产物？罗姆巴赫认为，胡塞尔通过其构成学说，而完成了从纯粹心理学到纯粹现象学的转变。罗姆巴赫引用胡塞尔关于声音现象的研究而指出，在体验一段持续的声音时，我们听到的不仅是每一个现在点上的声音，还包含着对持续之声音的“滞留”和“前摄”，因而

---

① Heinrich Rombach. *Phänomenologie des gegenwärtigen Bewußtseins*, S. 22.

② Ibid.

它超出了我们经验性体验到的部分，然而，这种超出部分才正是整个体验本身。“值得注意的是，这个体验的‘彼岸’，这个客观之物的客观存在，恰恰带着体验的内容。某物‘不是体验的一部分’，恰是体验的一部分。”①这里包含着胡塞尔所清晰指出的两种绝对被给予之物的区分，也即“显现活动的被给予之物”和“对象的被给予之物”。我们直接地本真感知一个事物和我们间接地非本真感知到它，比如观察毯子的一个面和将之统握为一个毯子，属于同一个感知活动。这意味着，意识的意向性能够构造起一个对于他者的视域，恰恰是在这个视域中，我们区分了意识之“内”和意识之“外”。所以罗姆巴赫说：“‘够成’说的乃是，意识的意向性建造起了一个对陌生性的各自当下的视域，**在**此视域**之内**，客体能够作为“陌生的”、作为“外在于我们的”、作为“自在的”而显现。”②反过来我们也要看到，正因为有这样的陌生性，所以意识活动不能被看成是一个内在的、完全属于内部心灵意义上的体验活动，它具有超越性。

但是，这种超越性的依据在哪里呢？在先验主体。罗姆巴赫认为，在胡塞尔那里，“一切意义效能都来自于效能中心——自我。自我构成所有对象性，但它自己不是一个[被构成的]对象”。③于是问题就来了：“这个先验自我‘本身’是什么，以何种类型‘存在着’，如何分出界限，在何处藏身？”④首先，先验自我不能像经验自我一样作为对象来研究。对此，胡塞尔有着清醒的认识，但他也坚定地认为“纯粹之我正是通过这纯粹自我，这同一的自身，而成为对象性地可设

---

① Heinrich Rombach, *Phänomenologie des gegenwärtigen Bewußtseins*, S. 41.

② Ibid.

③ Heinrich Rombach, op. cit., S. 50.

④ Heinrich Rombach, op. cit., S. 52.

定的"。[1]其次,罗姆巴赫论辩道,回答了先验自我如何运作的问题(构成),并不等于回答了上述先验自我如何存在的问题。最后,罗姆巴赫通过比较胡塞尔关于意识的现时性和非现实性,也即清醒意识和沉睡意识上的不同论述,指出,胡塞尔还总是在心理学和现象学之间摇摆不定。经验自我在做梦或神游的时候,可以说是进入了一种"非现时的""无意识"状态,那么此时的先验自我是否还在发挥作用?胡塞尔貌似承认,当经验自我进入非现时状态,那么先验自我也相应地进入了非现时状态。[2]但是,胡塞尔反转性地补充说:"现时性和非现时性的区分标识出了意向性体验的一个不同的本质结构,因此,它合一地标识出一个与它们不可分离地在'我'之体验中的'方式'的区别。这个'我'永远不能消失,它不断地在其行为中,但又向来是在此之后。"[3]这又表明,先验自我并不会随着意识的沉睡或遁入无意识而自行沉睡或消失,相反,无意识或非现时的意识,也是同一个我之体验的不同变异。罗姆巴赫因而批评道:"胡塞尔的摇摆不定,是对问题的背弃,是对现象学的根基性问题的背弃,是对先验自我本身发问的背弃。"[4]

根本来说,罗姆巴赫的不满在于胡塞尔没有回答先验自我的"存在"问题。这本身也是胡塞尔现象学的一个特色。在谈论胡塞尔的"还原"时,罗姆巴赫已经认识到:"现象学只分

---

① Husserl, Hua IV, S. 101. 也参见 Heinrich Rombach, *Phänomenologie des gegenwärtigen Bewußtseins*, S. 52。

② Husserl, Hua IV, S. 99. 也参见 Heinrich Rombach, *Phänomenologie des gegenwärtigen Bewußtseins*, S. 55。

③ Husserl, Hua IV, S. 99,又参见,Heinrich Rombach, *Phänomenologie des gegenwärtigen Bewußtseins*, 1980, S. 55ff。

④ Heinrich Rombach, *Phänomenologie des gegenwärtigen Bewußtseins*, S. 57.

析能够使事实实际发生的领域(Bereich);无论事实存在还是不存在,都不是现象学的兴趣所在,它只为事实判断或者事实科学所决定。”[①]但这一特色也构成了胡塞尔现象学的弱点。胡塞尔的意识现象学不能像海德格尔的存在论现象学一样提出存在的意义问题。罗姆巴赫认为,胡塞尔并没有真正摆脱“唯心主义”的指责,胡塞尔只是把问题转移到了先验主体上。经验主体确实被超越了,但只是在先验主体的内在性中超越了。

2）海德格尔

根据罗姆巴赫,海德格尔与胡塞尔之间的根本思想分歧,就在于海德格尔用先行已经浸润在世界之先天中的“此在”替代了胡塞尔的先验自我。他们共同参与的“大不列颠百科全书”上“现象学”词条的创作,可以看到他俩交锋的直接证据。在胡塞尔自我剖白“我的提问方式要求还原到此发问所预设的那个有效性地基:作为意义和有效性之源的纯粹主体性”的地方,海德格尔评注道:“世界之一般不也属于这个纯粹自我的本质么?参见我们在托特瑙堡的谈话(1926)中关于”在-世界-之中-存在”(《存在与时间》第一部,第12、69节)以及对于在这样一个世界之中的现成在手存在(Vorhandensein)的本质性区分的讨论。”胡塞尔的“先验自我”作为一个“自我极”来体验处在“对象极”的世界,但是被海德格尔规定为“在-世界-中-存在”的“此在”本身就包含着我和世界,此在是我、世界和体验的共属一体。

从胡塞尔到海德格尔,现象学经历的是认识论现象学到存在论现象学的过渡。这里包含着一些由标志性术语所表明的哲学进阶步骤:从“对象性(Gegenständlichkeit)”到“存在

---

① Heinrich Rombach, *Phänomenologie des gegenwärtigen Bewußtseins*, S. 49.

建制(Seinsverfassung)”,从“先验自我”到“在-世界-之中-存在”,从“先验哲学”到“存在论”。

“对象性”指的是事物作为被给予之物的呈现方式,也就是事物在意向性中构成的“如何”。在胡塞尔那里,尽管事物不是像传统认识论那样以“现成在手之物”的方式预先被设定为对象——现象学的“悬搁”和还原便是要克制这种对于现成在手存在的信念,但事物仍然以对象极的方式处在意向性构成着的自我极的对立面。“对象性”标志着事物作为“意识之物”的根本状况。而到了海德格尔那里,现象学的起点不是“意识”,而是生活着的此在。此在在其生存中对存在有所领会。这意味着什么?这意味着,一切此在所体验到的“现象”都具有“世界”特征。此在的生存特征被刻画为“生存论性质”,其最根本的生存论建制是“在-世界-之中-存在”。罗姆巴赫告诉我们:“‘还原’所最终回溯的东西,作为一切本质构成上的、意向的事件的统一效能基础来看待的东西——剩余物,就是“在-世界-之中-存在”的自身统一的过程。”①也就是说,知识的有效性基础,不再被归结为先验主体,而是被归结为一个更宏大的“人生在世”的处境。“世界”或者说“生活世界”(后者是胡塞尔为回应海德格尔的哲学挑战而钻研的主题词),才是现象学构成的根本领地。罗姆巴赫说:“海德格尔的进路在于现象的‘世界’特征。世界属于纯粹的自我,即如自我属于世界。这表明,这个构成事件(Konstitutionsgeschehen)是一个整全而彻底的构成事件;视域不是“有鉴于”“实在的”物而被筹划,不是相对于“实际的”客体而实现的,毋宁说,构成就是“敞开着的对立(offene Entgegen)”本身的实现,在这个

---

① Heinrich Rombach, *Phänomenologie des gegenwärtigen Bewußtseins*, S. 74.

敞开着的对立之内，才能够构成物的实际性、实在性和自在性。‘在-世界-之中-存在’的构成基础就是绝对的构成基础，它并不导向‘外在于’它的实存的现实性世界；它甚至还构成每一种‘在……之外’”。①简言之，这里的区别在于，胡塞尔还原到了属于意识的“先验主体”，而海德格尔还原到了“世界在主体之中/主体在世界之中”这样一种生存论建制。罗姆巴赫认为这是一个全新的主体建构维度，“一个比‘主体性’维度更为根基性的维度，也即‘生存论性质’的维度上创建自身”②。

如此而来，“意向性”这个现象学的核心概念也获得了全新的理解。在胡塞尔那里，意向性是一种意识的自发指向性，也即“对某物的指向(Gerichtetheit auf)”。它首要而言就是意识所投射而出的“空形式”，它取决于各自具体的意向性行为。但罗姆巴赫提醒我们注意这种意向性行为的奠基性根基，不应该在意识内部，而是一个先行敞开的构成场域。这就是上面所说的“世界”。

> 对象性并不是唯一形式，也不是意向性的基础形式，而只是意向性的某一方式，完全衍生的、非常复杂且是人工的，首要来说，它也是非常容易被误解和误导的。它遮盖了基础意向性，因为人们几乎不会想到，这种敞开着的对立、这个奠基着的空间[不仅是几何的空间]必须首先被建立起来，由此一个指向对象的意向才能够被构造成功。……在-世界-之中-存在因此必须作为意向性的彻底形式来理解；它意指那个基础意向，由之一切具体意

① Heinrich Rombach, *Phänomenologie des gegenwärtigen Bewußtseins*, S. 78.

② Heinrich Rombach, op. cit., S. 76.

向、包括对对象性的意向才得以能够被完成和被分析。[1]

罗姆巴赫在海德格尔哲学中看到了从现象学通往“普遍的存在论”的可能。这种普遍存在论作为“新存在论”，要问的是“存在本身”或者“一般存在(Sein überhaupt)”。但是，海德格尔的“此在分析学”作为一种“基础存在论”，还并不是这种普遍存在论的最终完成。相反，单单从基础存在论来看，罗姆巴赫认为，这种存在和存在方式是被作为“诸视域”来理解的，因而，“此在不可避免会以某种方式被思考为主体性”[2]。虽然海德格尔本人已经抵制这种倾向，但是《存在与时间》中还不能完全与之撇清。罗姆巴赫说，“我们看到的不是在-世界-中-存在的此在，而是在此在中的在-世界-中-存在。”[3]也即，“在-世界-之中-存在”似乎仅仅被看做此在的生存论建制(也即此在的特征)，此在并没有被把握为在世界之中构成着的。因而，罗姆巴赫认为，海德格尔在某种程度上还是回到了先验哲学的道路上。从我们今天的视角来说，这类似于站在后期海德格尔的立场批评前期海德格尔。因为海德格尔在自己思想的“转向”中，就经历了从“此在”到“存在本身”的道路转向。而罗姆巴赫对海德格尔后期的“存在历史”学说格外看重。

3）罗姆巴赫

对罗姆巴赫来说，现象学应该是认识论和存在论的结合。因而，结构存在论和结构现象学虽然可以说是一回事，但也可以区分出认识论和存在论的不同层次。在《当代意识现象学》中，罗姆巴赫专门通过“感知分析”而为其结构现象学奠定深

---

① Heinrich Rombach, *Phänomenologie des gegenwärtigen Bewußtseins*, S. 92.

② Heinrich Rombach, op. cit., S. 109.

③ Ibid.

刻的现象学基础。这一感知分析的洞见在于，对罗姆巴赫来说，感知的深层维度是超越这种单个个体（“先验主体性”）的时间性和动感知觉能力的。一些基本的感知场域超越于个体的当下处境，甚至于超越于群体、物种和历史的时代。基本的感知场域被称为感知维度。多重的感知维度之间有着“维度跃迁（Dimenstionensprung）”。这就意味着感知场域的基本维度是有层级（Niveau）的，它在不同的层次上向我们呈现，从而构成一个比“周边环境”更为辽阔的“情势”（Situation）。

首先，感知场域是“一个结构化了的空间”[①]。谁若没有对于“招待舞会”的感知场域，他就不会对女士晚礼服上精心搭配的色彩和谐有任何感知。这不仅仅是没有把“注意力”放到上面，而是即便被人指引到了这种事物上，也不会产生相应的感知印象。这就比如说，在“气场”不对的两个男女之间，相互的存在只是一种空无；然而，在某个“一见钟情”的瞬间，各自身上的那些现实性（优点、魅力）会突然无穷无尽地涌现出来。这不是某种单纯的“我想要看到你身上的优点”的那种意向性所能解释的。“人们必须首先习惯于某个感知场域，以便能够接纳此场域中可能的性质。”[②]令我们极为惊异的是，罗姆巴赫打破了我们惯常范畴里的分类学，他认为，红不仅仅是一种感觉性质，也是一种生命活动，类似“兴奋”。红与蓝相对，蓝在一般情况下会被体验为“安静”。红彤彤的煤炭和红彤彤的脸庞，都是在同一个感知场域中被感受到的。这很好地解释了：“谁若受惊于俗气华丽的灯光，他就会受惊于俗气华丽的颜色、俗气华丽的声音、俗气华丽的口味、俗气华丽的气味、俗气华丽的交流方式、俗气华丽的运动、俗气华丽的拆

---

① Heinrich Rombach, *Phänomenologie des gegenwärtigen Bewußtseins*, S. 200.

② Heinrich Rombach, op. cit., S. 202.

卸、俗气华丽的政治，等等”[1]。“俗气华丽”作为一种“感知场域”(用海德格尔的话说，“生存论性质”)，贯通了我们的各个不同的感觉领域。

其次，“那些强烈的、根本上区分开来的感知场域被称作感知维度”[2]。感知维度意味着我们可以对不同的感知场域区分出层次。有初级的感知维度，便有更高的、更复杂的和更发展的感知维度，并且很重要的是，每个初级维度都是必不可少的过渡，并且它像一个地基一样一直在后来构建的感知过程中同时在场。后面的维度需要有前面的维度才能被感知。比如“噪音”和“音乐”。音乐是一种高级的听觉。有些人说重金属摇滚完全是噪音，但另一些人跟着它的节奏狂舞。罗姆巴赫举的例子是中部非洲以木头发出的噪音和喉音所制造出来的音乐，对我们很多人来说难以辨认为音乐，但经过一种训练又能够听出它的音乐味道来。特别要提到的是“深层维度”，从罗姆巴赫所举的例子来看，类似于当代演化认知心理学中提到的基于基因的“认知模块”，也即物种潜意识。罗姆巴赫说，托马斯·阿奎那提到，当一头羊看到一匹狼的时候，就感受到了惊恐。这头羊过去的经历中甚至不需要见到过狼，对于狼之图像的惊恐一瞥，就已经让它无法忍受。这是羊这个类属在成千上万年的痛苦经历中培育出来的感知类型，是内化到它们的基因密码中的。

关于感知维度之论述的高潮部分，便是维度跃迁。这种对于维度的攀升(Steigerung)可能性和攀升义务的描述，将人类在自然中演化或者说生成的历程展现得淋漓尽致。当海德

---

① Heinrich Rombach, *Phänomenologie des gegenwärtigen Bewußtseins*, S. 206.

② Heinrich Rombach, op. cit., S. 212.

格尔还在理念、实体、太一、强力意志中论述存在历史时，他的存在之Ereignis（缘构之事件发生）只是一种概念上的让显现。而罗姆巴赫将这种事件之发生具体地置入人与自然的共创之中。只有从营养哺育来说的某种现实性结构的维度已经存在的情况下，才有在感性的和道德意义上的“口味”的感知场域被构造出来。反过来高等维度会回溯到低等维度，比如：“一种感受刺激性的看发现特定颜色之‘吻合’，特定精神性质之不‘可口’，人们不能‘消化’一本特定的书，某个艺术流派让人‘呕吐’。”①这种口头表达绝非“隐喻”和“类比”，而是多重感知维度在我们的感知模式中的穿插和回溯。

四、结构生成——人与自然的历史性演化

通过现象学的分析，罗姆巴赫旨在把现象学经典口号里的那个“实事本身”真正带到我们面前。实事不应该是事物——它不应该是前现象学中被设定为现成在手存在的事物，也不应该是意识现象学中被对象性地意识到的事物（也即被意识到的存在，Bewusst-Sein）；实事也不应该等同于使得这样一种被意识到的存在得以可能的“意蕴整体”“生活处境”或“存在的意义”，它们都还深深地扎根在“此在的领会”中；实事应该是一个个活着的事件，它不是静态的所有事件的总和，而是事件之发生本身。只有在事件的发生中，物才活着，人才活着。不是人活着，导致了事件的发生；而是事件的发生，包含着人的生活。过去的哲学是从“实体”到“主体”来建构的，近

---

① Heinrich Rombach, *Phänomenologie des gegenwärtigen Bewußtseins*, S. 249.

代体系哲学中的实体思想要素突出地表现在黑格尔的“实体即主体”的论断中。而现在，随着胡塞尔现象学对于意识的“先验主体性”的奠基性论述，以及海德格尔在此基础上通往“此在”的“生存论基本建制”的开拓，主体概念扩大为一种更加宽泛的“自身性(Selbstheit)”，它不再限于人类主体性。罗姆巴赫说，在结构现象学中，“并不只是关涉人的自身构造，而是同时还关涉于他的世界构造，甚至自然历史本身的过程”。①

这里引出了罗姆巴赫结构思想中的关键的、也是最激进的论点：每个结构都会形成一个自我(Selbst，或“自身”)。“以结构观之，每个存在者都是某种‘此在’[在海德格尔意义上]，它们都有一个‘自我’。”②这不是传统认识论哲学中“物自身(Ding an sich)”的“自身”——这个物的“自身”还处在人类视野的关照下，处在这种关照的对立面，尽管是不可企及的对立面；而是那自身运动着的物的自身，不过这种运动着的事物被刻画为“结构”，所以，这里的“自身”是结构自身。

这个结构自身要在内外关系中加以阐明。结构运动过程的“内化”(Innewerdung，觉察)相当于结构的“自身体验”。③在这个意义上，罗姆巴赫并不讳言动物、植物、风景甚至石头都可以找到自我。④因为随着结构诸环节的日益复杂，就会产生一种回溯的返归性，也即“反-思”(Re-flexion，反射)。“结构就是对其自身的阐释。”⑤罗姆巴赫指出，人类理智并不是

---

① 罗姆巴赫：《现象学之道》，第74—75页。

② Heinrich Rombach, *Phänomenologie des gegenwärtigen Bewußtseins*, S. 298.

③ “这个过程出现在它自己面前，它‘内在化’(觉察)了自己。”(Heinrich Rombach, *Strukturontologie. Eine Phänomenologie der Freiheit*, S. 111)

④ 参见 Heinrich Rombach, op. cit., S. 108, 133—135, 323ff。

⑤ Heinrich Rombach, *Strukturontologie. Eine Phänomenologie der Freiheit.*, S. 136.

凭空产生了与众不同的反思性，才拥有了反思的自我；事实上，源始的反思现象出现在源始的结构中，而“感性的或理智的自我阐释只是自我阐释和自我行为的一个部分现象”。[①] 但要注意的是，结构并不“拥有”一个自我，其自我性是不是预先被给予，而是在生成和扬弃中得出的“自身被给予性”。因而，“结构的工作就是结构的自我纠正(Selbststruktur)”。[②] 结构在面对他者中不断变更。对于结构来说，他者不是“挑战”自我，而是生成自我的一个条件。因为自我是在“反思”中生成的，“发现”他者就是一种自我的发现，他者被“觉察”，就是他者在结构中被“内化”。与罗姆巴赫“个体与整体为一”的思想一致，内部和外部对于结构来说并不是分离的，相反：“内部和外部构成一个结构；二者总是同时存在，因为它们共同成为一个‘实事’。”[③]结构化的过程就是“结构生成(Strukturgenese)”。

为简便起见，这里采用《现象学之道》中的例子，来简要概括“结构生成”如何揭示我们想要的“实事本身”。第一个例子是谷物的驯养。罗姆巴赫指出，谷物的自然属性是，一旦成熟就直接掉落，这就使得收割无法进行；被培植了的谷物则以一种非自然的方式让成熟的果实依然固定在茎秆上。所以，在这种培育中，植物将果实固定在自己身上，某种程度上可以看成是人的行为的重复，而另一方面，人也正好在自身之中发展出了一种“本质的固定之力”，也即，将自身改造成农业文明。另一个例子是家猪的驯化。罗姆巴赫指出，在变成家猪的过程中，原本黑皮獠牙的野猪丧失了自然特性，它的皮肤变白，身体组织变胖，变得平和而易于打交道。而同一个过程也发

---

① Heinrich Rombach, *Strukturontologie. Eine Phänomenologie der Freiheit.*, S. 136.

② Ibid.

③ Heinrich Rombach, op. cit., S. 326.

生在人身上，人随着定居和养殖，皮肤变得苍白，身体组织变胖，性格变得平和而易于打交道。[1]同理我们也可以想见，马的驯化所带来的游牧文化，狗、猫的驯化以及宠物化对于不同时期人类文明的影响。罗姆巴赫意图指出，这种变化不是单方面由人带来的，而是交互的。

> 一种同时关于自然和人的新的共同结构已经发展起来，自然形式和此在形式首先都是从这种结构中产生。既不是人从自然中发展出来，也不是自然从人中发展出来，而是说，这两者来自同一个基本过程，对此我们没有合适的名称，我简单地从形式上称之为“结构”。[2]

现在我们能更为清楚地看到胡塞尔和罗姆巴赫眼中的“现象”的细微差异。虽然说，现象对所有现象学家来说都首先是“显现”，但在胡塞尔那里，现象是在每一个意识中对应于不同的意向活动和意向相关项（noesis-noema）的构成原则下的显现；而在罗姆巴赫那里，现象是人与自然的交互规定下的显现。换句话可以说，胡塞尔关心的是个体眼前的“小”现象，而罗姆巴赫关心的是整个人类历史进程中的“大”现象。就结构生成乃是人类此在形式和自然形式同时产生而言，这里的结构被称作“大结构（Megastruktur）”。大结构是人类尺度上的结构，或者广而言之，行星尺度上的结构。

在大结构中，每一个环节都是“活的”。不仅仅是人类在生活，动物、植物也是“活的”。那么，最终的问题，也就是我们开篇提到的问题，石头是不是“活的”，也即，石头有世界吗？

---

① 罗姆巴赫：《现象学之道》，第75—77页。

② 同上。

按照罗姆巴赫，石头作为一个具体的结构生成的环节，它也必然是活的，因而也必然是有世界的。放在结构中思考，那么，我们说"石头是活的"，就根本不是一个拟人化的说法，它是结构本身的特性。罗姆巴赫说："即使在岩层中也有本真性，只要我们在那里看到，它同时包含着发展、断层和矫正。"①

罗姆巴赫在读到海德格尔关于"石头是无世界的"这一说法后，明确表达过不满。② 对于罗姆巴赫来说，石头是有世界的。因为在结构存在论看来，一切都是活的，这一断言不仅仅适用于有机物，也适用于无机物。

> 现在，结构存在论认为没有什么是无机的，因为所有结构都是有机的，一切都是结构。……只有当一个活的整体不是在其本己整体的界限之内被看待的时候，才会产生死物的假象。例如，当人们把"石头"视为死的，摆在面前的只是石头的碎片。出现在完整结构中的石头，与地球并无二致。地球是活着的，它有漫长的历史，从其诞生可知，它经历了多个地质时代，并且正处于一个特定的年龄状态，很可能在某些地质年代会产生进一步的结构变化。……如果地球不活着，那么地球的'孩子们'也不能活着。③

---

① Heinrich Rombach, *Strukturontologie. Eine Phänomenologie der Freiheit*. S. 133.

② 可供参考的是两个文本：*Der Ursprung. Philosophie der Konkreativität von Menschen und Natur*. Freiburg: Rombach. 1994. S. 63. 以及《石头的世界》，收录于《作为生活结构的世界——结构存在论的问题与解答》，王俊译，上海：上海书店出版社，2009 年，第 277—281 页。

③ Rombach, Heinrich. *Der Ursprung. Philosophie der Konkreativität von Menschen und Natur*, Freiburg: Rombach, 1994. S. 63.

对表征主义“现象劳动的分工”的现象学批判与回应

——一种基于胡塞尔时间意识理论的视角

张俊岩

（中山大学哲学系）

“意识是最大的奥秘。它可能是我们追求对宇宙的科学理解过程中的最大障碍。”① 而当代意识问题研究的“谜中之谜”更在于如何解释和说明意识体验及其“现象特征（phenomenal character）”或“感受质（Qualia）”②。不同于反物理主义将之视为意识的内在特征（intrinsic character），表征主义基于意识的透明性（transparency）将现象特征与意识的意向内容加以等同，并试图通过对后者进行物理主义的还原，使其成为对某种类型的物理对象或属性的表征内容（representational content），进而以此实现对意识的自然化解释。

然而作为在意识中直接呈现的感觉内容，现象特征具有主观的意识性特征，仅将其还原为单一的物理内容并不足以说明意识体验的本性。若要对之进行彻底的自然化解释，表征主义仍须对感觉内容的意识性做出说明。而本文将指出，正因困囿于“现象劳动的分工”[③]，表征主义[④]非但无法说明意识与感觉内容的本质关联，反而使自身深陷理论困境。而胡塞尔关于时间意识构造理论的研究，可以在表征主义的失足之处为上述二者的本质关联提供一种更为适切的现象学理解。

一、高阶表征主义以及“分工理论”的困境

尽管“意识状态可以被还原为物理性表征内容”这一主张得到了多数表征主义者的支持，但表征内容却并非现象特征的充分条件，二者并非完全对等的还原关系。因为前者可以在无意识状态下发生，而现象特征实质上要求其必须是有意识的[⑤]（conscious）。因此，“一个关于意向性的完整理论需要对意识做出说明”[⑥]。对此莱肯（William Lycan）声称：“‘意识状态’一词除了意味着‘某人意识到所处的状态’之外，我听不出还有其他自然的意义”[⑦]。罗森塔尔（David Rosenthal）则

---

① Chalmers, David. *The Conscious Mind: In Search of a Fundamental Theory*. Oxford: Oxford University Press. 1996. p. xi.

② 目前学界对“Qualia”的译法主要有：“感受质”“感受性质”和“感质”。相比之下，“感受质”在强调感觉经验的主观性特征的同时更为简洁和通行，因此这里采用“感受质”的译法。

③ 以下简称为“分工理论”。

④ 本文仅指“高阶表征主义”和“自身表征主义”。

⑤ Sturgeon, Scott. *Matters of Mind: Consciousness, Reason and Nature*. London: Routledge Press. 2003. p. 42—55.

⑥ Searle, John R. *The Rediscovery of the Mind*. Cambridge: MIT Press. 1992. p. 132.

⑦ Lycan, William. Consciousness and Experience. Braford: MIT Press. 1996. p. 25.

区分了生物意识（creature consciousness）和状态意识（state consciousness），前者指一切生物体普遍具有的正常的感觉系统状态，后者是该感觉状态是否有意识的关键。“如果一个人完全没有觉知（aware）到一个状态，那个状态就不是一个有意识的状态……觉知到一个状态必定是该状态成为一个有意识的状态的必要条件”①。因此，意识性是两个心理状态之间的一种表征关系②，“一个心理状态是有意识的取决于某人处于某种表征着该状态的高阶心理状态之中”③。这种诉诸两个在数字上（numerically）不同的心理状态之间的表征关系而对意识性进行的界定即是“高阶表征主义”（以下简称为“HOR”）。

基于此，HOR区分了一阶心理状态和高阶心理状态的不同特性（property），前者是可用自然语言描述的使心理状态个体化的感觉特性，它决定了意识体验内容的质性（quality），后者则决定了该内容是否被有意识地体验到④。如此，现象特征便可以通过高阶状态与一阶状态的“叠加”而得到自然化的解释。尼安德（Karen Neander）将上述区分形象地称为“现象劳动的分工”。诚如魏斯伯格（Josh Weisberg）所言，相对于反物理主义，HOR基于分工理论对意识性的界定不仅更符合人们对意识的直觉理解（尤其是对有意识与无意识行为的区分），而且“为当下和潜在的经验性研究提供了一个更好的‘网

---

① Rosenthal, David. “Explaining Consciousness”. In David Chalmers, ed. *Philosophy of Mind* Oxford: Oxford University Press. 2002. p. 407.

② Gois, Isabel. “A Dilemma for Higher-order Theories of Consciousness”. Philosophia 38(1). 2010. p. 143.

③ Rosenthal, David. *Consciousness and Mind*. Oxford: Clarendon Press. 2005. p. 4. &Cf., William Lycan, *Consciousness and Experience*, p. 3.

④ Meander, Karen. “The Division of Phenomenal Labor”. *Philosophical Perspectives, Language, Mind, and Ontology* 32(12). 1998. p. 412.

格'(mesh)"[1]和模型。但分工理论也给 HOR 招致了诸多诘难。

例如,列文(Joseph Levine)认为现象特征的主观特性,体现了主体对自身的意识体验的"认知直接性(cognitive immediacy)",或者说是"第一人称通达(first-person access)"[2]的亲知(acquaintance),它表明表征媒介与被表征内容之间是没有间隙的[3]。这种直接性和亲密性(intimacy)无法通过两个相互外在的心理状态的表征关系加以解释。再者,布洛克(Ned Block)指出,如果"两个心理状态可以分开并独立于彼此而各自发挥作用"[4],一阶状态可以在无意识的情况下存在,既然被高阶状态表征是一阶状态有意识的必要条件,该高阶状态本身的意识性是否需要一个更高的心理状态?然而,HOR 既未声称存在更高的心理状态,也未表明对一阶状态的伴随性的高阶表征是一个自身指涉(self-referential)的心理状态。因此,人们将很难理解一个无意识的一阶状态加上一个无意识的高阶状态如何能产生一个有意识的心理状态[5]。

而最为致命的诘难来自对高阶状态的"误表征"问题的

---

① Weisberg, Josh. "Misrepresenting Consciousness". In *Philos Stud* 154(3). 2011. p. 424—431.

② Levine, Joseph. "Conscious awareness and (self-) representation". In *Self Representational Approaches to Consciousness*, eds. U. Kriegel and K. Williford. Cambridge: MIT Press. 2006. p. 173—198.

③ Kriegel, Uriah. *Subjective Consciousness: A Self-representational Theory*. New York: Oxford University Press. 2009. p. 108.

④ Weisberg, Josh. "Same Old, Same Old: the same-order representation theory of consciousness and the division of phenomenal labor". In *Synthese* 160(2). 2008. p. 164—165.

⑤ Block, Ned. "Thehigher Order Approach to Consciousness is Defunct". In *Analysis* 71(3). 2011. p. 427.

批评[①]。根据麻醉病人的“反应分离(reactive dissociation)”现象，莱肯说：“你可能会内省一种剧烈且严重的痛感，而事实上根本就没有痛感”[②]。罗森塔尔则更是直接宣称：“假设我的高阶觉知是关于(of)一个具有特性P的状态，但其目标不是P，而是Q……无论一个Q状态是否出现，一个关于没有任何P状态的一个P状态的高阶觉知在主观上(subjectively)都是相同的”。[③]基于此，尼安德提出三种相似的假设情况[④]：

(1) 我有一个关于某个绿色之物(存在或不存在)的感觉表征，而且我将自身表征为正在表征一个绿色之物；

(2) 我有一个关于某个红色之物(存在或不存在)的感觉表征，但是我将自身表征为正在表征一个绿色之物；

(3) 我完全没有任何感觉表征，但是我将自身表征为正在表征一个绿色之物。

他认为依据HOR的说法，无论上述三种情况具有如何不同的一阶表征内容，其现象特征都被高阶状态表征为在主观上相同的，即：表征一个绿色之物。可以说“除了我们意识到它的方式以外，一阶状态对现象毫无帮助”[⑤]，意识状态的现象特征完全由高阶状态对一阶状态的表征方式决定。一阶心理状态具有何种感觉特性抑或真实存在与否都与现象特征毫无关联，而只需要“一个适合的高阶思想在某种程度上就可以让意

---

① 关于“误表征”问题，尼安德、布洛克、戈伊斯(Isabel Gois)以及魏斯伯格等都进行了相应的讨论。

② William Lycan, *Consciousness and Experience*, p. 19.

③ Rosenthal, David. “Varieties of higher order theory”. In *Higher-Order Theories of Consciousness*, ed. R. Gennaro. Amsterdam: John Benjamins. 2004. p. 32.

④ Karen Neander, “The division of phenomenal labor”, p. 420.

⑤ David Rosenthal, “Varieties of higher order theory”, p. 32.

识发生"[1]。双重表征之间的本质关联似乎成了一种"虚假关系",而这显然与HOR所赖以立身的分工理论相冲突[2],并将导致自身的理论崩塌。

HOR之所以会遭到诸多诘难,究其原因在于它企图通过两个不同心理状态间的外在表征关系对现象特征进行自然化的解释,而这种外在关系显然无法说明意识与感觉内容的本质关联。面对以上种种,有学者建议HOR可以通过向一阶或者同阶表征主义(first-order/same-order representationalism)坍缩或回退来避免劳动分工的出现从而保全自身。但这是否可行,我们不妨一探究竟。

二、分工理论在自身表征主义中的另一种表现形式

作为同阶表征主义中最富盛名者,克里格(Uriah Kriegel)的"自身表征主义"(以下简称为"SR")根据布伦塔诺(Franz Brentano)的"双重关系(Doppelbeziehung)[3]"——即"除了意识首要地(primär)指向的对象之外,意识顺带(nebenher)将自身作为对象,从本质上讲,这是每个心理行为的本性"[4]——区分了"质性特征(qualitative character)"与"主体特征(subjective character)"。前者是"有意识的体验对外部对象的特定的'反应-依赖特性'(response-dependent

---

① Ned Block, "Thehigher order approach to consciousness is defunct", p. 427.

② Isabel Gois, "A dilemma for higher-order theories of consciousness", p. 148—150.

③ Brentano, Franz. *Deskriptive Psychologie*. Hamburg: Felix Meiner Verlag. 1982. S. 27.

④ Franz Brentano, *Deskriptive Psychologie*, S. 24.

property)的表征"[①]。后者是意识体验的内在特征，是对意识状态的自身觉知，体现了一种"为我性(for-me-ness)[②]"。由二者共同构成的有意识的心理状态就是"现象意识(phenomenal consci- ousness)"。

与 HOR 以一个高阶状态与一阶状态的外在表征关系来说明意识的现象特征的做法不同，SR 主张"一个心理状态具有现象意识，当且仅当这个心理状态以一种适当的方式表征自身"[③]。二者的区别可简单表示如下：

HOR：一个心理状态是有意识的，当且仅当有一个高阶状态 M* 对一阶状态 M 进行表征，其中 M 与 M* 是两个不同层级的不同心理状态。

SR：一个心理状态是有意识的，当且仅当其具有一阶状态 M 的同时，拥有一个对 M 的自身表征 M*，其中 M 与 M* 是同一个心理状态中的两个不同表征。

在 HOR 的分工理论中，M 与 M* 是相互外在的两个表征状态。HOR 既要通过 M* 对 M 的表征关系说明心理状态的意识性，又要通过该意识性与一阶表征的表征关系来解释意识的现象特征。相比于 HOR，SR 则是一种更为经济的表征理论，因为它将意识性交付于心理状态本身所具有的自身表征功能，而无需额外设定一个高阶状态。因此只需要说明自身表征与一阶表征的本质关联，便可以把握意识的现象特征。

---

① Uriah Kriegel, *Subjective Consciousness: a Self-representational Theory*, p. 87. 对反应-依赖特性的具体论述可以参考该书的第 87 页至第 93 页中的内容。

② Uriah Kriegel, op. cit., p. 103. 亦可译为"属我性"。

③ Kriegel, Uriah. "Self-representationalism and the Explanatory Gap". In *Consciousness and the Self: New Essays*, ed. J. Liu, J. Perry. Cambridge and New York: Cambridge University Press. 2011. p. 53.

对此，克里格首先援引布伦塔诺在《从经验立场出发的心理学》中的相关论述："对声音的表征与对声音表征的表征构成一种心理现象；只有将这一心理现象放到它与两种不同对象的关系中去考虑——其中一个是物理现象而另一个是心理现象——我们才能在概念上将其区分为两种表征。在声音呈现于我们心灵的心理现象中，我们同时领会到心理现象自身"。① 自身表征与一阶表征都是心理状态的本质部分，二者在数量上是同一的（numerically identical）。二者之于心理状态，犹如"晨星"与"昏星"之于金星，只是同一心理状态的两个不同的表征方式，是同一心理状态中"不可分离但可区分的"（inseparable but distinguishable）两个要素。

接着，克里格依据作为"构造性表征（constituting-representation）"的自身表征，对二者的内在关联进行了构造分析。他区分了两种不同的表征特性：被表征的特性（the properties represented）和被表征所构造的特性（the properties constituted by the representation），前者被视为"窄的特性（schmalitative properties）"，后者则是质性特性②。二者间的构造关系可以展示如下：

（1）一个心理状态 M 包含一阶表征 M^1 和自身表征 M^2；

（2）其中，M^1 是 M 对感觉内容 A 的表征。M^2 是对"M 表征 A"的表征；

（3）基于 M^2 的构造作用，M^1 的表征内容 A 就具有了"被表征的特性"，即"窄的特性"；而 M^2 的表征内容，即"M 表征了 A"，就具有"被表征所构造的特性"，也即"质性特性"；

---

① 布伦塔诺：《从经验立场出发的心理学》，郝亿春译，北京：商务印书馆，2017 年，第 150—151 页。

② Uriah Kriegel, *Subjective Consciousness: a Self-representational Theory*, p. 109—113. 此处的质性特性与现象特征同义。

(4) M 的质性特性就是 M 被 M^2 表征为 M 表征了 M^1 的内容 A。

因此,心理状态 M 通过自身表征(M^2)将自身表征为对某物的表征(M^1),由于 M^1 和 M^2 同属于心理状态 M,因此心理状态不仅表征感觉内容,也表征了自身。同时,M 的自身表征 M^2 构造了 M 的质性特性,而 M 的质性特性又包含着窄的特性 A,二者在逻辑上的蕴含关系表明:当自身表征内容为真时,一阶表征内容必然为真。对此克里格举例说到:"对于一种有意识的状态 C 来说,其要成为'质性上蓝色的'(qualitatively bluish),仅仅意味着 C 在某种适当的(right)内觉知中被表征为是'窄性上蓝色的(schmalitatively bluish)'"。① 即是说:一个具有蓝色质性特征的视觉体验如果真实存在,则一个蓝色窄的特性必然存在,否则该视觉体验将无从谈起。据此,他声称:"一阶表征与二阶或自身表征之间没有劳动分工。一些体验可以被准确地定义为微红知觉和对微红知觉的内在知觉。但是却根本没有一种既可以被定义为红色知觉同时又是对绿色知觉的内在知觉的体验。"②因此在 SR 中并不存在误表征的可能性。

然而,根据克里格对一阶表征的定义,它不是意识对外部对象属性的表征,而是对外部对象在意识中所引起的反应依赖特性的表征,其产生需要满足一定的条件。"因此,说出现的'蓝$_{16}$'($blue_{16}$)的特性是反应依赖的,就是说存在一个特定的反应 R,一组特定的反应者 S,以及特定的条件 K,使得以下双重条件成为真正先天的(a priori):X 显示为蓝$_{16}$ 当且仅当

① Uriah Kriegel, *Subjective Consciousness: a Self-representational Theory*, p. 110.

② Kriegel, Uriah. "Brentano's Dual-Framing Theory of Consciousness". In *Philosophy and Phenomenological Research* 97(1). 2016. p. 16.

X 在处于条件 K 下的 S 中产生指向 X 的反应 R。”[①]可见，意识与作为感觉内容的反应依赖特性间的关联，需要满足上述的条件才可成立，否则一阶状态中就不会出现相应的反应依赖特性作为表征内容。所以，即使在双重表征之间不存在误表征的可能，但在“窄的特性”方面仍然存在误表征的可能。

这与克里格对自身表征的矛盾认识有关。他一方面将自身表征视为心理状态意识性的本质依据，并从构造关联上说明其与一阶表征之间的蕴含关系。另一方面却将自身表征视为与一阶表征不同的部分，因此未能通过前者说明意识与感觉内容之间的本质关联，进而引起自身理论的不融贯。由于未能澄清自身表征的本性及其与一阶表征内容的内在关系，SR 实质上仍未摆脱分工理论的桎梏，充其量是将 HOR 分工理论中两个不同心理状态的外在表征关联，改造为同一心理状态内部双重表征之间的外在关联。

而根据布伦塔诺对意识统一性的界定，“心理现象的诸组成部分(Bestandteile)既不是独立的事物，也不是独立事物的部分，而是属于一个真正的统一体”[②]。这意味着不仅意识的统一性无法脱离双重表征，也意味着双重表征无法脱离彼此。

然而意识如何能够意识到感觉内容又能意识到自身？二者之间又如何统一？对此，笔者将从胡塞尔(Edmund Husserl)的时间意识理论出发，为之提供一种现象学的发生构造解释。论述将以一种回溯的方式展开：首先说明意识作为时间意识与感觉内容具有本质的构造关联；而后通过对时

---

① Uriah Kriegel, *Subjective Consciousness: a Self-representational Theory*, p. 87—88.

② Brentano, Franz. *Psychologie vom empirischen Standpunkt*. Hanburg: Felix Meiner Verlag. 1973. S. 232. 参考布伦塔诺:《从经验立场出发的心理学》，第 193 页。根据上下文有改动。

间意识理论的考察，揭示出这一构造关联的发生机制即：作为自身构造着的意识，时间意识在构造自身统一的同时也构造着感觉内容的统一。

三、时间意识与感觉内容之间本质的构造关联

与表征主义通过心理状态间的外在表征关系对“意向性(Intentionalität)”做出的物理主义说明不同，胡塞尔认为“意向性是在严格意义上说明意识特性的东西，而且同时也有理由把整个体验流称作意识流和一个意识统一体”①。这一被理解作“相对于某物的意识”②被胡塞尔标示为“意向行为(Noesis)”与“意向相关项(Noema)”之先天构造关联。其实质上是意识行为对感觉材料进行立义(Auffasung)从而构造出超越的意向对象的构造活动。

然而在早期对意向本质的阐释中，感觉材料与意识行为的本质关联并未得到应有的说明。尽管胡塞尔声称在现象学体验的意义上“被体验或被意识的内容与体验本身之间不存在区别”③，但由于未“下降到组成一切体验时间的最终意识的晦暗深处”④来说明二者的统一关系，它们就仍只是“无形式的质料”与“无质料的形式”⑤的偶合。而对之的系统说明

---

① 胡塞尔：《纯粹现象学通论》，李幼蒸译，北京：中国人民大学出版社，2013年，第158页。

② 同上。

③ 胡塞尔：《逻辑研究》，倪梁康译，北京：商务印书馆，2018年，第693页。

④ 胡塞尔：《纯粹现象学通论》，第161页。

⑤ 对该二分结构，梅勒(Ulrich Melle)等学者都做出了批评。Cf., Melle, Ulrich. *Das Wahrnehmungsproblem und seine Verwandlung in Phänomenologischer-Einstellung*. Den Haag: Martinus Nijhoff Publishers. 1983. S. 51.

到了《被动综合分析》才具体展开。

基于时间意识理论，胡塞尔主张感知作为"原本意识(Originalbewu ßtsein)"，其自身被给予之物具有明见性特征。而在感知的进程中的诸多变式现象表明感知的诸自身被给予性之间存在许多冲突与矛盾。既然如此，我们如何能形成关于事物乃至世界存在的连贯稳固的存在信念(Seinsglaube)？胡塞尔认为这依赖于意识的再回忆(Widererinnerung)①功能，而它之所以"能成为最终有效性的一个源泉"②，基于"一种固定属于意识一般的形式和内在发生的合规则性"③，即：联想综合。它是根植于"原初时间意识的综合"但又"伸展出超越论的时间综合(Zeitsynthese)的内容性综合"④，在感觉内容的综合统一中起着支配作用。

这种在"活的当下(Lebensgegenwart)⑤"内部发生的联想综合对感觉统一体的构造遵循以下规则：首先是基于时间共存(Koexistenz)的内容的同质性(Homogenität)联结和异质性(Heterogenität)联结。由于时间意识"只是建立一个普遍形式的意识，它恰恰是不考虑内容之物的"⑥，所以内容的综合统一依赖于素材之间的亲缘性(Verwandtschaft)的统一性。依据亲缘性的等级可分为相同性和相似性的联结。前者是最强有力的同质性联结，它表明并存的时间素材"被合一成

① 胡塞尔：《被动综合分析：1918—1926年讲座稿和研究稿》，李云飞译，北京：商务印书馆，2017年，第126—142页。

② 胡塞尔：《被动综合分析：1918—1926年讲座稿和研究稿》，第137页。

③ 胡塞尔：《被动综合分析：1918—1926年讲座稿和研究稿》，第145页。

④ 胡塞尔：《被动综合分析：1918—1926年讲座稿和研究稿》，第155页。

⑤ 胡塞尔此处所指的"活的当下"是相对被动性而言的"清醒的自我生活"领域。

⑥ 胡塞尔：《被动综合分析：1918—1926年讲座稿和研究稿》，第156—157页。根据上下文有改动。

一个特殊组,它在最宽泛的词义上已经是一个整体,这个整体已纯粹通过亲缘性而把个别性扎在一起”[①]。而在后者中,被联结的时间素材之间的亲缘性和紧密程度则相对较低。当然,在时间并存的当下,通过异质性联结的诸时间素材具有最低的亲缘性。因此,它们被视为是在时间意识的统一性之下的不同的感性区域(Sinnesgebiet)之间的共存。

其次是基于时间相继(Sukzession)的同质性联结和异质性联结。与时间并存中的联结相比,胡塞尔认为,当某种统一性已经通过同质性联结凸显出来时,对其进行动态的考察能揭示出其更深层次的特性。同样依据于内容间的亲缘性,相同性的联结是基于时间素材之间的“叠合(Kongruenz)”而产生的,它表示在两个不同的意识瞬间中产生的“同一性意识”,而二者在内容上是完全相同的,它使我们产生对同一之物的认识。相似性的联结的产生则是基于时间素材间的“搭叠(Überschiebung)”,它表示一个经历变异后的意识与前一个意识在内容上的一种不完全重合,它使我们产生对延续之物的认识。无论是哪种同质性联结,在两个感觉内容的综合中都已经发生了一种内容上的“融合”(Verschmelzen),这种融合为内容的综合提供了唯一的内容[②]。

对此胡塞尔说道:“活的内在当下本身的确是最普遍的发生现象。在每一个这样的当下,我们本质上都发现一个原素的核,一个以最松散的方式被统一起来的感性素材(视觉素材、声音素材,等等)的多样性本质上在同时性和活的接续中被持久地构造起来”。[③]这说明,在活的当下中“原素的融合必

① 胡塞尔:《被动综合分析:1918—1926年讲座稿和研究稿》,第158页。
② 胡塞尔:《被动综合分析》,第159—160页。
③ 胡塞尔:《被动综合分析》,第167页。

然依时间的构造的僵固的必然性进行”[①]，感觉材料统一性的构造唯有依据于时间意识的秩序形式才是可能的。

不仅如此，胡塞尔在《被动综合分析》中，通过对意识被动性层级中“触发[②]”的分析，将二者间的构造关联拓展至活的当下之外的被动性领域。尽管该分析通常被视为关于感觉内容在统一构造的发生过程中的主动性的说明，但基于触发力的本质性的功能性，它既可以用于说明感觉内容统一构造的发生，也可以用于说明时间意识的连续性构造的发生[③]。

从感觉内容的角度看，在联想综合中发生的感觉内容之间的相似性联结表明，在联结发生之前存在着一个“对照(Kontraste)”，其中一个凸显之物与当下感觉内容的联结中存在着触发关联。它体现为这个已凸显的感觉材料“对自我施加的特有的拉力”[④]和刺激，当自我朝向刺激物时，一个联想综合便已然发生。并且这个作为触发者出现的凸显之物，在被意识到之前就已基于材料间的同质性，并通过诸材料间触发性的传递而被动联结成感觉材料的统一体。因此，无论是在活的当下内部还是被动性领域，触发都在感觉内容的联结中起作用。

而从时间意识的角度看，触发同时意味着主体对触发者的兴趣和切近趋向，而这种趋向根植于原初时间意识的本性。基于活的当下的本质结构，不仅触发“一方面会产生射入共当下和滞留性的过去的联想，亦即唤起，另一方面会产生朝向未来迈进的联想”[⑤]。因此，联想综合作为触发性的唤起，既是

---

① 胡塞尔：《被动综合分析》，第192页。

② 对触发的深入分析触及对作为原时间性的主体性的考察，但这并非本文关注的主题，只消在此指出时间意识与感觉内容之间的本质关联。

③ 胡塞尔：《被动综合分析》，第184页。实际上这也是胡塞尔在该书的后半部分所着力阐释的。

④ 胡塞尔：《被动综合分析》，第180页。

⑤ 胡塞尔：《被动综合分析》，第190页。

向后起作用的触发，同时也是向前起作用的触发[①]，它们基于触发性的传递而不断向前和向后延伸，以至于能“把一个与活的当下本身一同不断变化的零视域（Nullhorizont）算作活的当下”[②]。其中，向后的方向标示着意识对过去之物的趋向和唤起，哪怕它因失去触发活性而处于“休眠状态”，这与时间意识的滞留（Retention）意向的本性相一致。向前的方向标示着意识对将来之物的趋向，这种趋向是“一种并非空乏的、而是实事地生根于本质根据的触发的潜能性”[③]，是一种动机引发的因果性（Motivationskausalität），在其中，未来之物的出现通过与过去之物的相似性而被期待，“就像在持续的前摄的最原始的情况下就已发生的那样”[④]，它与时间意识的前摄（Protention）意向的本性相一致。同时，时间意识的“原秩序化的（urordnende）成就”，即“联结着的并存和相继的构造原则，它们持续地形成触发的本质条件和作为唤起的触发的传播的本质条件”[⑤]，它们规定了感觉内容的秩序形式，并使触发在感觉内容统一构造中的作用得以可能。

因此，无论是在清醒意识生活中还是在被动性领域中，意识作为时间意识都与感觉内容的统一有着本质的构造关联。

四、时间意识双重构造的同时性发生机制

然而，时间意识，因其具有的“原印象-滞留-前摄”的“三

---

① 胡塞尔：《被动综合分析》，第 188 页。
② 胡塞尔：《被动综合分析》，第 199—200 页。
③ 胡塞尔：《被动综合分析》，第 180 页。
④ 胡塞尔：《被动综合分析》，第 220 页。
⑤ 胡塞尔：《被动综合分析》，第 189 页。

位一体"的结构形式俨然不同于杂乱无序的感觉内容。它如何能规定感觉内容？这是否意味着同时存在两条时间意识的河流，其中一条构造感觉内容的统一，另一条构造意识行为自身的统一，二者因某种"机缘"而相互关联？

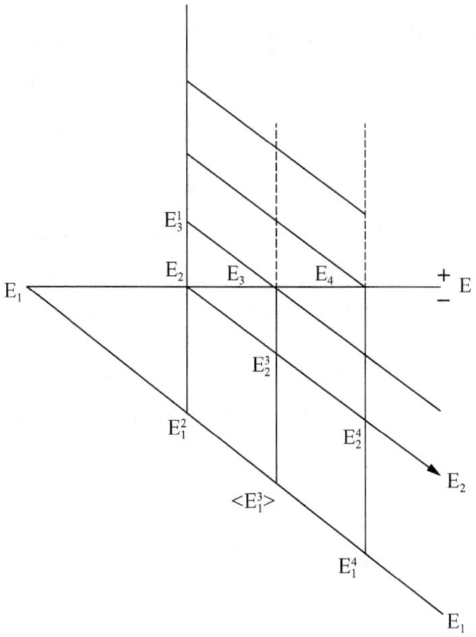

图 1①

事实并非如此。依胡塞尔所言，实际上"这是一条唯一的意识流，在其中构造起声音的内在时间统一，并同时构造起这意识流本身的统一"②。换言之，感觉内容和意识行为是在同

① 胡塞尔：《关于时间意识的贝尔瑙手稿(1917—1918)》，肖德生译，北京：商务印书馆，2016 年，第 58 页。

② 胡塞尔：《内时间意识现象学》，倪梁康译，北京：商务印书馆，2017 年，第 481 页。

一条时间意识河流中同时性地被构造的①。而这之所以可能，依赖于时间意识中滞留的双重意向性即：横意向性(Querintentionalität)和纵意向性(Langsintentionalität)之间的先天构造关联。在《内时间意识现象学》中，胡塞尔清晰地展示了这一先天关联的发生机制。

其中，横意向性是“为内在客体的构造、为这个声音的构造服务的意向性”②，它标示着意识在每个时间相位中对感觉内容的被动意向，以及对它们的“拟-时间编排”③。而纵意向性是“对这个原生回忆(滞留)的统一而言构造性的意向性”④，是为时间意识自身的统一构造服务的意向，它通过意识相位间的被动意向关联“在河流的流程中持续地与自己本身处在相合统一之中”⑤。此外，横向上的感觉内容统一体的构造要以意识自身在纵向上的统一构造为前提。

如上图所示，横轴上的每个意识相位作为原印象(Urimpression)都拥有自身的感觉内容，它们遵循着同一个滞留变异(Modifikation)规律。基于此规律，它们“始终以同一个速度自己前行”⑥，并在各自层次中“一再地制作出从属于同一层次的变异”⑦。只要时间意识的河流仍在前行，滞留变异就不会停止。然而如果仅依靠滞留的横意向性，我们得到的便只是在当下被给予的感觉内容。但这些瞬间的感觉内容既非同时并存于意识的结束相位，因为这无法形成时间延续，而它们也并非完全消失，否则我们感知到的就只是无数瞬间闪现且

① 胡塞尔:《内时间意识现象学》，第131页。
② 胡塞尔:《内时间意识现象学》，第482页。
③ 胡塞尔:《内时间意识现象学》，第130页。
④ 胡塞尔:《内时间意识现象学》，第128页。根据上下文有改动。
⑤ 同上。
⑥ 胡塞尔:《内时间意识现象学》，第171页。
⑦ 同上。本文只讨论单个感觉内容的情况。

毫无关联之物。现象学的事实是，我们确实在 E_1 和 E_4 处分别意识到某物的开始和结束，从而将 E_1 至 E_4 之间的时间片段称为“某物在延续”。

这之所以可能，离不开滞留纵意向性的作用。因为它“标识着意识相位与意识相位的意向关系”①，这种意向关联不仅使前一个意识相位以滞留变异的形式与当下相位相互联结，同时也对与各意识相位相关联的滞留起作用。正如在 E_3 处，不仅 E_2 变异为 $E_2{}^3$，而且与之相联的滞留 $E_1{}^2$ 也再次变异为 $E_1{}^3$。由于它们始终保持同样的变异速度，所以每个时间相位与前一个时间相位的变异体所组成的时间片段也同样发生着变异，正如 $(E_2-E_1{}^2)$ 在 E_3 处变异为 $(E_2{}^3-E_1{}^3)$ 进而与 E_3 相互联结。这些不同的意识相位具有各自“唯一的不可重复”②的时间位置(Zeitstellen)，时间位置的自身同一性构成和确保了各个因素在滞留变异过程中的稳定的时间位置秩序(Zeitstellenordnung)，并且“就其形式而言在所有原领域中都一再地是同一种确定性”③，它使诸时间相位在纵轴上依次排列而不混乱。

然而，如果每个原印象都有一个滞留统一体与之相连，基于意识的滞留变异规律，是否对每个原印象的意识都需要如“俄罗斯套娃”般对前一个时间相位进行回忆才得以可能？就像在 E_4 处，对 E_3 的意识需要通过向前回忆 $(E_3-E_2{}^3-E_1{}^3)$，而 E_3 中对 E_2 的意识又需要借助 $(E_2-E_1{}^2)$，进而通过 $E_1{}^2$ 意识到 E_1。对此胡塞尔主张，每个滞留既是“一个关于已流逝相位的瞬间相位，并且同时是下一个相位的滞留意识之基底。由于每个相位都以滞留的方式意识到前面的相位，所以它在

---

① 胡塞尔：《内时间意识现象学》，第 432 页。

② 胡塞尔：《被动综合分析：1918—1926 年讲座稿和研究稿》，第 174 页。

③ 胡塞尔：《内时间意识现象学》，第 171 页。

一个间接意向的链条中包容了已流逝的滞留的整个系列”①。这个在纵轴上组成时间系列的诸时间相位并非单纯的瞬时点状相位，它们在自身中已经包含着各自过去的一切内容。正如在时间构造的终点相位 E_4 处由诸时间相位所组成的时间系列（E_4—E_3^4—E_2^4—E_1^4），其中 E_1^4 已经包含了自身的一切内容（E_1^4—E_1^3—E_1^2—E_1），E_2^4 包含了（E_2^4—E_2^3—E_2）等，每个意识相位都已经在自身中包含着之前的意识相位，尽管是以滞留变异的方式。可以说，每个原印象既是对当下的意识到，也是对过去的意识到。“意识的河流本身重又是相互接续，同时它自发地满足后继意识的可能性条件……它本身已经在自身中隐含了对先行回忆的‘回忆’。（滞留。）”。② 因此在纵意向性的作用之下，意识的诸相位保持着被动的意向关联，它们在纵轴上相互接续从而构造出时间意识行为自身的统一性，这一过程被称为时间意识的“自身构造”。

而时间意识的自身构造并非是单纯形式上的构造，它在构造自身统一的同时也构造着感觉内容的统一。基于意识与感觉内容的横向关联，当诸时间相位在纵意向性的作用下根据各自的时间位置在纵轴上彼此接续完成对时间相继的自身构造时，也引起了隶属于诸时间相位的时间感觉内容之间的被动融合（Verschmelzen）。“作为相继的融合，原素的融合必然依时间的构造——源于原初的连续性——的僵固的必然性进行”③，该过程被胡塞尔称之为“质性化（Qualifizierung）④”。

---

① 胡塞尔：《内时间意识现象学》，第 175—176 页。

② 胡塞尔：《内时间意识现象学》，第 431 页。依据上下文有改动。

③ 胡塞尔：《被动综合分析》，第 192 页。

④ 胡塞尔：《被动综合分析》，第 175 页。对该问题的讨论亦可参考毛家骥：《时间意识中个体化与具体项融合的部分论分析》，四川师范大学学报（社会科学版），2023 年，第 3 期，第 39—46 页。

虽然每个意识相位的感觉内容作为具体物(Konkretum)本身并不延续,但基于时间意识的统一秩序,“在这个意识与另一个意识的综合中就已经发生了一种内容上的融合”①。这种融合依据上文所说的内容间的联想综合而产生,它为不断延展的时间意识行为提供了既持续变化又保持同一的感觉内容的统一体,如:这个不断变化着的棕色感觉。可见,“时间质料的不可分的相同性以及时间设定意识之变异的连续性,为融合成为这个 c 的无断裂延伸的统一的状况奠定了本质基础,随之才能产生出一种具体的同一”②。若更进一步,现象学的同一之物作为在变化中固持的东西(Verharrende)③,是“在河流中连续地共同保留下来的、在其个体化中的本质”④,如:棕色本身,它是对感觉统一体的观念化。对之我们只“需要有一个不同的目光朝向便能在课题上把握到这个统一或者这个总体”⑤,一个本质直观的目光。

因此,在意识中并不存在所谓现象劳动的分工,基于意识作为时间意识而具有的在横纵两个方向之间的发生构造关联,意识在构造自身统一的同时也构造起感觉内容的统一。这种构造关联使意识行为与感觉内容在意识的“发生处”就彼此相互要求、相互交织,就像“两个不可分离地统一的,一个事物的两面一样”⑥。

---

① 胡塞尔:《被动综合分析》,第 159 页。

② 胡塞尔:《内时间意识现象学》,第 133 页。

③ 胡塞尔:《内时间意识现象学》,第 346 页。

④ 胡塞尔:《内时间意识现象学》,第 186 页。

⑤ 胡塞尔:《内时间意识现象学》,第 346 页。根据上下文有改动。

⑥ 胡塞尔:《内时间意识现象学》,第 484 页。根据上下文有改动。

五、结　语

时间意识理论从发生机制上对意识与感觉内容的"相关性先天"进行的构造说明，为表征主义提供了一个现象学的理解视角。但这一说明能在何种程度上忠实于在前反思的意识层级中发生的实事本身，或者说该如何对实事本身进行言说，仍是有待进一步思考的问题。在这些问题上，表征主义与现象学作为两种不同的理论体系，分别被视为"第三人称视角"和"第一人称视角"的研究路径。二者虽有各自的理论范式和话语体系，却并非绝对的不可通约。相反，因为存在一定的理论亲缘性和相关性，彼此仍有相互补充和对话的空间。正如扎哈维所言："现象学的终极目的是提供先验哲学的澄清，因此它的目的不同于经验科学。但是现象学的终极目标远不止于此。现象学还提供了对意识的各个方面的细致分析。通过提供这样的分析，现象学解决了对于理解意识的真正复杂性至关重要的问题，甚至可能提供了一个理解心灵的概念框架，其价值远远超过当前认知科学中流行的一些模型。但出于同样的原因，也应该清楚现象学所处理的与其他学科共同的主题，坚持认为它应该简单地忽略与这些主题相关的经验发现将会是错误的"①。毕竟，面对意识这一人类最大的奥秘，重要的从来不是双方能否给出怎样的终极答案，而是两种异质性思想之间的碰撞和融合，会迸发出何种意想不到的可能性和效应。

---

① Zahavi, Dan. "Naturalized phenomenology". In *Handbook of Phenomenology and Cognitive Science*, ed. Daniel Schmicking Shaun Gallagher. Dordrecht: Springer. 2010. p. 8.

自我与明见性

——对胡塞尔重提纯粹自我的再考察

马 玥

（中山大学哲学系）

在胡塞尔看来，一门真正的哲学是能够自身给予的哲学，先验现象学要求返回到纯粹的主体性之上，这样的路径为实现哲学自身明见性的理想提供了可能。而近代哲学以来对主体或自我的规定始终未能达到这一理想。胡塞尔将笛卡尔看作是先验现象学的推动者。笛卡尔通过普遍怀疑得到了“我存在”这一真命题[①]，为科学奠定了绝对的基础。然而问题在于笛卡尔本应当将自我作为外物存在的先验根据，但外物却作为实体存在，且笛卡尔引入了上帝的作用。如果我们将自我存在当作明见的最终根据，那么就无法逃离独断论的印记。与笛卡尔等人持相反态度的是休谟，休谟的哲学仍然从自我出发，但休谟基于经验论的立场取消了自我作为实体的合法性。在休谟看来，印象产生观念，但是由于知觉会在睡眠或死亡时中断，而情感又不可能全部同时存在，为此这些印象并不具有同一性，也就不能产生自我观念。[②]休谟的论述尽管有效地避免了唯理论的独断，但也导致了知识的危机。面临经验论与唯理论的困境，康德根据现象与物自体的本质差别区分了经验自我与先验自我(transzendentale Ich)，后者作为思维着的主体是前者可能性的条件。为此，先验自我不能被认识，且先验自我的抽象普遍性使个体性被剥夺。因此，从笛卡尔开始，自我在哲学为科学奠基的道路上始终处于关键的地位，但以往的哲学从肯定、否定以及划界的态度对此问题的回应始终难以给出令人满意的方案，而对此我们又不能暴力地直接给出任何判断，只能在悬隔一切判断的基础上，从胡塞尔的现象学来获得关于自我问题的明见性。

从胡塞尔的现象学自身来看，自我在胡塞尔前后期呈现出较大的差别，萨特正是抓住了这一差别，以胡塞尔前期的原则及结论批判其后期的纯粹自我概念。那么纯粹自我的提出是否是明见的，对这一问题的回应涉及对胡塞尔的明见性原则的理解，进一步涉及对胡塞尔先验现象学整体意图的把握。因此，本文以萨特的批判为切入点，同时阐述现象学界对胡塞尔重提纯粹自我的态度。在此基础上，分别分析胡塞尔前后期的自我概念，基于胡塞尔的文本指出这一概念发生转变的原因，并对两个时期的自我概念是否遵循了现象学明见性的前提进行澄清，试图对现象学界关于纯粹自我的讨论做出回应。

一、自我概念及其争论

在《逻辑研究》时期，尽管胡塞尔并未实施现象学的还原，

---

① 参见笛卡尔：《第一哲学沉思集》，庞景仁译，北京：商务印书馆，1986 年，第 25—27 页。

② 参见休谟：《人性论》，关文运译，北京：商务印书馆，1980 年，第 281—282 页。

但我们还是能够发现胡塞尔对实在性的排除与向实项(reell)体验还原的痕迹。[①] 随后在先验现象学中，胡塞尔通过还原获得了纯粹意识的领域。针对意识体验的领域，我们可以从以往的哲学研究中获得一些启发，自我通常被看作是在其中具有统一性的东西。由于体验流动不居，这就涉及到是否需要另外的某物来确保行为能够被综合统一。此外，这些流动也需要被认定为是在时间当中前后同一的意识活动，因而这又关系到另一问题，即是否在活动之外有一个起着同一性功能的自我在流动变化的行为保持着？倘若对这两个问题的回答是肯定的，也就是说，需要有自我的统一性与同一性功能来对行为起作用，那么为了避免陷入近代哲学如笛卡尔的独断论与休谟的怀疑论困境，我们必须对自我何以可能具有明见性这一问题进行回应。而如果答案是否定的，即在我们的意识行为中不需要另一个自我来起作用，那么我们就需要阐明意识自身的统一性与同一性如何可能。

胡塞尔前后期在这一问题上存在两种不同的态度。萨特在《自我的超越性》一书中对这两种态度进行了简要的阐述，并从现象学所遵循的明见性原则出发对此产生了自己的评价。萨特对先验自我(Je)[②]的存在持否定态度，这也就是说，对上述是否需要自我在意识行为中起作用的问题上，萨特持否定的态度。在萨特看来，自我的设定只能导致一种不透明性。按照自我的涵义，它应当区分于对象而具有内在性的特征，同时它区别于意识，是为了意识的某物，因而先验自我不

① 参见迪特·洛玛:《还原的观念——胡塞尔的诸还原概念及其共同的“方法论”意义》，张浩军译，载《哲学分析》，2021年，第4期。向实项体验还原的意图也对应着这一时期胡塞尔对明见性的看法。

② 萨特区分了Je与Moi。本文在涉及萨特的自我概念时，如果没有特殊标出，那么就指示Je的涵义。

具有意识的半透明特征，只是作为意识中的一个居者，换言之，是流动的意识中的不流动者。①萨特进一步认为，这样的自我服从于一种特殊的直观，这种直观在反思意识之后把握自我，因而先验自我显现的方式是永远不相即的。②基于自我的不透明性与其显现的不相即性，萨特得出结论：自我的设定违反了现象学的明见性。为此，作为超越物的自我应当被现象学还原所制约，因为通过现象学还原达到的绝对领域应当是意向活动及其意向的对象这一关联领域。在反对自我的态度下，萨特批判了胡塞尔在先验现象学时期中重新召回的纯粹自我③，而肯定了胡塞尔在描述现象学时期关于自我的描述。按照萨特的理解，纯粹自我没有必要出场，其出场只能造成不透明性与显现的不相即性，因而与现象学的明见性原则相悖。④

然而一些学者也为胡塞尔自我观的转变提供了合理的解释。在自我概念的转变这一问题上，我们跟随现象学家的解读能够大致归纳出以下几个层面的原因：

从自我与明见性的关联进行讨论。根据我们以上的阐述可以看出，萨特实际就是从明见性原则出发，对胡塞尔的纯粹自我进行批判。而王昊宁认为，纯粹自我是出于经验自我无法提供明见性而提出的，纯粹自我的反思所指向的是意识的

---

① 参见萨特：《自我的超越性》，杜小真译，北京：商务印书馆，2019 年，第 9 页。

② 参见萨特：《自我的超越性》，第 15—16 页。

③ 参见萨特：《自我的超越性》，第 10 页。萨特指出胡塞尔的新思想中，提出了自我是意识的必要结构，这使得意识变得沉重。

④ 岳富林同样提及了萨特对胡塞尔重提纯粹自我的批判，基于此岳富林指出，萨特批判的缺陷在于并未深入考察意识流的统一化问题，将纯粹自我理解显现的超越之物。（参见岳富林：《胡塞尔现象学中有无自我之辩——从经验自我到纯粹自我》，载《四川师范大学学报（社会科学版）》，2021 年，第 3 期）本文则从萨特提出批判的前提即明见性入手对萨特的批判进行回应。

存在，并且这构成了经验自我反思的基础，由此获得的是意识自身给予的明见性。[①]而纯粹自我先后构造起纯粹的心理主体、物理领域，与此同时心理主体转换为经验自我，进而构造起他人，先验自我的自身构造则贯穿整个过程。[②]在某种程度上，我们可以将这一观点看作是针对萨特的回应，同时也是为胡塞尔的辩护。因为在萨特看来，胡塞尔在描述现象学对经验自我的描述达到了明见性，而先验现象学时期纯粹自我的提出实际上使意识被一个不透明的东西所分离，因而是不具有明见性的。王昊宁的解释则指出经验自我未能具有明见性。从两种观点的描述我们能看出，胡塞尔前期与后期遵循的明见性这两种观点都是不一致的，但似乎欠缺了对明见性更为清晰的说明，这一点我们将在后文中进行分析。

其次，从纯粹自我所发挥的功能来看，一方面，纯粹自我的提出是为了分析一门注意力的现象学，例如马巴赫(Eduard Marbach)认为，纯粹自我与身体相关联成为注意的中心；[③]耿宁(Iso Kern)指出纯粹自我能够描述注意力的功能；[④]张任之描述了由于注意力的射线特征，从而指出了经验自我转向纯粹自我的必然性。[⑤]另一方面，纯粹自我的提出是为了意识的同一化功能，在《观念Ⅰ》中可以看到胡塞尔将纯粹自我描述

① 参见王昊宁：《直观、自我与明见性——从胡塞尔的直观理论和自我理论透视其明见性问题》，北京：商务印书馆，2014年，第151—152页。

② 参见王昊宁：《直观、自我与明见性——从胡塞尔的直观理论和自我理论透视其明见性问题》，第136—137页。

③ Vgl. Marbach, Eduard. *Das Problem des Ich Bei Husserl*. Den Haag: Martinus Nijhoff. 1974. S. 162.

④ 参见耿宁：《心的现象——耿宁心性现象学研究文集》，倪梁康、张庆熊、王庆节等译，北京：商务印书馆，2012年，第221页。

⑤ 参见张任之：《意识的“统一”与“同一”——再思胡塞尔的纯粹自我问题》，载《哲学研究》，2018年，第7期。

为绝对同一的东西。[①]那么如何理解这种同一性？张任之认为，胡塞尔重新召回的纯粹自我所担任的是意识的同一化功能，而这种同一化功能指示着意识的第一人称被给予方式。[②]黄笛也同样分析了纯粹自我所担任的第一人称视角的功能，且认为纯粹自我是习性设定与态度的自发性的主体。[③]为此，可以进一步说纯粹自我的提出是为了人格的现象学或习性现象学的分析。尽管现象学界在纯粹自我所具有的功能上的分析已经十分完备，然而我们仍然注意到从明见性的原则出发对自我的功能进行再考察的必要性。

此外，从胡塞尔自我观的发展过程来看，莫若森（Bence Peter Marosan）认为，纯粹自我因其第一人称的特征是认识论意义上的绝对者，从而是胡塞尔现象学中绝对者的第一阶段。莫若森进一步分析，胡塞尔对纯粹自我的提出将引发新的问题，即纯粹自我如何构造其自身及其环境的不同。莫若森认为，这一问题的思考使胡塞尔在发生现象学时期对自我概念再次进行了丰富，纯粹自我因而仅仅只是具体的先验自我（transcendental ego）的一个抽象因素，先验自我则是在先验意义上个人的、历史的、社会的与交互主体的自我。为此，纯粹自我过渡至本体论的绝对者，即先验交互主体性。[④]莫若森的阐述实际给出了胡塞尔关于经验自我、纯粹自我与先验自

---

① Vgl. Husserl, Edmund. *Ideen zu einer Reinen Phänomenologie und Phänomenologischen Philosophie Erstes Buch*. Den Hagg: Martinus Nijhoff. 1976. S. 109.

② 参见张任之:《意识的“统一”与“同一”——再思胡塞尔的纯粹自我问题》。

③ See. Huang, Di. *Temporality and I*, KU Leuven Humanities and Social Sciences Group Institute of Philosophy. 2020. p. 328.

④ See. Maroson, Bence Pater. *Levels of the Absolute in Husserl*. Continental Philosophy Review. 2022. p. 137—158.

我之间随着问题依次发生的关联性。

那么我们接下来在这些观点的引导下，返回至胡塞尔对自我的描述中，对以下问题进行探究：在胡塞尔前期否定纯粹自我的设定下，如何解释本文开头处提及的意识自身统一性与同一性问题？此外，基于何种原因胡塞尔在先验现象学时期重提纯粹自我，以及这一举动是否如萨特所言存在着不透明性与显现的不相即性，从而违背了现象学的明见性原则？

二、从经验自我到纯粹自我

从《逻辑研究》第五研究对第一个意识概念的描述中我们能够看出，自我被描述为现象学的自我，

> 它与这些体验自身的联结是同一的。某些联结形式便建基于这些内容的本性以及制约着这些内容的规律之中。这些形式以杂多的方式从一个内容复合跑到另一个内容复合，最后，一个统一的内容总体便得以构成，这无非就是在现象学上还原了的自我本身。①

因而现象学的自我不是意识体验之上的漂浮物，它在胡塞尔看来非实体而与体验流统一体本身同一。体验作为意识的实项内容能够通过特定的规律性方式如联想、动机引发等发生聚合，在此基础上不断地融合成为更全面的统一体，而这一统一体就构成了现象学自我的内容。在这个意义上的构成并非成为另一物，"'体验'这个概念从'内部地被感知到的东

① 胡塞尔：《逻辑研究》第二卷第一部分，倪梁康译，北京：商务印书馆，2017年，第774页。

西’和在这个意义上的被意识之物扩展成为一个意向地构造着经验自我的‘现象学自我’概念”。[①] 也就是说，实项的体验复合构成经验自我意味着能够意向某物。因而体验不再专门需要一个康德意义上作为纯粹的统觉的、根据自身的先天形式对意识内容进行规定的先验自我，同时也避免了笛卡尔哲学中不明晰的自我实体设定。

与《逻辑研究》同时期的《内时间意识现象学》讲座稿同样坚持了这一立场，在其中胡塞尔更加详细的描述了体验内容如何根据其自身的规律融合为体验流的统一即融合为一个现象学的经验自我。胡塞尔从时间分析的角度认为，由于原印象相位具有聚合（Zusammen）与同期（Zugleich）特征，[②] 这一特征使得成为流逝样式的原印象与更新的原印象始终处于“趋于-同时（Zu-gleich）”的状态之下，因而在时间进程中会不断相合，这也就是说，体验在滞留的横意向性中构成为内在时间的统一。而流逝样式的原印象在回坠中也会不断与自身相合，为此，第五研究中提及的一个统一的总体就在这样的自身相合中即在滞留的纵意向性中构造起自身。因此，《内时间意识现象学》中的描述实际补充说明了《逻辑研究》中体验流如何能够依靠其自身的规律形式构成为总体的统一，这也即是说明现象学自我如何构成自身，因而根本不需要另一个漂浮在此之上的先验的自我或纯粹自我来行使统一性的功能。

因此，自我在描述现象学时期被胡塞尔该规定为经验自我。从上文中提及的实项体验与自我的关系来看，这一论断根本上符合现象学最初提出的明见性要求，即相即（adäquat）感知的明见性。如果就文章开头处涉及的第一个问题而言，

---

① 胡塞尔：《逻辑研究》第二卷第一部分，第 781 页。

② 参见胡塞尔：《内时间意识现象学》，倪梁康译，北京：商务印书馆，2010 年，第 38 节。

意识体验自身的确不需要一个起统一作用的纯粹自我，然而在意识的同一性何以可能这一问题上，胡塞尔指出："我无法将这个原始自我绝对地看作是必然的关系中心。"①时间性也无法单独给予这一问题一个合理的解释。因此我们转入胡塞尔的先验现象学，对其中自我概念的转变进行分析。

自我概念在先验现象学转向后得到了扩展，经验自我仅仅作为自我的一个面向，"到目前为止，我们只触及了这种自我构成的一个侧面，只看到了流动着的我思。本我(Ego)不仅把握自身为流动的生命，而且将自己看作体验这个与那个的自我(Ich)，看作同一个自我经历这个与那个我思。"②因而自我还具有第二个层面的涵义，即纯粹自我(reine Ich)。那么纯粹自我因何而提出，其自身是否符合明见性的原则？

胡塞尔在《观念Ⅰ》中认为：

> 开始就非常清楚的是：根据还原的实施，在作为先验剩余物的各种各样体验的河流中，我们将不能在任何地方碰到纯粹自我，从而将它作为在其余体验下的一种体验，也不能将之作为本真的体验块片，伴随着体验的出现与消失。③

胡塞尔在此处说明，我们无法在现象学还原之下的剩余物中发现纯粹自我的身影，因为意识的实项体验是先验还原

---

① 胡塞尔：《逻辑研究》第二卷第一部分，第785页。

② Husserl, Edmund. *Cartesianische Meditationen und Pariser Vorträge*. Den Haag: Martinus Nijhoff. 1973. S. 100.

③ Husserl, Edmund. *Ideen zu einer Reinen Phänomenologie und Phänomenologischen Philosophie Erstes Buch*. Den Haag: Martinus Nijhoff 1976. S. 109.

的剩余物，而纯粹自我并不会如体验一般时而现时时而在背景中存在。但是我们根据《观念Ⅰ》第33节知道，尽管现象学还原的剩余是纯粹意识，纯粹自我不是体验或是体验的不独立组成部分即体验的实项因素。胡塞尔仍旧认为，纯粹自我是必要之物[①]，纯粹意识具有其纯粹自我[②]。在此基础上，胡塞尔将纯粹自我理解为一种纯粹意识的"内在的超越"。那么纯粹自我是出于什么样的原因成为必要之物，且这种必要性是否会违背明见性的原则？

我们从纯粹自我所起的功能来看。胡塞尔在经验自我的维度上无法确定其作为体验的同一中心，而先验现象学中提出的纯粹自我恰好担任了这一功能，这一功能由内时间意识的分析所呈现。[③]《观念Ⅰ》重新引入纯粹自我的时候，胡塞尔简略地说明了纯粹自我与时间之间的关联，"这也就是说，每一个体验现在拥有体验的一个视域，同时体验也拥有'现在'的本原性形式，并且如此构成了纯粹自我的本原视域，是总体本原的现在意识"。[④]可以看出，体验流构成了纯粹自我进行意识活动的视域，胡塞尔在此实际指出了经验自我必然伴随着纯粹自我。二者的具体关联与构成在1917—1918年的《关于时间意识的贝尔瑙手稿(1917—1918)》中表述的更为详细。

胡塞尔在手稿中认为，体验流也即经验自我总是带着它

---

① Edmund Husserl, *Ideen zu einer Reinen Phänomenologie und Phänomenologischen Philosophie Erstes Buch*, S. 109.

② Vgl. Edmund Husserl, *Ideen zu einer Reinen Phänomenologie und Phänomenologischen Philosophie Erstes Buch*, S. 58.

③ 参见榊原哲也：《胡塞尔的自我问题与发生现象学的起源》，李云飞译，载《中国现象学与哲学评论》，2010年。榊原哲也认为，胡塞尔在澄清纯粹功能自我的存在方式时引入了内时间意识的分析。

④ Edmund Husserl, *Ideen zu einer Reinen Phänomenologie und Phänomenologischen Philosophie Erstes Buch*, S. 165.

的纯粹自我,

> 自我作为所有体验与所有存在地被包含在这些体验自身意向性中之物(例如,被意指地自然是被意指的)的同一极,它对所有时间系列都是极。并且作为自我它必然是“超”时间的,时间对它构造自身,时间性、在体验领域意向性中的个体个别的对象性在此对它存在,但是,它自身不是时间的。①

这也就是说,纯粹自我以“极”的方式为体验流所关涉,并且这个极是一个“同一性的极”。更明确地说,在时间流或体验流中的体验随着新的原印象不断更新将不断地坠入滞留,从而成为滞留的滞留,直到有可能坠入最终的无意识状态。尽管体验在此意义上不断消逝而又更新,但此感性领域中的主体不会随之时而消失时而存在。这也就是说,必然存在着作为同一极的自我在形式上保持着体验流不至于陷入混沌。并且在胡塞尔有关纯粹自我的描述中说到“它是在一切可领会之物上方的无名之物,在一切可领会之物上方的这个无名之物不是伫立之物,不是漂浮之物,不是存在之物,而是‘起作用之物’,它被用作把握、评判,等等”。② 从中我们能看出,纯粹自我非唯理论意义上的独断设定,而是作为一个功能性的自我起作用。

我们在上文阐述了现象学界对纯粹自我的功能的研究,在所描述的几种功能中,同一性功能是对纯粹自我的根本性描述,在此基础上涉及注意的中心、习性与人格的构成。注意这一概念意味着现时对某物的把握,当我们以时间性来分析

---

① 胡塞尔:《关于时间意识的贝尔瑙手稿(1917—1918)》,肖德生译,北京:商务印书馆,2022 年,第 365 页。

② 胡塞尔:《关于时间意识的贝尔瑙手稿(1917—1918)》,第 366 页。

意识体验的时候，视域就被考虑进问题之中，也就是说，一切实显或非实显的体验都隶属于自我[①]，因而如果考虑到实显体验与非实显体验之间的变换与平滑过渡，那么就必然需要具有注意力转换功能的纯粹自我。此外，正如胡塞尔讨论作为习性基底的自我时所说："这个中心的自我不是一个空的同一极，而是随着新的对象性意义的每一种行为从中辐射出来，由于先验发生的法则获得的一种新的持续的特征。"[②]因而纯粹自我的讨论引出了习性自我，习性自我是通过时间性与联想的综合功能对纯粹自我这一同一性极点的内容的丰富化。

三、从相即明见性到绝然明见性

从经验自我到作为同一性空极的纯粹自我，进而丰富化为作为注意的中心与习性的自我，我们分析了纯粹自我的同一性功能及其随问题深入而显现的必然性。显然这意味着纯粹自我的出现是符合明见性的，否则它的出现就不可能是必然的。那么如何理解经验自我到纯粹自我这一过程？

如果我们从总体构造的发生性角度来看，"一种作为第一个内在时间的客体性与从属于此的最低阶段上的自我以'可理解的'方式平行地向上发展，后者向上发展为经验自我"。[③]也就是说，自我有其自身的发生过程，而这一发生过程遵循着现象学的原则。然而在此基础上，如果我们说提出纯粹自我是符合明见性的，似乎这个明见性又与胡塞尔《逻辑研究》中

---

① Vgl. Edmund Husserl, *Ideen zu einer Reinen Phänomenologie und Phänomenologischen Philosophie Erstes Buch*, S. 58.

② Edmund Husserl, *Cartesianische Meditationen und Pariser Vorträge*, S. 100.

③ 胡塞尔：《关于时间意识的贝尔瑙手稿（1917—1918）》，第 373 页。

提及的明见性有所差别。而根据本文第一部分对有关明见性与自我之间关系的研究梳理，如果对纯粹自我的存在持肯定态度，那么其所遵循的是后期提出的明见性，而持否定态度显然遵循的是前期经验自我达到的明见性。那么如何理解这两种明见性？

在《第五研究》第一版的阐述中，胡塞尔将明见性描述为一种相即感知的明见性，"在'我在'这个判断中，正是这个在自我下面相即被感知的东西，才构成了那个最先使明见性成为可能并为明见性提供论证的核心"。① 而对于相即性，胡塞尔认为，"当对象的确是在感知自身之中并且是在最严格意义上'亲身'当下地、毫无遗留地被把握为它本身之所是时，也就是说，当对象实项地被包含在感知本身之中时，这种感知就是相即的感知"。② 因而相即感知意味着相合的统一，直观获得了完全的充实，这是一种直观的完满性，这种完满性实际上就体现在内感知的领域，内在的实项体验完整的被意识到。为此，由相即感知在先引导，现象学还原所要达到的就是实项体验的绝对可靠领域，体验在诸本质规律中自身构造为统一体，进而经验自我在其中显现自身，这一过程是明见无疑的。此时的胡塞尔并未进行发生现象学的分析，因而在这里讨论一种完满的相即感知没有。显得那么不合时宜。

但是正如我们在上文分析中提到的那样，内时间意识始终是胡塞尔现象学中最核心与最基础的部分，无论是对经验自我还是纯粹自我的分析，都需要通过时间性来完成。当我们思考已经流逝的过去时，如果我们还是遵循相即感知的明见性，那么这一段已经逐渐模糊坠入黑暗的回忆因其缺失所

---

① 胡塞尔：《逻辑研究》第二卷第一部分，第 779 页。

② 胡塞尔：《逻辑研究》第二卷第一部分，第 776 页。尽管这段描述出自 b 版，但是在相即性的理解上，这两个时期并没有大的差别。

伴随的意识，无论如何也不可能是遵循着相即感知的明见性的。这样一来，还原至意识领域来实现一门自身给予的真正哲学的理想再次成为不可能。尽管相即感知的明见性在直观中达到完全确定的自身把握，胡塞尔认为，这种确定性不能排除作为假象的可能性。为此，在先验现象学时期，胡塞尔实际从确定性转向了对“正确性”的追求。西曼卡(Juha Himanka)认为，明见性涵义的转变是由于胡塞尔意识到缺失了最终的奠基(Letzbegründung)，现象学仅依靠体验的明见性、可能性直观(Möglichkeitsan- schauung)的明见性与逻辑关联(logischer Konsequenz)的明见性仍旧是素朴的。[①] 我们可以从两个时期胡塞尔的不同目标来理解。尽管《逻辑研究》也用了大量的篇幅阐述意识领域的诸特征，然而胡塞尔在引论中说明了此时的目标是通过描述现象学的方法来澄清逻辑学中的基本概念和观念规律，以此确立纯粹逻辑学的普遍性地位。意识领域并未更深层次地进行先验还原的考察。

因此，胡塞尔提出了一种新的明见性即“绝然明见性(apodiktische Evidenz)”，绝然明见性能够为一切明见性奠基，“一种绝然的明见性却具有这样一种杰出的特点，即它根本上不仅仅是在明见的实事或实事状况中的存在确定性，而且通过一种批判性反思，同时揭示出它们非存在的绝对不可想象性”。[②] 在绝然明见性的要求下，先验还原达到的就是纯粹自我及其意识。这一点在《第五研究》的同一段落的第二版注释中也被提及：“如果对这种超越的排斥以及向纯粹一现象学被给予之物的还原不保留作为剩余的纯粹自我，那么也就

---

① See. Himanka, Juha. *Husserl's Two Truth: Adequate and Apodictic Evidence*. Phänomenologische Forschungen. 2005. p. 93—112.

② Edmund Husserl, *Cartesianische Meditationen und Pariser Vorträge*, S. 56.

不可能存在真正的(相即的)'我在(Ichbin)'的明见性。"①可以看出,胡塞尔在先验现象学时期提出了一种不同的绝然明见性,纯粹自我的出现符合绝然明见性的要求,并且绝然明见性是对相即感知的明见性的再次奠基。

从我们的分析中可以看出,胡塞尔对明见性的看法发生了改变,因而更好的解释应当是:萨特首先没有对纯粹自我进行辨析,作为功能性自我的纯粹自我与近代哲学中的自我实体或康德意义上的先验自我完全不同。其次,萨特并未注意到胡塞尔两次对自我的讨论前提并不一致,且萨特遵循的是前期提出的明见性要求。描述现象学时期的经验自我达到了这一时期坚持的明见性原则,即相即感知的明见性,而先验现象学时期的纯粹自我仍旧遵循着明见性,而这个明见性则是绝然明见性。经验自我到纯粹自我是后者为前者,相应地,绝然明见性是对相即明见性的奠基,从相即感知的明见性到绝然明见性是胡塞尔所做的必然决断。

四、结　语

我们从明见性原则的转变分析了胡塞尔现象学前后期对自我的不同描述。通过分析我们得知,描述现象学时期的经验自我在相即明见性的要求下显现,而先验现象学时期的纯粹自我则在绝然明见性的要求下被提出。纯粹自我这一概念不仅与哲学史上的实体自我不同,而且避免了自我无法讨论的困境。在考虑到内容时,纯粹自我作为习性自我、单子本我显现的通道,发生出自我的丰富性。从而胡塞尔现象学的讨论也从认识论过渡至伦理学之中。

---

① 胡塞尔:《逻辑研究》第二卷第一部分,第779页注释。

对自我概念的澄清使一个主体性的领域得以展开，这一个作也为先验现象学实现一门自身给予的真正哲学的理想提供了一条道路。然而对自我概念的分析仍然需要伴随着内时间意识领域的进一步澄清。

编　后　记

胡塞尔有言:“现象学是一切近代哲学的隐秘憧憬。”现象学与近代哲学之间一直存在着深刻的关联。胡塞尔本人作为现象学的创始人曾一度被视为笛卡尔主义者,其晚年的现象学形态也被刻画为莱布尼茨式的单子论,另一方面其现象学也可视为对近代经验论的彻底化。现象学与近代哲学之间的这种深刻关联同样存在于舍勒与康德之间,存在于海德格尔与笛卡尔、莱布尼茨、康德、谢林、黑格尔之间。

在此意义上,如果不对现象学与近代哲学之关系做出深入研究,我们可能就既无法理解近代哲学的去处,也无法理解现象学的来处,从而无论是对近代哲学还是对现象学,可能都只能流于表面而无法深入其中。

有鉴于此,2022 年 5 月 28—29 日,中山大学哲学系、中山大学现象学文献与研究中心和广东哲学学会联合举办了“近代哲学与现象学——第六届全国近代哲学会议”。会议邀请了全国各地六十余位学者参加,与会学者在为期两天的会议中就近代哲学与现象学之关系等议题展开了深入研讨。

本辑《中国现象学与哲学评论》的主题论文主要即选自此次会议的会议论文。在此我们感谢各位作者和译者对《评论》的大力支持!我们也希望以此为契机,推动汉语学界对现象学与近代哲学之关系的研究走向深入。

* * *

本辑获

"中山大学学科建设经费专项资助"

《中国现象学与哲学评论》征稿启事

《中国现象学与哲学评论》(下简称:《评论》)创刊于1994年,由"中国现象学专业委员会"负责主持编辑,由上海译文出版社出版。《评论》是中国大陆、港澳、台湾现象学和哲学研究界第一次合作努力的成果。它致力于从理论与实践两方面来促进汉语领域现象学的研究,同时推动汉语现象学界与国际现象学界的合作与交流。

《评论》自创刊以来,一直恪守国际学术规范和严谨学风,在海内外学术界产生了广泛的影响。2007年,《评论》首批进入"CSSCI来源期刊(集刊类)"。作为"中国现象学专业委员会"的学术刊物,《评论》是国内唯一一本现象学专业研究刊物,代表着汉语现象学研究的基本水平。

《评论》自2014年起改为半年刊,每年出版两辑。每一辑《评论》设有一个研究专题,另设"现象学与哲学研究"、"本硕博论坛"、"书评"等栏目。《评论》根据每年一届的中国现象学年会来确定每年两辑的主题,并主要从年会报告中选取文章,邮件来稿中的佳作也会选用。敬请诸位现象学学者踊跃参加现象学年会,欢迎有志于哲思的同仁不吝赐稿!

本刊原则上只接受电子投稿,投稿者请将稿件电子版

(Word 格式)发给《评论》编辑部(phenomenology1994@163.com)。特殊字体、符号、图表等请另附文件或纸本。译文请同时提供原文。**稿件正文采用宋体小四号字,注释采用脚注(格式规范另附)**。字数以不超过 1 万 5 千字为宜。论文正文之前请附上文章英文标题。

投稿后若六周内没有收到回复,作者即可改投他刊。录用文章一经发表,即付稿酬;同时版权归《评论》和上海译文出版社所有。中国知网“著作权使用声明”附下。

著作权使用声明

本刊已许可中国知网以数字化方式复制、汇编、发行、信息网络传播本刊全文。本刊支付的稿酬已包含中国知网著作权使用费,所有署名作者向本刊提交文章发表之行为视为同意上述声明。如有异议,请在投稿时说明,本刊将按作者说明处理。

《中国现象学与哲学评论》参考文献的格式规范

一、在论文正文中引用的参考文献使用页脚注标出，外文文献请不要译成中文。

二、引用参考文献的书写格式分**完全格式**和**简略格式**两种。

三、**完全格式**的构成，每项（除第5项）均按中文、英文、德文、法文文献的顺序予以举例说明（方括号[]中的项为可替换项）：

1. 原著

作者：著作名，出版地：出版者，出版年，页码。

- 倪梁康：《胡塞尔现象学概念通释》（增补版），北京：商务印书馆，2016年，第100页[第1—10页]。

Name, Surname. *Title*. Town: Publisher. Year. Page.

- Krell, David Farrell. *Daimon Life. Heidegger and Life-philosophy*. Bloomington and Indianapolis: Indiana University Press. 1992. p. 100[p. 1—10].
- Fink, Eugen. *Sein, Wahrheit, Welt: Vor-Fragen zum Problem des Phänomen-Begriffs*. Den Haag: Martinus Nijhoff. 1958. S. 100[S. 1—10].

- Greisch, Jean. *L'Arbre de vie et l'arbre du savoir*. Paris：Cerf. 2000. p. 100[p. 1—10].

2. 译著

作者：著作名，译者，出版地：出版者，出版年，页码。

- 胡塞尔：《第一哲学》(上卷)，王炳文译，北京：商务印书馆，2010 年，第 100 页[第 1—10 页]。

Name, Surname. *Title*, trans. Surname Name of the translator. Town：Publisher. Year. Page.

- Heidegger, Martin. *Being and Time*, trans. John Macquarrie & Edward Robinson. New York：Harper & Row. 1962. p. 100[p. 1—10].
- Merleau-Ponty, Maurice. *Phänomenologie der Wahrnehmung*, Übers. Rudolf Boehm. Berlin：de Gruyter. 1966. S. 100[S. 1—10].
- Husserl, Edmund. *L'idée de la phénoménologie: Cinq leçons*, trad. Alexandre Lowit. Paris：PUF. 1992. p. 50[p. 1—10].

3. 论文集中的文章

作者：文章名，载《论文集名》，编者，出版地：出版者，出版年，页码。

- 张祥龙：《为什么中国书法能成为艺术？——书法美的现象学分析》，载《政治与哲学的共契》，萌萌学术工作室编，上海：上海人民出版社，2009 年，第 237 页[第 228—239 页]。

Name, Surname. "Title of the Article". In *Title of the edited book*, ed. Surname Name of the editor. Town：Publisher. Year. Page.

- Pöggeler, Otto. "Destruction and Moment". In

Reading Heidegger from the Start. Essays in His Earliest Thought, ed. Theodore Kisiel, John van Buren. Albany: SUNY Press. 1994. p. 141[p. 137—156].

- Schmid, Peter A. „Endlichkeit und Angst. Heidegger und Cassirer 1929 in Davos". In *Cassirer - Heidegger: 70 Jahre Davoser Disputation*, Hrsg. Dominic Kaegi. Hamburg: Meiner. 2002. S. 150[S. 130—155].
- Greisch, Jean. 《L'autre de l'être》. In *L'introduction à la métaphysique de Heidegger*, ed. Jean-François Courtine. Paris: Vrin. 2007. p. 199[p. 181—211].

4. 期刊中的文章

作者：文章名，载《期刊名》，出版年，第几期，页码。

- 孙周兴:《海德格尔〈哲学论稿〉译名讨论》,载《世界哲学》,2009 年,第 4 期,第 105 页[第 101—109 页]。

Name, Surname. "Title of the Article". *Title of the Journal* Volume(Issue). Year. Page.

- Thomson, Iain. "Can I Die? Derrida on Heidegger on Death". *Philosophy Today* 43(1). 1999. p. 33[p. 29—42].
- Rodi, Frithjof. „Die Bedeutung Diltheys für die Konzeption von ‚Sein und Zeit'. Zum Umfeld von Heideggers Kasseler Vorträgen (1925)". *Dilthey Jahrbuch* 4. 1987. S. 168[S. 161—177].
- Marion, Jean-Luc. 《L'ego et le Dasein》. *Revue de Métaphysique et de Morale* 92(1). 1987. p. 46[p. 25—53].

5. 网络资源

〈文献的基本信息:〉作者:文献名称,文献在网时间[如果网页上未显示,略去],网址,检索于×年×月×日。

- 倪梁康:《无事生非——2014年弗莱堡大学"海德格尔教椅之争"的媒体现象学与去蔽存在论》,2015年5月10日,http://philosophy.sysu.edu.cn/phaenomenologie/wk/wk03/4943.htm,检索于2019年3月2日。

Name, Surname. "Title of the Article". Year, Month Dateof Publication. Retrieved Month Date, Year from URL

- Vongehr, Thomas. "Theodor Conrad - founder of the 'Göttinger Philosophische Gesellschaft' (1907)". 2016, February 20. Retrieved March 6, 2019 from http://hua.ophen.org/category/members-of-the-phenomenological-movement-and-students-of-husserl/

四、**简略格式**有如下三种:

第一种只写作者、书(文)名、页码(文章无此项),如:

胡塞尔:《第一哲学》(上卷),第100页[第1—10页]。

Martin Heidegger, *Being and Time*, p. 100[p. 1—10].

第二种用"前引文献"(英文用op. cit.)字样代替第一种简略格式的书名或文章名,如:

胡塞尔,前引文献,第100页[第1—10页]。

Martin Heidegger, op. cit., p. 100[p. 1—10].

第三种中文只写"同上。"字样,西文只写"Ibid."字样。

五、**完全格式与简略格式**的使用规定:

1. 参考文献在全文脚注中第一次标出时必须用完全格式。

2. 参考文献在全文脚注中并非第一次标出,可以使用简略格式。

3. 在可以使用简略格式的情况下，如果参考文献在文章某页脚注中第一次标出，须采用第一种简略格式；如果参考文献在某页脚注中是第二次以上标出，一般使用第二种简略格式；如果参考文献与在同页中相邻的前一个脚注在作者、书（文）名及页码（文章无此项）上完全一样，可使用第三种简略格式。

4. 在可使用简略格式的情况下，如果在文章同一页中出现对同一作者的不同作品作多次引用的情况，应避免使用第二种简略格式。

六、**直接引用**的两种情况：

原则上，引文**少于五行**的，都直接移入文中，加双引号。原来引文中有的引号要改为单引号。若引文**超过五行**，可以独立出来，但请以**仿宋体**标出，外文字体则仍按通例用外文字体。并且左边空 2 个字符，右边空 1 个字符，与上下文均空一行。如果引文开头在原文中是一个自然段的开头，则需把独立出来的引文再首行缩进 2 个字符。注意：独立出来的引文不需要整体再加上双引号。

图书在版编目(CIP)数据

中国现象学与哲学评论. 第三十六辑 / 中山大学现象学文献与研究中心编. -- 上海 : 上海译文出版社, 2025. 6. -- ISBN 978-7-5327-9899-5

Ⅰ. B-55

中国国家版本馆 CIP 数据核字第 2025YC2660 号

中国现象学与哲学评论

(第三十六辑)

现象学与近代哲学

上海译文出版社有限公司出版、发行

网址:www.yiwen.com.cn

201101 上海市闵行区号景路 159 弄 B 座

上海盛通时代印刷有限公司印刷

开本 850×1168 1/32 印张 11.25 插页 2 字数 260,000

2025 年 6 月第 1 版 2025 年 6 月第 1 次印刷

ISBN 978-7-5327-9899-5

定价:128.00 元

如有质量问题,请与承印厂质量科联系。T:021-37910000

中国现象学与哲学评论　各辑目录

第一辑　《现象学的基本问题》
第二辑　《现象学方法》
第三辑　《现象学与语言》
第四辑　《现象学与社会理论》
第五辑　《现象学与中国文化》
第六辑　《艺术现象学·时间意识现象学》
第七辑　《现象学与伦理》
第八辑　《发生现象学研究》
第九辑　《现象学与纯粹哲学》
特　辑　《现象学在中国：胡塞尔〈逻辑研究〉发表一百周年国际会议》
特　辑　《王炜学术文集》
第十辑　《现象学与政治哲学》
特　辑　《胡塞尔与意识现象学：胡塞尔诞辰一百五十周年纪念》
第十一辑　《空间意识与建筑现象》
第十二辑　《现象学：历史与现状》
第十三辑　《现象学与神学》
第十四辑　《现象学与康德哲学》
第十五辑　《现象学与实践哲学》
第十六辑　《现象学与中国思想》
第十七辑　《现象学与古希腊哲学》

第十八辑　《海德格尔的希腊解释》

第十九辑　《现象学：从德国到法国》

第二十辑　《德法现象学的新视域》

第二十一辑　《现象学与天道》

第二十二辑　《现象学与跨文化哲学》

第二十三辑　《均衡时代中的舍勒与亚洲思想》

第二十四辑　《现象学与历史理论》

第二十五辑　《历史性与现象学解释学》

第二十六辑　《胡塞尔诞辰160周年纪念专辑》

第二十七辑　《现象学的边界与前沿》

第二十八辑　《现象学与当代问题》

第二十九辑　《现象学与心性思想》

第三十辑　《现象学视野中的生活世界》

第三十一辑　《现象学与马克思主义哲学》

第三十二辑　《张祥龙与现象学的中国时刻》

第三十三辑　《现象学与匹兹堡学派》

第三十四辑　《现象学与未来思想》

第三十五辑　《现象学：过去与未来》

第三十六辑　《现象学与近代哲学》